六合叢書

文史足徵錄

胡文輝

上海文艺出版社

序

周松芳

前些年,王家葵教授为文辉兄《现代学林点将录》作序时,谦题曰《不敢言序》,新近戴新伟兄为王家葵教授的《一卷田歌是道书:玉叩斋随笔》作序,也谦题曰《不敢言序》,文辉兄戏言"不敢言序"有成为传统的感觉。而我当然也是"不敢言序"的。

当然,在家葵兄和新伟兄,那毫无疑问是谦逊。因为家葵兄作为药理学教授,早已在本草、碑帖和书法等诸多领域声名大著,新伟兄则年少多才,备受称誉。现文辉兄以新著《文史足徵录》命序于我,我哪有资格追随他们而侧身这《不敢言序》的"传统"呢?只是自问,我不仅是他学问文章的忠粉,更曾沿着他开辟的一些道路,做更细致一些的探索,更能有些心得体会吧。比如他拣出的咸水妹、原籍广东的女演员等话题,都曾引发我的进一步探讨,并写成了几篇长文;关于粤人海外饮食的话题,还曾引发我写出了一本新书《饮食西游记》。

记得 1995 年我刚读研究生时,黄修己先生在第一堂课上,即敲打我们说：从前的学者是读书，后来成了翻书，现在则变成摸书了。当时我们的理解，前辈学者，是在读书过程中，有新的发现或有疑问，笔之于书，集腋成裘，遂成论著，新疑问焕然冰释，更是佳篇。前人每多极富价值的学术随笔或札记，应该就是这样形成的。而翻书，则是针对当下立一题目，然后到处翻书找材料论证的现象，这样一开始便与论从史出的明训多少有些违和了。至于摸书，则买了书也未必看，摸摸而已，如此等而下之，自是毋庸烦言。随着数据库的大兴，恐怕连书都不摸的人也有了。因此，即便按黄先生的标准，文辉兄也是一个真正的读书人。

此前，文辉已出版过以"论学"标目的《洛城论学集》《洛城论学二集》，这本《文史足徵录》讨论的问题与之接近，涵盖古今中西，在史料上也是基于阅读中陆续的积累。像《"旋风叶"问题的再考辨——重估中国古书形制演变的大势》长文之后，有新史料新思考新发现，复撰《古书早期形制问题补考》。读文辉兄著作，很容易发现有一个突出的特点，几乎每篇文章之后，都有一条乃至数条附记或补记，将新发现的材料以及思考附上。对于许多人来说，也包括区区在下，常常会出现因新材料以及引发的新思考而悔其"少作"或曰"前作"的情形，即便不悔，也会在出版或再版时对原文加以修订，轻易不敢以附记这种方式处理；而文辉之所以敢于如此，而且差不多总是如此，乃是基于其论述判断，纵未切中，亦不相远。

还有，文辉兄就其议题，所学或曰掌握的材料未必是最充分的，但其识断，却常常是过人的；在e考据时代，获得材料，似乎比以往容易，但识见判断，却有每况愈下之虞。像《辩所谓中国人公私不分的问题》，从沟口雄三的《中国的公与私·公私》展开讨论，又显示文辉兄的识见之另一特色，即亦文亦史，亦思想史、文化史以及社会经济史，可谓之思与史合一——有思想的学术和有学术的思想，殊为不易，在当下尤为不易。因此，这本《文史足徵录》，"足徵"固可喜，"卓识"更可贵，"哲思"最难得。

此外，文辉兄的"文献足徵"之文，坊间之所以誉为"胡氏考据"，乃是其考证别具只眼，饶有趣味。胡适说做学问当于不疑处有疑，胡氏考据则于寻常处考掘下去，竟然别有洞天，再上下左右勾连，更是别开生面。比如《近人名言考原四题》中黄侃的名言："湖北固然没有学者，然而这不就是区区。"孰知实本于《聊斋·司文郎》中人物之言："北人固少通者，而不通者未必是小生；南人固多通者，然通者亦未必是足下。"并具道其间曲折，足补学林掌故之叶。像"人不可有傲气，但不可无傲骨"这句大名言，人们往往归之于徐悲鸿，其实也不过是徐氏转拾人言耳，文辉兄考其近亲远源，较之前面一条，更为曲折精彩。

中华书局《掌故》创刊以来，文辉兄每期均有大作。胡氏考据与传统掌故有类似的地方，也可以说就是从传统掌故入手的，但最大的不同，不在于变传统掌故的丛残枝语为繁复考证，而在于多从诗词联语等文学化的文本细节入手，还原历史人物或事件的具体语境、情境及心境。这除了与文史兼修的专业素养有关，应当也与文辉兄平时勤于诗歌与联语的写作训练有关，特别是与他发皇义宁心史、笺释陈寅恪诗的经历有关。这也是文辉兄自谓"学问比作家要好，文章比学者要好"的底气所在。因此，他由一诗一联入手考证士人心态，往往能烛微见几。比如收入本书的《沦陷语境中的耶律楚材——汤尔和的心事》一文，当初一听到这个题目，即愿先睹为快。因为我的博士论文研究元明易代之际的刘基，而时人或以耶律楚材期许刘基，盖其才干与处境有相类之处；而我因此也颇为关注耶律楚材，于文辉兄借汤尔和《吊耶律楚材墓》两首七律讨论汤尔和在沦陷时的心境，便多有会心之处。

　　国内心态史的研究，依我个人的管见，大约兴起于罗宗强先生《玄学与魏晋士人心态》出版之后，然能得佳作如罗先生者几希。这除了与文史分途，治史者对古典诗文的隐微书写或者"皮里阳秋"难以理解体会之外，"格式化"的论文体制也是一大桎梏。文辉兄既得诗人之便，又尽去体制之弊，自是粲然可观。本书中《梁济自沉在旧文人圈中的反应——近代诗文所见史料之一例》与《"几番风雨"与"一片江山"——梁启超一副集宋词联的流传史》，均甚可观。尤其是后文，对梁氏集宋词联"燕子来时，更能消几番风雨；夕阳无语，最可惜一片江山"的渊流考证，简直令人心醉神迷，而最后引出宏论，也就更让人心有戚戚了："在我看来，对联是最有'中国特色'的文学体裁，若没有它，中国文学史就是不完整的。而至今为止，在中国文学史编纂里，似乎并没有对联的一席之地，更遑论集句联集词联了。……重写文学史，须得由具体作品入手。'更能消几番风雨，最可惜一片江山'这样的绝妙好辞，很应该写进中国文学史的，如其不然，文学史的意义究竟何在呢？"是啊，中国传统诗文训练，本由联语起步，而集句诗或集诗、集词联，也都是一种再创作，如此卓越的创作，文学史怎可忽略？

文辉兄的学问文章，已有博大精深气象，虽然我一直试图作些总结，以为我学步之用，但实在不是我的能力所及；更何况文辉兄还有不少已经写了暂未发表或发表不了的文章，那是另一个领域，另一种境界，更是我难以评说，更难以追步，不说也罢。

因此，只能陈此区区读后感想，切切不敢言序。

庚子夏日于广州康乐园中

目 录

序（周松芳） ... i

辩所谓中国人公私不分的问题 ... 001

"五斗米道"得名辩证 ... 050

"旋风叶"问题的再考辨 ... 064
　　——重估中国古书形制演变的大势

古书早期形制问题补考 ... 092

《麦克白》中"移动森林"预言的来历 ... 107

小学金石的异域趣味 ... 113
　　——中国之埃及学前史补述

"神僧凿空寻西藏" ... 147
　　——河口慧海在汉文史料中的痕迹

章太炎的鳄鱼标本 ... 157

"几番风雨"与"一片江山" ... 166
　　——梁启超一副集宋词联的流传史

陈垣早年的两件尴尬事 ... 186

现代学人涉嫌攘夺图书举例 ... 201

近代中国人所知的榎本武扬	213
梁济自沉在旧文人圈中的反应	227
——近代诗文所见史料之一例	
勿忘"国贼":五四的反方证人	237
关于林白水若干事	246
沦陷语境中的耶律楚材	262
——汤尔和的心事	
现代史上的"商山四皓"	282
近人名言考原四题	296
"湖北固然没有学者,然而这不就是区区……"	296
"人不可有傲气……"	298
"假如将韬略比作一间仓库罢……"	301
"共产党是狮子……"	305
关于周作人引胡适语的出处	309
爱人类与爱个人、爱自己	314
后　记	319

辩所谓中国人公私不分的问题

一

讨论中国人的公私观念,最有名的该是日本的中国思想史家沟口雄三吧。

对于沟口先生的论著,我了解无多,只因某一问题涉及中国古代公私观念,正好当时沟口著作集之一的《中国的公与私·公私》(郑静译,三联书店2011年版)新刊,遂购而检之。其书印制精良,"形之庞也类有德,声之宏也类有能",而一读之下,辄甚讶其主观与肤浅,不禁有"技止此耳"之感。

沟口思路的出发点是中日比较,接近于"国民性"式的讨论,大抵以为日本人公是公、私是私,而中国人没有真正的公,乃以私为公、公私不分。他说:"这种中国特有的以私与私相联结的公共为公的公私观,是日本的领域的公共性所难以理解的,因此日本人批判它公私不分,不成规矩。"(第277—278页)"这个所谓公私界限,是日本几乎所有进入了社会的人都持有的职业道德观。例如不为私事使用工作单位的物品，不带孩子上班，在公事关系中不掺入私情等等，这些对他们来说几乎是常识。而在中国，与之相对，工作单位的器物往往被私用，带孩子上班，在公事中掺入私人的恩情被看作是当然的。"（第279页）由此，就透露出沟口学说的依傍，无非是普通日本人对中国社会的感性观察而已。

他不仅轻易地认定了对中日社会的这种粗浅比较，更致命的是，他将这种粗浅比较理所当然地付诸历史，以为中日社会自古以来就是如此。他又说："……日本的'公'和'私'本身，是公开与隐蔽、对外与对内、官事或官人对私事或私人的关系，或者到了近代以后，是国家、社会、全体对个人、个体的关系等，没有任何伦理性。"（第9—10页）言下之意，日本人从古至今都公私分明。至于中国人呢，"中国有着日本所缺乏的财产共有的传统。人民公社是将宗族的财产共有制度的规模扩大到了全体人民。由于各自将自己的私产拿出来公有，往往使得人们对自己在共有财产中拥有的权利以及管理和责任意识变得暧昧"（第282页）。人民公社时代的公私不分，可以代表古代世界吗？将人民公社视为古代宗法制度的延伸，夫复何言！这表明，沟口既不理解古代宗法制度的性质（并非真正的财产共有制），也不明白人民公社的性质（并非传统制度的延伸）。而由此，我们则足可确定沟口学说的时代背景和基本思路：他对中国公私问题的认识，实基于昭和时代日本人对共产党中国（尤其是毛泽东时代）的观察，而且更将之投射于古代思想史论述之中，视之为中国自古以来的观念。

沟口立说的牵强，在《公私》里的《日本的私有制和中国的共有制》一篇尤其暴露无余。简而言之，他极力夸大中日在公私观念上的差异，并将之归结为中日社会发展歧异的内在原因；由此，日本封建时代的种种制度或现象，都成了有利于"私有意识"和"资本主义"之物，而更基础、更关键的土地制度问题却被抛到一旁。他完全不考虑，中国社会的发展比日本早得多，自战国以来，即已形成了土地私有制，而日本要迟至明治时代才终结土地领主制，真正转向私有制——一个连土地私有制都还不存在的日本，谈何"私有意识"，谈何公私分明呢！

关于日本人之重私，沟口只举了一条古代材料，江户时代前期荻生徂徕《弁名》里的两句："公私各有其所。虽为君子岂无私哉。"但不知有意或无意，他没有说明，徂徕是儒学者，其承受中国思想的成分极多，如何证明这两句话是出于日本人的"原创"呢？事实上，强调私的合理性，在中国思想史上绝不罕见，例如早于徂徕的李贽就有"私者，人之心也，人必有私而后其心乃见"的名言。至于中国人公私不分的问题，沟口根本就没有举出任何像样的历史证据，只是在论述中国人没有"私有意识"时，随意举了两件清末轶事充数（第288页）。

沟口研究的对象是"思想史"，但其方法却与"史"背道而驰，完全是反历史主义的。在他眼里，从《诗经》时代到毛泽东时代是一条直线，"工作单位的器物往往被私用，带孩子上班，在公事中掺入私人的恩情被看作是当然"之类的当代社会现象,也可以跟"思想史"的历史证据等量齐观。他对中国公私问题的看法,实属一种先入为主的思想史叙事。

二

那么,我的看法又是怎样的呢?

简单说,对于公私之分,我以为中国古代是有明确意识的,并且这种意识在春秋时代即已形成。而这也算不上是我的创见。

比沟口雄三年岁稍晚的日本东洋史家尾形勇,就明确反对中国人公私不分之说,其结论是:"尽管不能照搬西欧的范畴,但是中国古代的'公'和'私'的存在,并没有脱离普遍的概念。并且两者又是截然分开的。在这个意义上,可以说,以中国的'公'与'私'处于未分化状态为有力前提的一般所谓'家族国家论',至此,就失去了一个根据。"(《中国古代的"家"与国家》,张鹤泉译,吉林文史出版社1993年版,第189页)他也引了荻生徂徕那几句话,却是用来讨论中国公私观念问题的。书中举了不少例证,其中如《史记·韩长孺传》:

> 韩安国言:"治天下终不以私乱公。"

又《史记·淮南衡山列传》:

> 汉文帝:"尧舜放逐骨肉,周公杀管蔡,天下称圣。何

者？不以私害公。"

又《资治通鉴》卷第一百九十四：

> 唐太宗自责："朕以私爱忘公义。"

"不以私乱公""不以私害公"云云很容易理解，就是不当以私事损害公事，不当以私人利益损害公共利益，这不正是沟口所说的"在公事关系中不掺入私情"的意思吗？这一说辞，只是强调不可徇私，不可破坏公私之别，但绝无取消私的意思，而且，恰恰是从反面证明了私的存在。

以我所见，至今为止讨论中国公私观念最为翔实的著作，当数陈乔见的《公私辨：历史衍化与现代诠释》。他在讨论"孔门公私观念"时，着重举出两条材料：一见于《礼记·曲礼下》：

> 公事不私议。

一见于《礼记·丧报四制》《大戴礼记·本命》、郭店楚简《六德》《孔子家语·本命》等多种文献：

> 门内之治恩掩义，门外之治义掩恩。

这里的"门内"，指家庭、家族而言，"门外"，指君国、君臣关系而言。陈先生认为，"门内""门外"之别，"实际上蕴涵了'公共领域'与'私人领域'两分的思想。今人多以为儒家公私不分，或者把'齐家'与'治国'混为一谈，这是对儒家思想的重大误解"。(《公私辨：历史衍化与现代诠释》，第53页)

"公事不私议"，即谓公家事务不在私人场合议论；"门外之治义掩恩"，即谓处理公家事务，公义大于私情。这确实很明确地区分了公私领域。不过，陈先生在主题和材料上大体都限仅于儒家范围，在此，我想补充两个例证。

《国语·鲁语下》有一段春秋鲁哀公时的记录：

> 公父文伯之母如季氏，康子在其朝，与之言，弗应；从之及寝门，弗应而入。康子辞于朝而入见，曰："肥也不得闻命，无乃罪乎？"曰："子弗闻乎？天子及诸侯合民事于外朝，合神事于内朝；自卿以下，合官职于外朝，合家事于内朝；寝门之内，妇人治其业焉。上下同之。夫外朝，子将业君之官职焉；内朝，子将庀季氏之政焉，皆非吾所敢言也。"

公父文伯之母，名敬姜；康子即季康子，名肥，谥康，公父文伯之侄，是当时鲁国三大世家之首季氏的宗主，也是鲁国的权臣。敬姜到季氏家，在朝，在寝门，季康子跟她说话，她都置之不理；季康子专门问疑，敬姜才讲出一番大道理，大意是：对于天子来说，人民之事属于外朝，神明之事属于内朝；对于贵族来说，国家之事属于外朝，家族之事属于内朝。而妇人的职分所在限于寝门之内，即家族之内，外朝、内朝都非妇人做事说话的地方。此虽自女性视角而言，但说明无论天子，还是贵族，都有内外之别，公事在外朝处理，私事在内朝处理；至于妇女，则范围更加缩小，外朝、内朝皆属于公，家庭内部才属于私。这段话近乎完美地诠释了前引《礼记》那两处文本的内涵：《礼记》所谓"门外"，即相当于"外朝"，所谓"门内"，即相当于"内朝"；而"公事不私议"，也应从"外朝"与"内朝"之别来理解，即外朝的事不宜拿到内朝或寝门之内来议论。（可参刘家和《三朝制新探》，《古代中国与世界——一个古史研究者的思考》，武汉出版社1995年版；又载《愚庵论史：刘家和自选集》，首都师范大学出版社2010年版）可见，大约在春秋时代，公域（公共空间）与私域（私人空间）已有了相当明确的区分。

还有一例，是三国时诸葛瑾的著名轶事。据《资治通鉴》卷第六十七：

> 诸葛瑾每奉使至蜀，与其弟亮但公会相见，退无私面。

同书卷第一百二十另有一个轶事，向诸葛瑾作了"致敬"：

> 琛（按：梁琛）从兄奕（按：梁奕）为秦尚书郎，坚（按：苻坚）使典客，馆琛于奕舍。琛曰："昔诸葛瑾为吴聘蜀，与诸葛亮惟公朝相见，退无私面，余窃慕之。今使

之即安私室，所不敢也。"乃不果馆。奕数来就邸舍，与琛卧起，间问琛东国事。琛曰："今二方分据，兄弟并蒙荣宠，论其本心，各有所在。琛欲言东国之美，恐非西国之所欲闻；欲言其恶，又非使臣之所得论也。兄何用问为！"

诸葛瑾作为吴的使节到了蜀国，跟弟弟诸葛亮"退无私面"，只在"公会"相见；梁琛作为前燕的使节到了前秦，以诸葛瑾为榜样，不愿住到堂兄弟梁奕家，只在"邸舍"见面，且不愿谈论公事。这也很可表现出对公私场域的严格区分。

又，唐代陆贽在其《论裴延龄奸蠹书一首》（《翰苑集》卷二十一）中提到：

> 杨国忠为吏部尚书，亟于私庭诠集选士，果令逆竖得以为词。

接着数裴氏罪状，也有一条：

> 徙郎曹于里间，视公事于私第。

也就是说，杨国忠"于私庭诠集选士"，裴延龄"视公事于私第"，在场域上公私不分，皆属违反政治规则的行径。

稍后的李德裕也有上疏云：

伏见国朝故事，驸马缘是亲密，不合与朝廷要官往来。玄宗开元中，禁止尤切。……伏乞宣示宰臣，其驸马诸亲，今后公事即于中书见宰相，请不令诣私第。（《旧唐书·李德裕列传》。按：《新唐书·李德裕列传》所录文本颇有改易；另参傅璇琮《李德裕年谱》，河北教育出版社2001年版，第103—104页）

按惯例，驸马不当与高官有私交，故有事应至中书省见宰相，而不能至私宅。这也是明确区别公私场域的一例。

从敬姜的言论，到诸葛瑾、梁琛的行为，到陆贽、李德裕的言辞，足见中国人对公（公域）私（私域）之分有明确意识。而且，还有极为重要的一点：敬姜是与孔子同时代的人，所言无关乎儒家，诸葛瑾、梁琛的行为，跟儒家似也不存特殊关系。这样，就可得出一个修正性的认识：公私分离并非儒家专有的观念，而是存在于儒家之前及儒家之外的普遍观念。

三

以往讨论中国公私问题，包括陈乔见先生在内，我以为都有一个严重的偏向：完全从"思想史"立场入手，无论在关注点方面，还是史料利用方面，都只重视"思想家"，忽略了"普通人"，只重视"思想文本"，忽略了"实践文本"。而我以为，比之形而上的学说，实际的言行更能体现中国人一般的公私观念。此外还存在一个缺憾：研究者似乎只重视字面，即表面上出现了"公""私"两字的文献，忽略了本质上亦呈现了公私逻辑的文本——这可能跟依赖电子搜索有关。以下排比的史料，都是我陆续涉猎所见，除了随文作出说明者，大体皆不见于此前讨论公私问题的论著。

先看先秦时代的情形。

《左传》文公六年载臾骈事：

> 晋杀续简伯，贾季奔狄。宣子使臾骈送其帑。夷之蒐，贾季戮臾骈，臾骈之人欲尽杀贾氏以报焉，臾骈曰："不可。吾闻前志有之曰：'敌惠敌怨，不在后嗣，忠之道也。'夫子礼于贾季，我以其宠报私怨，无乃不可乎？介人之宠，非勇也。损怨益仇，非知也。以私害公，非忠也。释此三者，何以事夫子？"尽具其帑与其器用财贿，亲帅扞之，送致诸竟。

晋国在赵盾（宣子）当政时，杀了大夫续简伯，支持续简伯的权臣贾季逃亡国外，赵盾不为己甚，让臾骈将贾氏的财物家人送去给他。因贾季曾得罪过臾骈，臾骈手下想杀掉贾家的人以报旧仇，但臾骈以为"以私害公，非忠也"，终将财物家人如数归之。这也许就是"不以私乱公""不以私害公"观念的最早出处，已明确表现出公私分明、不假公济私的意识。

《国语·晋语九》又有一个轶事，谓赵简子因尹铎不听命令，欲杀之，邮无正（号伯乐）说明原委，赵简子遂转怒为喜，赏赐了尹铎：

> 初，伯乐与尹铎有怨，以其赏如伯乐氏，曰："子免吾死，敢不归禄。"辞曰："吾为主图，非为子也。怨若怨焉。"

尹铎逃过一死，要将赵简子的赏赐转赠邮无正，邮无正拒之，表示这么做只是为主公考虑，公事公办而已，"怨若怨焉"，对你的私仇还是私仇。这也明显表现出公私两分的意识，跟《左传》所载臾骈的言行相类。

《左传》襄公三年载祁奚事：

> 祁奚请老，晋侯问嗣焉。称解狐，其仇也，将立之而卒。又问焉。对曰："午也可。"于是羊舌职死矣，晋侯曰："孰可以代之？"对曰："赤也可。"于是使祁午为中军尉，羊舌赤佐之。君子谓："祁奚于是能举善矣。称其仇，不为谄；立其子，不为比；举其偏，不为党。《商书》曰'无偏无党，王道荡荡'，其祁奚之谓矣！……"

祁奚向晋悼公请辞中军尉之职，悼公让他推荐继任者，他先是推荐其仇人解狐，解狐既死，复推荐其子祁午，时人遂称道他涉私而公，"称其仇，不为谄；立其子，不为比"。这是很有名的故事。又襄公二十一年载祁奚的另一事：

栾盈出奔楚。宣子杀箕遗、黄渊、嘉父、司空靖、邴豫、董叔、邴师、申书、羊舌虎、叔羆。囚伯华、叔向、籍偃。……乐王鲋见叔向曰："吾为子请！"叔向弗应。出，不拜。其人皆咎叔向。叔向曰："必祁大夫。"室老闻之，曰："乐王鲋言于君，无不行，求赦吾子，吾子不许。祁大夫所不能也，而曰必由之，何也？"叔向曰："乐王鲋，从君者也，何能行？祁大夫外举不弃仇，内举不失亲，其独遗我乎？……"

晋国栾盈一党因涉嫌政变，为执政的范宣子叔向诛杀，叔向是羊舌虎的同父异母之兄，亦牵连被捕。而他寄望于祁奚会主持公正，所谓"祁大夫外举不弃仇，内举不失亲"，指的正是此前祁奚推荐解狐和祁午的旧事。下文又曰：

……于是祁奚老矣，闻之，乘驲而见宣子，曰："……夫谋而鲜过、惠训不倦者，叔向有焉，社稷之固也。犹将十世宥之，以劝能者。今壹不免其身，以弃社稷，不亦惑乎？鲧殛而禹兴；伊尹放大甲而相之，卒无怨色；管、蔡为戮，周公右王。若之何其以虎也弃社稷？子为善，谁敢不勉，多杀何为？"宣子说，与之乘，以言诸公而免之。不见叔向而归。叔向亦不告免焉而朝。（按：《后汉书·党锢列传·范滂传》："滂等系狱，尚书霍谞理之。及得免，到京师，往候谞而不为谢。或有让滂者。对曰：'昔叔向婴罪，祁奚救之，未闻羊舌有谢恩之辞，祁老有自伐之色。'竟无所言。"范滂所言，即《左传》此处掌故，而范滂亦效叔向所为，对审理并释放他的霍谓并不特别表示感谢。）

果然如叔向所料，已告老退休的祁奚主动出来，说服范宣子释放了他。最有意思的是"不见叔向而归。叔向亦不告免焉而朝"这两句——祁奚成就此事之后，并没有去探望叔向，而叔向也没有去当面致谢。因为祁奚出手救叔向，是为国，是为公，故不求叔向的感谢；而叔向深知祁奚其人，明白他的用心，故亦以公报公，不对他作私人性质的感恩。此堪称肝胆相照、公私分明的典范！

同是襄公三年，又记载魏绛事。晋悼公之弟扬干行为不法，魏绛杀其手下以为惩，晋悼公怒而欲杀之：

……魏绛至，授仆人书，将伏剑。士鲂、张老止之。公读其书曰："日君乏使，使臣斯司马。臣闻师众以顺为武，军事有死无犯为敬。君合诸侯，臣敢不敬？君师不武，执事不敬，罪莫大焉。臣惧其死，以及扬干，无所逃罪。不能致训，至于用钺。臣之罪重，敢有不从，以怒君心，请归死于司寇。"公跣而出，曰："寡人之言，亲爱也。吾子之讨，军礼也。寡人有弟，弗能教训，使干大命，寡人之过也。子无重寡人之过，敢以为请！"

晋悼公对魏绛表示歉意，重点尤见于"寡人之言，亲爱也。吾子之讨，军礼也"两句，意谓我原来说的话，是因亲情而发，而你做的事，是因军法而发。这就很明白地承认了公与私有差别。

在此插述一事。《南史·临川静惠王宏传》载梁武帝事：

> 宏（按：梁武帝之弟萧宏）妾弟吴法寿杀人，匿宏府内，武帝制宏出之，即日偿辜。有司奏免宏司徒、扬州刺史，帝注曰："爱宏者兄弟私亲，免宏者王者正法，所奏可。"（此据近人陈朝爵《读左随笔》卷下，收入《〈左传〉读法两种》，华东师范大学出版社 2018 年版）

此事与晋悼公事大同小异，梁武帝以"兄弟私亲"与"王者正法"对比，较之晋悼公所言尤为明确，足见这一观念的连续性。

鲁哀公三年，齐国的国夏和卫国的石曼姑率兵围攻戚邑，《公羊传》云：

> 齐国夏曷为与卫石曼姑帅师围戚，伯讨也。此其为伯讨奈何？曼姑受命乎灵公而立辄，以曼姑之义，为，固可以距之也。辄者，曷为者也？蒯聩之子也。然则曷为不立蒯聩而立辄？蒯聩为无道，灵公逐蒯聩而立辄。然则辄之义可以立乎？曰可。其可奈何？不以父命辞王父命，以王父命辞父命，是父之行乎子也。不以家事辞王事，以王事辞家事，是上之行乎下也。

这段话今天不易理解，其事件背景大致是：卫灵公之子蒯聩无道，灵公就驱逐了他，立其子蒯辄为王；卫国的大夫石曼姑联合齐国围攻戚邑，也就是攻击蒯聩。《公羊传》要解答的是，蒯聩是蒯辄之父，石曼姑代表蒯辄讨伐父亲，合乎法理吗？而回答是肯定的，理由是："不以父命辞王父命，以王父命辞父命"，意即蒯聩虽是蒯辄之父，但灵公又是蒯聩之父，灵公作为父亲的命令，效力要更高于蒯聩作为父亲的命令；更重要的，是"不以家事辞王事，以王事辞家事"两句，意即讨伐作为国家公敌的蒯聩，是公事，而讨伐作为父亲的蒯聩，是私事，公事要大于私事。此处"王事"与"家事"的区分，正具体而微地呈现了公私有别的逻辑。当然，从文本年代严格来说，这大体代表了西汉儒者对此事的解释，即反映了西汉的公私观念。

《韩非子》属于标准的"思想文本"，其《饰邪》有云：

> 明主之道，必明于公私之分，明法制，去私恩。夫令必行，禁必止，人主之公义也；必行其私，信于朋友，不可为赏劝，不可为罚沮，人臣之私义也。私义行则乱，公义行则治，故公私有分。人臣有私心，有公义。修身洁白，而行公行正，居官无私，人臣之公义也；污行从欲，安身利家，人臣之私心也。明主在上，则人臣去私心，行公义；乱主在上，则人臣去公义，行私心。故君臣异心，君以计畜臣，臣以计事君。……故曰：公私不可不明，法禁不可

不审，先王知之矣。

这一段话相当引人注目，恐怕也是古代关于公私分离问题最明白的论述了。"必明于公私之分""公私有分""公私不可不明"，此言之再三者，在表述上跟荻生徂徕的"公私各有其所"又有什么差别呢？需要辩明的是，韩非这段话看起来是否定"私心"的，但我们要考虑到，他在此讨论的是君主统治术，即国家统治问题，他自然要强调分别公私、消除私人意识，这并不代表在社会学意义上否定私的正当性。同样，见于上古的所谓"大公无私""以公灭私""公而忘私"之类言辞，亦当作如是观，属于一种片面性的强调，一种修辞策略而已。这样的话，韩非子的所指就跟现代式的公私观念没有多少差别了。

而研究者似乎都忽略了，除了《饰邪》一篇，同书的《外储说左下》还叙述了两件轶事：

> 中牟无令，晋平公问赵武曰："中牟，三国之股肱，邯郸之肩髀，寡人欲得其良令也，谁使而可？"武曰："邢伯子可。"公曰："非子之仇也？"曰："私仇不入公门。"公又问曰："中府之令，谁使而可？"曰："臣子可。"故曰："外举不避仇，内举不避子。"赵武所荐四十六人于其君，及武死，各就宾位，其无私德若此也。

> 解狐荐其仇于简主以为相。其仇以为且幸释己也，乃

因住拜谢。狐乃引弓迎而射之,曰:"夫荐汝,公也,以汝能当之也。夫仇汝,吾私怨也,不以私怨汝之故拥汝于吾君。"故私怨不入公门。一曰:解狐举邢伯柳为上党守,柳往谢之,曰:"子释罪,敢不再拜?"曰:"举子,公也;怨子,私也。子往矣,怨子如初也。"

两件轶事性质类似。前一则轶事的赵武,是晋国大夫,即有名的"赵氏孤儿",他向君王举荐人才,只就公事论公事,不管此人是其仇人,此所谓"私仇不入公门",自体现了公私分明的意识。至于后一则轶事的解狐,也是晋国大夫,也同样向君王举荐仇人,"举子,公也;怨子,私也。"公私分离的意识表达得更为简明,而"私怨不入公门"的修辞,也跟"私仇不入公门"的表述完全一致。值得注意的是,前一则轶事所言的,显然来自《左传》叔向称许祁奚的话;而解狐举荐仇人的故事,也正像是祁奚举荐解狐故事的翻版。

值得留意的是,赵武、解狐的言行,与《左传》所载祁奚事、《国语》所载郄无正事皆有近似。赵武所言"外举不避仇,内举不避子",本是《左传》里叔向称许祁奚的话;《左传》是祁奚举荐仇人解狐,而此处却了解狐举荐自己的仇人;《国语》里的郄无正是"怨若怨焉",而解狐则是"怨子如初也"——在公事上举荐你,并不代表私仇的消解,跟你的私仇仍是私仇!这样就意味着,私固不当干预公,而公亦不能消灭私,由私仇之不因公而解,更加有力地衬托出公私不相混淆的意识。

跟祁奚、邮无正、越武、解狐同样的行为，在后世仍不断重复，代表了这种公私分离意识已构成是中国人观念的一个隐蔽传统。

以上所引录和分析者，多属于先秦文本，只有《公羊传》是附庸于先秦文本的次生文本。这样就有理由断言，早在先秦时代，公私两分的观念已完全确立起来。

四

秦汉以下的有关史料，以我所见，最多最集中的是《资治通鉴》，除了前引诸葛瑾、梁琛事，其例尚多。以下先选择若干见于《通鉴》者，再及其他。为避繁琐，加之《通鉴》的转述一般皆可信任，故对有关事例不再另检其原始出处。

卷第五十二述东汉苏章（字孺文）事：

> 章为冀州刺史。有故人为清河太守，章行部，欲案其奸臧，乃请太守为设酒肴，陈平生之好甚欢。太守喜曰："人皆有一天，我独有二天！"章曰："今夕苏孺文与故人饮者，私恩也；明日冀州刺史案事者，公法也。"遂举正其罪。州境肃然。

吃饭是吃饭，办案是办案，"私恩"不掩"公法"。这是为官公私分明的著名轶事。

卷第五十三述东汉张陵事：

> 春，正月朔，群臣朝会。大将军冀（按：梁冀）带剑入省，尚书蜀郡张陵呵叱令出，敕虎贲、羽林夺剑；冀跪谢，陵不应，即劾奏冀，请廷尉论罪。有诏，以一岁俸赎，百僚肃然。河南尹不疑（按：梁冀弟）尝举陵孝廉，乃谓陵曰："昔举君，适所以自罚也！"陵曰："明府不以陵不肖，误见擢序，今申公宪以报私恩！"不疑有愧色。

梁冀以外戚而为重臣，权倾朝野，以至汉质帝称他为"跋扈将军"，而梁不疑则是梁冀之弟。张陵曾得梁不疑举荐，反过来弹劾梁冀，针对梁不疑的责备，答以"申公宪以报私恩"，可谓大义凛然。

卷第八十六述西晋末苟晞（字道将）事：

> 晞屡破强寇，威名甚盛，善治繁剧，用法严峻。其从母依之，晞奉养甚厚。从母子求为将，不许，曰："吾不以王法贷人，将无后悔邪！"固求之，乃以为督护。后犯法，杖节斩之，从母叩头救之，不听。既而素服哭之曰："杀卿者，兖州刺史；哭弟者，苟道将也。"

"杀卿者，兖州刺史；哭弟者，苟道将也"——这是对比极强烈的表述方式，虽未见公私二字，却完全将公私置于迎头相撞的地位，比之前述苏章的"与故人饮者，私恩也……冀州刺史案事者，公法也"的话更为经典。

卷第九十三述东晋郗鉴事：

> 有司发王敦瘗，出尸，焚其衣冠，跽而斩之，与沈充首同悬于南桁。郗鉴言于帝曰："前朝诛杨骏等，皆先极官刑，后听私殡。臣以为王诛加于上，私义行于下，宜听敦家收葬，于义为弘。"帝许之。

王敦反叛朝廷，死后被开棺戮尸，悬首示众；而郗鉴建议实施人道政策，示众后可许其家属收敛。郗鉴将"官刑"与"私殡"对举，"王诛"与"私义"对举，显然表现出公域（公共空间）与私域（私人空间）有别的意识。

以我所见，《通鉴》同类言行至少尚有八例，为省篇幅，兹不再述。

《通鉴》关于公私两分的例子多且明确，自然与其篇幅有关，但《通鉴》编纂者于公私问题特致重视、有意突出，相信亦是原因之一。也就是说，这些事例的采撷，本身也体现了《通鉴》编纂者对公私分明意识的一种认同。在《〈资治通鉴〉：我的打开方式》一文里，我曾说《通鉴》内涵丰富，"以最少的篇幅容纳了最多的内容"，此亦一例。

《通鉴》之外，例子当然也有不少。

唐李垕《南北史续世说》亦有若干中古时代的事例。其书是摘录南北朝诸正史而成,来源极为可靠,兹按引《通鉴》例,不再查对原始出处。

其《政事》部分述梁徐勉事:

> 尝与门人夜集,客有求詹事五官,勉正色曰:"今夕止可谈风月,不宜及公事。"

与门生聚会,属于私人性质,故有客人求官,徐勉即理直气壮地拒绝任何商量。

其《雅量》部分述宋蔡兴宗事:

> 蔡兴宗收葬范羲,孝武曰:"卿何敢尔?"兴宗抗言曰:"陛下自杀贼,臣自葬周旋。"

范羲因竟陵王刘诞谋反受牵连被杀,蔡兴宗为之收尸,宋孝武帝遂责备之。这里的"周旋",即"周旋人"的省略,指友人或随从。蔡兴宗的意思是:在君王您来说是杀反贼,在他自己来说是掩埋朋友。这就明确透露出公私两分的逻辑。

又述北魏祖鸿勋事:

> 咸阳王徽举祖鸿勋为参军。及赴洛,徽谓曰:"临淮相举,竟不到门。今来何也?"对曰:"今来赴职,非为谢恩。"

祖鸿勋不因元徽举荐他就特别表示感激，在他看来，推荐官员本属公事，无关于私人恩惠。

其《赏誉》部分述隋库狄士文事：

> 库狄士文为贝州。其子食官厨饼，士文枷之于狱累日，杖之二百，步送还京。

库狄士文为贝州刺史，其子吃了点官厨的饼，而库狄士文竟以罪人待之。不论其事是否有做秀的成分，至少可见，当时对于物品具有极为强烈的公私意识。

其《捷悟》部分述宋王华事：

> 张邵与王华不和，及华参机要，亲旧为之危心。邵曰："子陵宁弘至公，岂以私隙害正义。"及为雍州，华实举之。

王华不以私事影响公事，照样推荐跟他有矛盾的张邵，而张邵亦完全信任他。可见两人都抱持公私有别的明确观念。

北宋孔平仲《续世说》也是一部辑录性质的书，其《方正》部分亦有其例。兹亦不再查对出处。

一述北魏高道穆事：

> 魏高道穆为御史中尉，帝姊寿阳公主行犯清路，执赤棒卒呵之不止，道穆令卒棒破其车。公主深恨，泣以诉帝，

> 帝曰："高中尉清直人，彼所行者公事，岂可以私恨责之也？"道穆后见帝，帝曰："家姊行路相犯，深以为愧。"道穆免冠谢，帝曰："朕以愧卿，卿反谢朕。"

高道穆秉公执法，其人固极可佩，但跟其他秉公执法者相比，在情节上并不算多么特殊；此事的特殊之处在两点：北魏是"五胡"之一的鲜卑族建立的政权，但他们入主中原之后，已完全承受了汉人公私分明的政治意识，此其一；北魏孝庄帝（元子攸）身为君主，完全理解"公事"与"私恨"的分际，也完全认同高道穆的执法，尤为难得，此其二。故此事的主角，与其说是高道穆，不如说是孝庄帝。

一述唐朝宰相路随事：

> 路随为中书舍人、翰林学士，有以金帛谢除制者，必叱而斥之曰："吾以公事接私财耶！"终无所纳。

当时朝廷授官的诏令由路氏执笔，官员得到升迁后，往往主动送礼致谢，本算不上贿赂，而路氏一概拒绝，并将此事付诸公私分野的理由："私财"未必不可接受，只是不可因"公事"而接受，否则公私之分一乱，就难免有假公济私的事了。

宋王谠《唐语林》卷一有云：

> 皇甫文备，武后时酷吏。与徐大理有功论狱，诬徐党

逆人，奏成其罪，武后特出之。无何，文备为人所告，有功讯之在宽。或曰："彼曩时将陷公于死，今公反欲出之，何也？"徐曰："汝所言者私怨，我所守者公法，安可以私害公也！"（原出《隋唐嘉话》卷下、《大唐新语》卷七，此据周勋初《唐语林校证》，中华书局1987年，上册第23—24页）

皇甫文备是酷吏，徐有功是坚持原则的司法官员，皇甫曾陷害徐，但后来徐负责审讯他时，却对他从宽处理。"汝所言者私怨，我所守者公法，安可以私害公也"——此可谓中国司法史上掷地有声的话，也是公私分离意识最经典的表述之一。

南宋李心传《旧闻证误》引阙名著作述宋初宰相王旦事：

寇准为枢密使，当罢，使人私求公，请为使相。公大惊曰："将相之任岂容私请耶？"准恨之。已而制出，除准武胜军节度使、同平章事。准入谢曰："非陛下主张，臣安得有此命？"上曰："王旦知卿。"具道公所以荐准语。准始愧叹，以为不可及。（此据缪荃孙《旧闻证误补遗》）

寇准私下请王旦荐举他为宰相（同平章事），王旦以"将相之任岂容私请"应之，拒绝私相授受；但在公事层面，王旦却认可寇准的才干，实际上向皇帝推荐了寇准。王旦是特意在形式上坚持公私分际，可以说更充分地体现了对公私分际的自觉。

又一则述北宋薛居正（谥文惠）事：

> 薛文惠公相太祖，尝请建储。太宗即位，召问公，且诘之曰："独不闻太后遗诏乎？"公曰："此母子私恩；臣之所言，万世大法也。且太祖皇帝已误，陛下无容复误也。"太宗不能夺。

这个故事，攸关北宋政治史的一大公案。赵匡胤夺了后周江山，其弟赵光义亦参与其事，其母杜太后要求匡胤身后将帝位传予光义，此即赵光义（太宗）所说的"太后遗诏"。薛居正曾建议赵匡胤立太子，也即让赵匡胤传位给自己儿子，故光义做了皇帝之后秋后算帐，以此事质问之。结果薛的回答理直气壮：太祖传位给你赵光义，只属于"母子私恩"，是私域的行为；太祖传位给自己儿子，是为"万世大法"，才是公域的行为。薛的潜在逻辑是：皇位的传授是公共问题，而传位于最亲近的子辈，是最高权力交替的绝对原则。对于社稷，对于大宋，本来只当传子；不传子而传弟，是你们赵家内部的私相授受，并不符合政治原则。只不过木已成舟，又得接受既成现实，不宜再作动摇，所以——"且太祖皇帝已误，陛下无容复误也"，太祖传位给您是犯了错，您可不能再犯错呀。背后的意思就是，您可得把帝位传给自己儿子，别又让太祖的儿子夺回去了。这番说辞，既申说了公私分明的大道理，又表达了拥护太宗帝统的心意，几乎无隙可击。所以赵光义"不能夺"，无言以对，当然也就不会怪罪他了。这个轶事,是在皇帝继位问题上,清楚地说明了公域与私域之分。

北宋苏象先《魏公谭训》卷第一记其祖父苏颂事:

> 祖父尝言:吾生平未尝以私事干人,至于陛立奏对,惟义理之言。故历事四朝,中间虽迁谪,不愧于观过矣。

"生平未尝以私事干人",看似平常,但能做得到的话,实极不易。即便我们可以怀疑苏颂的自许是否准确,可以怀疑苏象先的记录是否溢美,但有一点却无可怀疑:苏颂的话至少体现了当日士大夫的一般德行标准,他们是以"私事干人"为耻的,即非常清楚公私分际的。

五

还有两个专门的公案,值得单独拈出讨论。

《孟子·尽心上》有很著名的一段问答:

> 桃应问曰:"舜为天子,皋陶为士,瞽瞍杀人,则如之何?"孟子曰:"执之而已矣。""然则舜不禁与?"曰:"夫舜恶得而禁之?夫有所受之也。""然则舜如之何?"曰:"舜视弃天下犹弃敝蹝也。窃负而逃,遵海滨而处,终身䜣然,乐而忘天下。"

舜身为天子，如果其父犯了罪，该怎么办？孟子首先完全承认外在的法律，他认为，舜父若有罪，皋陶自然要逮捕他，而舜也无权干涉；"夫有所受之也"，司法权力已授予皋陶，皋陶执法是符合制度的。这就意味着，从公的立场，舜作为天子不能干预皋陶的执法。这样的话，舜能怎么做呢？实际上，无论从古代的政治道德，还是现代的法律观念，舜都无法可想；只是孟子为了给"孝"留一点位置，给"亲亲"留一点位置，就姑且立一虚言，硬是为舜想到一个无法之法：放弃天子之位，以私人身份带着老爸越狱，逃往荒无人烟的处所生活。就是说，从私的立场，舜作为儿子不妨以身试法，以尽其孝。古今于此议论者多矣，但似乎都没好意思指出，孟子的法子其实相当幼稚：如果舜因此就放弃天子之位，放弃对天下的责任，而且还要做一个劫狱者，他算什么圣君呢！尽管如此，由孟子的解答，却可见在孟子意中，是很重视公私分际的。

孟子此一文本，在经学史上，在儒学思想史上，已有无数的聚讼。台湾黄俊杰先生有《东亚近世儒者对"公""私"领域分际的思考：从孟子与桃应的对话出发》一文（载黄俊杰、江宜桦编《公私领域新探：东亚与西方观点之比较》，华东师范大学出版社2008年版），专门拈出此事，由此观察儒家对公私问题的思考，是颇有眼光的。他特别引了南宋杨时《周世宗家人传》对此问题的疏解：

父子者，一人之私恩；法者，天理之公义。二者相为轻重，不可偏举也。故恩胜义，则离法以伸恩；义胜恩，则掩恩以从法。恩义轻重，不足以相胜，则两尽相道而已。……（《龟山集》卷九）

这段话，已从公私有别的立场，很清楚地梳理出孟子、桃应问答的内涵。特别值得注意的是，杨时不仅明确地分别了"私恩"和"公义"，同时也明确地强调，"二者相为轻重，不可偏举也"，即"私恩"与"公义"同等重要，不可偏废。这当然就意味着，"公义"并不能压倒"私恩"，更不能取消"私恩"，对于公私分明的逻辑，对私的价值，这都是一个最明确的认定。——由此足可确定，荻生徂徕所言的"公私各有其所"，绝非一种新的观念，谈不上什么思想上的原创性。

在此，还可补充一例。明代吕坤《呻吟语·内篇·射集·应务》也有一段问答：

"父母在难，盗能为我救之，感乎？"曰："此不世之恩也，何可以弗感？""设当用人之权，此人求用，可荐之乎？"曰："何可荐也？天命有德，帝王之公典也，我何敢以私恩奸之？""设当理刑之职，此人在狱，可纵之乎？"曰："何可纵也？天讨有罪，天下之公法也，我何敢以私恩觑之？"曰："何以报之？"曰："用吾身时，为之死可也；用吾家时，为之破可也。其他患难与之共可也。"

假若一个盗贼救过自己的父母，可以推荐他当官吗，可以把他从监狱里放出来吗？当然不可。救济父母之义虽薄云天，终是"私恩"，而用人放人，是"公典"，是"公法"，二者不可混淆。可是，虽不能假公济私，却也不能以公灭私，"用吾身时，为之死可也；用吾家时，为之破可也。其他患难与之共可也"，对救命之恩，当以家财报之，当以身命报之。这就是说，在公的立场，不可利用公权来报恩，但在私的立场，则应竭尽私力来报恩。

吕坤设想的情境，其实跟孟子设想的颇为类似。他们都是刻意通过一个"哲学难题"，阐发了在特殊情境下公私观念的冲突及其因应之道。

另一个例子，是"官烛"的典故。三国谢承《后汉书》有云：

> 巴祗为扬州刺史，与客坐闇中，不然官烛。（据《初学记》卷二五引）

这位巴祗会客时，即使光线很暗，也不点公家供给的蜡烛，重点应是节约公物的意思。这个轶事自此成了典故，南朝徐陵《谢敕赉烛盘尝答齐国移文启》："官烛斯燃，更惭良史；宵光可学，乃会耆年。"杜甫诗《台上》："何须把官烛，似恼鬓毛苍。"皆用此典。到了宋代，这个典故还升级为一个更夸张的版本。南宋周紫芝《竹坡诗话》有云：

> 李京兆诸父中，有一人尝为博守者，不得其名，其人极廉介。……又京递至，发缄视之。中有家问，即令灭官烛，取私烛阅书；阅毕，命秉官烛如初。当时遂有"闭关迎使者，灭烛看家书"之句。廉白之节，昔人所高，矫枉太过，则其弊遂至于此。

这里说的"博守"，似是博这个地方的太守。京城有文书送来，他打开来看，发现里面杂有家书，就将公家的灯烛灭掉，点上私家的灯烛来看，看完家书，再重新点着公家的灯烛看官书。这当然呆板得可笑。如果说巴祇不失为方正，此公则有模仿秀之嫌，即非出于做作，也未免迂阔了。可是，这个极端的例子，不正完全契合于沟口雄三所谓"不为私事使用工作单位的物品"的日本式公私观吗？不是最有力地说明中国人于公私有别的概念是何等明确吗？

六

由以上的反复举例，我想已足以说明，古代中国对于公私分野实抱有极明确的意识。这样，回过头来看沟口雄三的见解，完全脱离实证，也就不必再费事一驳了。

沟口的表述看上去甚缠绕，但根本的思路实甚浅显，就是将中国落后，将中国没有产生"资本主义"，归因于中国人根子里的观念问题。就等于说，先天的观念缺陷、先天的历史基因缺陷，决定了中国不能像日本那样走向"进步"，走向"资本主义"。在他的笔下，人民公社与宗法时代不分，现代日本与江户时代也不分，完全取消了历史维度，也完全取消了技术因素，甚至也不理会经济社会形态问题，十足表现出以理论取消史实的倾向，实近于一种黑格尔式的历史哲学。

尽管如此，也颇有研究者承受了他的结论。

比如台湾的陈弱水先生，系余英时先生门下，其《中国历史上"公"的观念及其现代变形——一个类型的与整体的考察》一文（《公共意识与中国文化》，新星出版社 2006 年版），对"公"的历史表述作了较系统的梳理，在史料上远非沟口可比，但仍不愿正面批评沟口。他由《礼记》"公事不私议"等文本，明明已认识到"'公'的概念初起之时，就有了公私分离的想法"；可最后却又脱离文本证据，得出一个游离于论证之外的印象式结论，呼应了沟口的说法："在历史上，中国人其实一直不太讲究公私之分，公私关系大部分的重点在以公灭私，即使谈公私之别，也经常是在心理或动机的层面作要求，而颇轻忽实际行为的检察与规范。"又如黄克武先生，其《从追求正道到认同国族——明末至清末中国公私观念的重整》一文（《近代中国的思潮与人物》，九州出版社 2013 年版），论述明清以来中国公私观念的变迁，亦承受了沟口的见解。

所以然者，我想，或因沟口毕竟是讨论中国公私观念问题的先觉，而且身为日本学者，在中国人眼中仿佛就代表了国际学界，其学术上的权威也会被放大吧。不妨说，这是思想史研究上的一种"路径依赖"。

写到这,我的意思,是不承认中国存在公私不分吗?当然不是。沟口先生说中国人公私不分、以私为公,也是事出有因的;事实上,中国社会中公私不分的现象,比之身为外国人的沟口先生,我们更要熟悉得多吧。那么,怎么解释这种矛盾呢?

我以为,在制度上,新社会较之传统制度已完全改弦易辙,形成历史断裂,借用一句熟语,这是真正的"数千年未见之变局"。而沟口所见的公私不分问题,只能从当代的制度之中找原因,不应从古代的思想之中找原因。沟口溯洄求之,实属一种《河殇》式的思想或文化决定论,是方向性的谬误。

况且,公私不分,表现于观念层面(作为一种社会意识)是一回事,表现于实践层面(作为一种社会现象)又是一回事。中国人纵明白公私有别的事理,并不等于在实践中必能贯彻,这其实是不难理解的。当制度合理,经济繁盛,公德、私德就较能讲求,公私之分就较能遵守;相反,当制度失灵,经济停滞,人民为求生存各私其私,公私不分也就变得普遍。同时,公私不分也可部分归因于恶政治所造成的腐败习气。

事实上,公私不分诚然是现代中国社会存在的一种现象,但又有哪个社会不存在呢?作为一种社会现象,可以如此简单地归因于一种文化观念的传统吗?一种文化观念,会像血缘一样,会像基因一样,竟是古今不变的吗?

思想史家往往有一种牢不可破的积习:社会现象、社会意识不分,将社会现象的存在等同于社会意识的存在。于是,作为一种社会现象，公私不分就被径直视为一种社会意识，并投射于古代，视之为中国自古以来的一种深层观念。这是一种太想当然的化约论。以我们今日为例，在实践中，我们确实无法处处做到公私分明，但我们果真没有公私两分的意识吗？是制度，尤其是现实中的制度，使我们往往不愿做到公私分明而已，何曾是我们认识不到什么是公、什么是私呢！

七

关于沟口雄三对荻生徂徕《弁名》那条材料的引用和理解，还值得多讨论一下。

从我前文的大量举证可知，无论是中国的"思想者"还是"普通人"，对公私都有强烈的区别意识；徂徕作为儒学者，其于公私问题的思考，显然应置于中国古代思想的谱系之中来理解。而沟口完全将徂徕孤立出来，以之证明公私分离是日本人的固有观念，且为中国人所无，这等于强行将甲方的有利证据归于乙方，实在是惊人的颠倒历史。

而徂徕那条材料，又是大有来头的。

沟口的前辈、政治思想史家丸山真男在《日本政治思想史研究》中有个著名论断："……所谓'公'是指社会的、政治的、对外的领域；所谓'私'则是指个人的、自身的、对内的领域。""即从理念型上言之，非现代的更正确地说是前现代的思维，一般尚未认识到这种意义上的公私对立。……广泛文化行为中公的领域的独立,进而私的领域的解放,恰恰是'现代性的'重要标志。""当把朱子学观念作为思想界的一般性前提的时候,谁能否认徂徕对公私的思维方法所具有的划时代性呢?"(《日本政治思想史研究》,王中江译,三联书店2000年版,第68—69页)丸山立论的前提,是将公私分化视为"现代"意识的标志,而将这一点落实到日本思想史上,主要即基于对徂徕思想的阐释,尤其基于徂徕在《辨名》(即《弁名》)里的这段话:

> 公者私之反。众所同共,谓之公;已所独专,谓之私。君子之道,有与众共焉者,有独专焉者。……是公私各有其所,虽君子岂无私哉!只治天下国家贵公者,为人上之道也。

就是这些话,丸山将之视为"现代"意识萌芽的体现,本就很可怀疑;更何况,就上下文来看,徂徕是借由《尚书》《大学》《论语》《孟子》这几种儒家经典来讨论公私问题的,无论从遣辞还是立意,都未脱出中国思想的语境。这与其说是日本思想的创造,不如说是中国思想的延伸。这样一来,就算那是"现代"意识的标志,版权也该属于中国人呀!

丸山的这一论断,构成了现代日本思想界的一大"事件"——此即子安宣邦所说的"作为'事件'的徂徕学"。子安批评丸山学说是一个"思想史的虚构",是基于潜在预设,在日本近代以前的思想里寻找"近代性思维",在徂徕对公私的论说中确定"近代性思维"的起源（《日本现代思想批判》，赵京华译，上海译文出版社2017年版，第188页）。有意思的是，沟口本人也曾引述平石直昭、子安宣邦对丸山的批判，表示"这些使得丸山氏的理论从其内部瓦解了"（《中国近世的思想世界》，载《中国的思维世界》，刁榴、牟坚等译，三联书店2014年版）。这么看，似乎沟口对丸山也是否定的。实则不尽然。

沟口引用徂徕《弁名》那条材料，掐头去尾，显得很随意，既未交代徂徕的古代儒学背景，也未说明这则材料的现代阐释背景。但只要稍知丸山的学术公案，即可明了其来历。

我的意思是，对于丸山，沟口可谓明修栈道，暗度陈仓。表面上，沟口对丸山是否定的，但暗中借用了丸山对徂徕的解释。正是丸山，首先将"公私分化""公私对立""公私二重性"视为"现代性"的标志，首先强调了徂徕的重要性，首先将《弁名》里"公私各有其所"那段话视为公私分化的明确表述。而这也正是沟口讨论中日公私观念之别的出发点。沟口其实是将丸山的"徂徕学"从日本思想史那里拿来，运用到中国思想史领域。这样，子安宣邦对丸山徂徕论所作的激烈批判，很大程度亦可移置到沟口身上的。

对徂徕那则材料，丸山的理解和运用虽属可疑，但他将公私分化视为"现代"意识标志这一前提，我以为却有价值。他的思路意味着，在公私观念上，日本人并非一成不变，有一个古今变化的过程，即从封建到"近代"或"现代"的转变。相比之下，沟口对那则材料的利用，却完全取消了时间性，等于暗示日本人从来都存在公私分离的意识。换句话说，丸山的逻辑是动态的，将徂徕的公私观念视为一个新生事物，以此解释日本"现代"意识的起源；而沟口的逻辑是静态的，将徂徕的公私观念视为一个固有事物，以此证明日本人始终存在公私分化意识，并借此解释日本为什么能走向"现代"，而中国则反之。这样，我以为沟口是比丸山走得更远，也错得更甚了。

总之，自中国历史语境来看，"公私各有其所"这句话，实际上相当平常。我列举了大量事例，其中所体现的公私观念，无不符合丸山所说"'公'是指社会的、政治的、对外的领域……'私'则是指个人的、自身的、对内的领域"的定义，也无不符合沟口所说"'公'和'私'本身，是公开与隐蔽、对外与对内、官事或官人对私事或私人的关系……是国家、社会、全体对个人、个体的关系"的定义。丸山、沟口他们稀罕得不行的荻生徂徕、稀罕得不行的公私分化观念，在我们老祖宗那里其实俯拾皆是。那么，该说中国社会本来就是"现代"的呢，还是说公私分化跟"现代"并不相干呢？关于中国公私分化观念的起源，牵涉到更为古远的年代，也牵涉到更为复杂的课题（比如公私观念与社会形态的关系），兹事体大，在此只能搁置不论。但无论如何，揆诸中国春秋时代以下的历史文本，不管是丸山，还是沟口，其思想史构建就成了沙上之塔、海中之市了。

附录：

此文完成初稿后，发觉篇幅太长，引证太多，显得累赘。兹将相对次要的材料及相关解说移录于此，以备有需要者参考。

《国语·鲁语下》载鲁国大夫叔孙豹（穆子）事：

> 虢之会，诸侯之大夫寻盟未退。季武子伐莒取郓，莒人告于会，楚人将以叔孙穆子为戮。晋乐王鲋求货于穆子，曰："吾为子请于楚"。穆子不予。梁其踁谓穆子曰："有货以卫身也。出货而可以免，子何爱焉？"穆子曰："非女所知也。承君命以会大事，而国有罪，我以货私免，是我会吾私也。苟如是，则又可以出货而成私欲乎？虽可以免，吾其若诸侯之事何？夫必将或循之，曰：'诸侯之卿有然者故也。'则我求安身而为诸侯法矣。君子是以患作，作而不衷，将或道之，是昭其不衷也。余非爱货，恶不衷也。且罪非我之由，为戮何害？"楚人乃赦之。（按：此事又见《左传》昭公元年，但文本较简略，在字面上亦不涉及公私问题）

鲁国违背同盟约定，私下攻击莒国，楚国方面欲杀死鲁国使节叔孙豹。晋人乐王鲋表示可为叔孙疏通，但索要财物，为叔孙拒绝。叔孙的理由，不是吝于财物，而是"国有罪，我以货私免，是我会吾私也"——这么做，等于是为了一己之私，而牺牲了社稷之公。在此，作为个人生命之私，当然谈不上有何不正当，只是身为使节，国家利益优先，故不得不牺牲个人利益。这同样体现了"不以私害公"的逻辑。

《战国策·赵策二》有云：

> 赵燕后胡服，王令让之曰："事主之行，竭意尽力，微谏而不哗，应对而不怨，不逆上以自伐，不立私以为名。子道顺而不拂，臣行让而不争。子用私道者，家必乱，臣用私义者，国必危。……以从政为累，以逆主为高，行私莫大焉。"

这里的"王"，即赵武灵王，这是以赵武灵王的名义发议论。从"子用私道者，家必乱，臣用私义者，国必危"这几句来看，所谓公私的所指是相对的，对于君主或国家来说，臣子的事情当然是"私义"；而对于家庭或家族来说，个人的事情也是"私道"。也就是说，对于个体来说，国家是公，家族也是公。此又可见古人对于公私的分别并不限于家族与国家之间，而取决于具体语境。此亦如前引《国语》敬姜所言，相对于贵族来说，天子的事是公，家族的事是私，但相对于妇女来说，则大家族的事是公，小家庭的事才是私。

西汉韩婴《韩诗外传》卷一云：

> 楚白公之难，有庄之善者，辞其母，将死君。其母曰：

"弃母而死君,可乎?"曰:"吾闻事君者,内其禄而外其身。今之所以养母者,君之禄也,请往死之。"比至朝,三废车中。其仆曰:"子惧,何不反也?"曰:"惧,吾私也;死君,吾公也。吾闻君子不以私害公。"遂死之。(此据许维遹《韩诗外传集释》,中华书局1980年版,第22页;参屈守元《韩诗外传笺疏》,巴蜀书社1996年版,第73—75页)

这是说楚国白公胜叛乱时,一位叫庄之善的人去朝廷那里殉难,但心里又觉恐惧。"惧,吾私也;死君,吾公也",怕死是私,但为君赴难是公。应该说,从公私分际的角度来阐释赴死问题,显得相当勉强,但这也表明了公私二分意识运用之普遍。"吾闻君子不以私害公"云云,则继《左传》之后,再次出现了"不以私害公"的话。

《三国志·蜀志·许靖传》录许靖与曹操书有云:

苟得其人,虽仇必举;苟非其人,虽亲不授。

这里虽未出现公私的字眼,但其逻辑显然与郤无正、越武、解狐的言行无异。

《后汉书·邳彤传》述邳彤事:

信都复反为王郎,郎所置信都王捕系彤父弟及妻子,使为手书呼彤曰:"降者封爵,不降族灭。"彤涕泣报曰:

"事君者不得顾家。彤亲属所以至今得安于信都者，刘公（按：谓汉光武帝刘秀）之恩也。公方争国事，彤不得复念私也。"会更始所遣将攻拔信都，郎兵败走，彤家属得免。

邳彤拒绝王郎（王昌）部的招降，所举的理由是"事君者不得顾家"，以"事君"与"顾家"对举，接着又以"争国事"与"念私"对举，皆指在公私难以兼顾的情形下，只得为了公而牺牲私的意思。

颜之推《颜子家训·勉学》有云：

……但知私财不入，公事夙办，便云我能治民；不知诚己刑物，执辔如组，反风灭火，化鸱为凤之术也。

颜之推的意思，似指为官之道，光是"私财不入，公事夙办"还不够，还有更高的要求；但由此可见，"私财不入，公事夙办"在当时系官僚的道德信条之一。以"私财"与"公事"对举，恰与路随"吾以公事接私财耶"的话相呼应。

《资治通鉴》卷第五十七述东汉赵苞事：

辽西太守甘陵赵苞到官，遣使迎母及妻子，垂当到郡；道经柳城，值鲜卑万余人入塞寇钞，苞母及妻子遂为所劫质，载以击郡。苞率骑二万与贼对陈，贼出母以示苞，苞悲号，谓母曰："为子无状，欲以微禄奉养朝夕，不图为母作祸。昔为母子,今为王臣,义不得顾私恩,毁忠节,唯当万死,无以塞罪。"母遥谓曰:"威豪,人各有命,何得相顾以亏忠义,尔其勉之!"苞即时进战,贼悉摧破,其母妻皆为所害。苞自上归葬……苞葬讫,谓乡人曰:"食禄而避难,非忠也;杀母以全义,非孝也。如是,有何面目立于天下!"遂呕血而死。

作为母子关系的"私恩",毫无疑问有着充分的正当性,任何的公亦无法抹杀;只是当外敌入侵之际,面临"明显而即刻的危险",私人感情不能不让位于国家利益,"义不得顾私恩",赵苞依旧选择了开战。这个悲壮的事迹,过去大约只重视其忠孝不能两全一点,但在本质上,这事也典型地体现了公私不能兼顾的处境。

又卷第五十八述东汉盖勋事:

初,武威太守倚恃权贵,恣行贪暴,凉州从事武都苏正和案致其罪。刺史梁鹄惧,欲杀正和以免其负,访于汉阳长史敦煌盖勋。勋素与正和有仇,或劝勋因此报之,勋曰:"谋事杀良,非忠也;乘人之危,非仁也。"乃谏鹄曰:"夫绁食鹰隼,欲其鸷也。鸷而亨之,将何用哉!"鹄乃止。正和诣勋求谢,勋不见,曰:"吾为梁使君谋,不为苏正和也。"怨之如初。后刺史左昌盗军谷数万,勋谏之。昌怒,使勋与从事辛曾、孔常别屯阿阳以拒贼,欲因军事罪之,而勋数有战功。及北宫伯玉之攻金城也，勋劝昌救之，昌不从。陈懿既死，边章等进围昌于冀，昌召勋等自救，辛曾等疑不肯赴，勋怒曰："昔庄贾后期，穰苴奋剑。今之从事岂重于古之监军乎！"曾等惧而从之。……

这里叙述了盖勋两桩事，都体现了他不计私怨、在公言公的作风。他虽与苏正和有私怨，但反而劝说上司，救济了苏正和，而此后"怨之如初"，显然接续了先秦时代邮无正、越武、解狐的谱系。

又卷第六十二述曹操部属李通事：

阳安都尉江夏李通妻伯父犯法，俨（按：赵俨）收治，致之大辟。时杀生之柄，决于牧守，通妻子号泣以请其命。通曰："方与曹公戮力，义不以私废公！"嘉俨执宪不阿，与为亲交。

不受夫人之请，不怨亲属之罪，属于最典型的公私分明事例。"义不以私废公"的说辞，也是延续了《左传》《史记》的传统。

又卷第六十三述袁绍部属逢纪事：

审配二子为操（按：曹操）所禽，绍将孟岱言于绍曰："配在位专政，族大兵强，且二子在南，必怀反计。"郭图、辛评亦以为然。绍遂以岱为监军，代配守邺。护军逢纪素与配不睦，绍以问之，纪曰："配天性烈直，每慕古人之节，必不以二子在南为不义也。愿公勿疑。"绍曰："君不恶之邪！"纪曰："先所争者，私情也；今所陈者，国事也。"绍曰："善！"乃不废配。配由是更与纪亲。

逢纪又是重复了邮无正、越武、解狐的言行。他以"私情"与"国事"对举，亦是公私分离观念的典型表述。

又卷第六十七述魏将李典事：

> 孙权率众十万围合肥。时张辽、李典、乐进将七千余人屯合肥……诸将以众寡不敌，疑之。张辽曰："公远征在外，比救至，彼破我必矣。是以教指及其未合逆击之，折其盛势，以安众心，然后可守也。"进等莫对。辽怒曰："成败之机，在此一战！诸君若疑，辽将独决之。"李典素与辽不睦，慨然曰："此国家大事，顾君计何如耳，吾可以私憾而忘公义乎！请从君而出。"……

李典的逻辑，跟逢纪大同小异，"国家大事"为重，"公义"为重，而"私憾"为轻。

又卷第六十八述吴将蒋钦事：

> 初，右护军蒋钦屯宣城，芜湖令徐盛收钦屯吏，表斩之。及权在濡须，钦与吕蒙持诸军节度，钦每称徐盛之善。

权问之，钦曰："盛忠而勤强，有胆略器用，好万人督也。今大事未定，臣当助国求才，岂敢挟私恨以蔽贤乎？"权善之。

"臣当助国求才，岂敢挟私恨以蔽贤乎"的表述，跟李典的"此国家大事……吾可以私憾而忘公义乎"是一致的。

又卷第一百一十四述东晋末何无忌事：

敬宣坐免官，削封三分之一……刘毅欲以重法绳敬宣，裕保护之；何无忌谓毅曰："奈何以私憾伤至公！"毅乃止。

刘敬宣是刘裕爱重的部下，因征讨西蜀失利而被黜，刘毅想借机除之，何无忌遂以"奈何以私憾伤至公"的话阻止他，这跟李典所说的"吾可以私憾而忘公义乎"如出一辙。

又卷第二百九十一述后周魏仁浦事：

初，解州刺史浚仪郭元昭与榷盐使李温玉有隙，温玉婿魏仁浦为枢密主事，元昭疑仁浦庇之。会李守贞反，温玉有子在河中，元昭收系温玉，奏言其叛，事连仁浦。帝时为枢密使，知其诬，释不问。至是，仁浦为枢密承旨，元昭代归，甚惧，过洛阳，以告仁浦弟仁涤，仁涤曰："吾兄平生不与人为怨，况肯以私害公乎！"既至，丁亥，仁浦白帝，以元昭为庆州刺史。

郭元昭曾不利于魏仁浦，后来魏得到周太祖郭威重用，郭担心其报复；魏弟仁涤表示，其兄为人宽宏大量，"肯以私害公乎"——可以说，这已成了古人表述公私分离意识最常见的说辞。

唐代陆贽在奏议中强调公私问题，亦不一而足。如《奉天请罢琼林大盈二库状》：

> 夫国家作事，以公共为心者，人必乐而从之；以私奉为心者，人必咈而叛之。

又《谢密旨因论所宣事状》：

> 夫天下公器也，王纲大权也。执大权者，不任其小数；守公器者，不徇于私情。任小数而御大权，则怨怼之祸起；徇私情以持公器，则奸乱之衅生。

又《论裴延龄奸蠹书》：

> 夫君天下者，必以天下之心为心，而不私其心；以天下之耳目为耳目，而不私其耳目。故能通天下之志，尽天下之情。

五代孙光宪《北梦琐言》卷第十三述藩镇将领王重荣事：

河中节度使王重荣，始为牙将，黄巢犯阙，元戎李都奉伪，畏重荣党附者多，因荐为副使。一日，忽谓都曰："凡人受恩，只可私报，不可以公徇。令公助贼陷一邦，于国不忠，而又日加箕敛，众口纷然，倏忽变生，何以遏也？"遽命斩其伪使。都无以对，因以军印授重荣而去。

当时唐室号令不行，藩镇坐大，兵将每以下犯上，王重荣推翻李都，既有忠于唐室的缘故，也有借机取而代之的缘故。他说"凡人受恩，只可私报，不可以公徇"，意谓李都虽提拔了他，但这是私恩，不能因此做有害于朝廷的事。这当然是很冠冕堂皇的话。又同书卷第十八述后唐明宗李嗣源事：

明宗皇帝尤恶贪货……汴州仓吏犯赃，内有史彦珣，旧将之子，又是驸马石敬瑭亲戚，王建立奏之，希免死。上曰："王法无私，岂可徇亲。"由是皆就戮。

这当然是君主坚持不以私害公原则的显例。

北宋孔平仲《续世说·方正》述唐朝宰相裴垍事：

裴垍作相，器局峻整，人不敢干以私。尝有故人子自远诣之，垍资给优厚，从容款狎。其人乘间求京兆判司，垍曰："公才不称此官，不敢以故人之私伤朝廷至公。他日有盲宰相怜公者，不妨得也。垍则必不可。"

"不敢以故人之私伤朝廷至公",仍是"不以私害公"之意的延伸而已。

司马光《涑水记闻》卷一述大将曹彬事:

> 太祖事世宗于澶州,曹彬为世宗亲吏,掌茶酒。太祖尝从之求酒,彬曰:"此官酒,不敢相与。"自沽酒以饮太祖。及即位,常语及世宗旧吏,曰:"不欺其主者,独曹彬耳。"由是委以腹心,使监征蜀之军。

曹彬坚持原则,不拿官酒来招待赵匡胤,但自己掏腰包请他,这是顾私情而不违公意的例子。

又卷十四述名臣赵抃(字阅道,谥清献)事:

> 至和中,范景仁(按:范镇)为谏官,赵阅道为御史,以论陈恭公事有隙。熙宁中,介甫执政,恨景仁,数讦之于上,且曰:"陛下问赵抃,即知其为人。"他日,上以问阅道,对曰:"忠臣。"上曰:"卿何由知其忠?"对曰:"嘉祐初,仁宗违豫,镇首请立皇嗣以安社稷,岂非忠乎?"既退,介甫谓阅道曰:"公不与景仁有隙乎?"阅道曰:"不敢以私害公。"

无独有偶,叶梦得《石林燕语》卷七述又载赵抃另一事:

赵清献为御史，力攻陈恭公，范蜀公知谏院，独救之。清献遂并劾蜀公党宰相，怀其私恩；蜀公复论御史以阴事诬人，是妄加入以死罪，请下诏斩之，以示天下。熙宁初，蜀公以时论不合求致仕，或欲遂谪之，清献不从。或曰："彼不尝欲斩公者耶？"清献曰："吾方论国事，何暇恤私怨。"方蜀公辩恭公时，世固不以为过，至清献之言，闻者尤叹服云。

又同卷述孙抃（谥文懿）事：

吴龙图中复性谨约，详于吏治，自潭州通判代还。孙文懿公为中丞，闻其名，初不之识，即荐为监察御史里行。或问文懿："何以不相识而荐之？"文懿笑曰："昔人耻为呈身御史，吾岂荐识面台官耶？"当时服其公。

又卷九述王德用（谥武恭）、文彦博（别称文潞公）事：

王武恭公自枢密使谪知随州，孔道辅所论也。道辅死，或有告武恭："害公者死矣。"武恭愀然叹曰："可惜！朝廷又丧一直臣。"文潞公为唐质肃所击，罢宰相，质肃亦坐贬岭外。至和间，稍牵复为江东转运使。会潞公复入相，因言唐某疏臣事固多中，初贬已重，而久未得显擢，愿得复召还。仁宗不欲，止命迁官，除河东。

以上赵抃、王德用、文彦博诸人，于其政敌皆能公私分明，不因过去在公事上的仇怨而报之以私；至于孙抃推荐无一面之私的官员，也体现了公事公办的精神。

郑板桥家书《仪真县江村茶社寄舍弟》有云：

> 或曰："吾子论文，常曰生辣，曰古奥，曰离奇，曰淡远，何忽作此秀媚语？"余曰：论文，公道也；训子弟，私情也。岂有子弟而不愿其富贵寿考者乎！故韩非、商鞅、晁错之文，非不刻削，吾不愿子弟学之也；褚河南、欧阳率更之书，非不孤峭，吾不愿子孙学之也；郊寒岛瘦，长吉鬼语，诗非不妙，吾不愿子孙学之也。私也，非公也。（《郑板桥集·家书》，上海古籍出版社1962年版）

郑板桥的意思是：正式评价文章好坏，是"公道"，教授子弟如何作文，是"私情"，二者是有距离的。自己更愿意子弟学习"健康"的写作。公私之分本属社会政治领域的概念，而郑板桥借以用于文学领域，阐明了文学评价标准亦有公私之别——此亦属公私分离意识的延伸。

"五斗米道"得名辩证

这似是个不成问题的问题。其实不然。世皆知其然,未必知其所以然。

为什么叫"五斗米道"?标准说法是学道者须纳米五斗,故有是名。如卿希泰主编《中国道教史》第一卷(四川人民出版社1988年版,第146—147页)即持此说,李叔还《道教大辞典》(浙江古籍出版社1987年影印本,第60页)、黄海德等《道教辞典》(四川大学出版社1991年版,第9页)、胡孚深主编《中华道教大辞典》(中国社会科学出版社1995年版,第53页)皆同。按此说,"五斗米"实即道徒的入会费。

这样理解,确有"权威"的史料依据。西晋陈寿《三国志·张鲁传》云:

> 祖父(张)陵客蜀,学道鹄鸣山中。造作道书,以惑百姓。从受道者出五斗米,故世号"米贼"。

南朝范晔《后汉书·刘焉传》亦承之：

> 初祖父陵，顺帝时客于蜀，学道鹤鸣山中，造作符书，以惑百姓。受其道者，辄出米五斗，故谓之"米贼"。陵传子衡，衡传于鲁，鲁遂自号"师君"。

但实际上也有异说，并将此归于张修，而非张鲁之祖张陵（道陵）。《三国志》裴松之注引《典略》云：

> （张）角为太平道，（张）修为五斗米道。……修法略与角同，加施静室，使病人处其中思过。……使病者家出米五斗以为常，故号"五斗米师"。后角被诛，修亦亡。及（张）鲁在汉中，因其民信行修业，遂增饰之。

又《后汉书》李贤注引刘艾《记》亦云：

> 时巴郡巫人张修疗病，愈者雇以五斗米，号曰"五斗米师"。

这却是说"五斗米"起于治病的费用，而非入道的费用。

近代以来，研究者或疑"五斗"源自《度人经》的五方五斗（沈曾植《海日楼札丛》卷六"五斗"条），或疑"五斗"源自西南夷的五个族群（王家祐《张陵五斗米道与西南民族》，《道教论稿》，巴蜀书社1987年版），或疑"五斗"源于巴郡賨人的赋税额（张泽洪《五斗米道命名的由来》，《宗教学研究》1988年第4期），然皆近乎望文生义，可置而不论。

可是，关于"五斗米道"的得名，其实还存在另一系的记录，只是自来学者要么忽略不提，要么未作辨析。东晋常璩《华阳国志》卷二《汉中志》云：

> 初平中，以（张）鲁为督义司马，住汉中，断谷道。鲁既至，行宽惠，以鬼道教。……学道永信者，谓之鬼卒。后乃为祭酒。巴汉夷民多便之，其供通限出五斗米，故世谓之"米道"。（参任乃强《华阳国志校补图注》，上海古籍出版社1987年版，第72页）

又北魏郦道元《水经注》卷二十七"沔水"条：

> （张）鲁至，行宽惠，百姓亲附，供道之费，米限五斗，故世号"五斗米道"。

《水经注》所载，或直接承袭了《华阳国志》，或与《华阳国志》承袭了同一史源，必有源流关系。《水经注》之文更简明切要，由其"供道之费"一句，可证《华阳国志》的"其供通限出五斗米"当系"其供道限出五斗米"之误。

不必说，《华阳国志》《水经注》皆是史料价值极高的文献。

而这两则史料却将"五斗米道"的成立归于张鲁，而不是张陵或张修。更重要的是，由上下文仔细斟酌，《华阳国志》《水经注》所谓"供道"的"五斗米"，并非信道者加入教团或治疗疾病的费用，而是当地所有百姓都得交纳的费用，实质上属于税收性质——不过张鲁政权以"鬼道"治民，故以"供道"形式隐蔽地收税而已。这一记录，我以为非常重要，不仅反映了张鲁政权的经济运作状况，也说明了"五斗米道"得名的真实背景。

就文本年代来说，《华阳国志》《水经注》要晚于《典略》、刘艾《纪》和《三国志》，但关于张修、张鲁的行事，史源驳杂，记事歧异，不宜简单地依据文本年代判断其真伪。作为乱世的历史记录，史料见于文本的年代并不代表史料的绝对年代，更不代表史料的可靠程度，晚出文本所见的史料，其可靠性也有可能高于早出文本所见的史料。

还有一个因素应当考虑，即文本作者的地望。《三国志》作者陈寿（233—297）是巴西安汉（今四川南充）人，《华阳国志》作者常璩（约291—361）是蜀郡江原（今四川崇庆）人，就"五斗米道"来说，他们较之其他作者更有发掘本土遗闻的条件。常璩出身当地望族，在李氏成汉政权中已任史官，且比陈寿更专注于地方史地；他晚于陈寿半个多世纪，即有劣势，也有优势——他完全可能闻陈寿所未闻，搜集到"五斗米道"起源更为可靠的佚闻。他作为继起的作者，舍张陵、张修之说而取张鲁之说，当有其考量，也当有其依凭。

关于"五斗米道"的早期传授，有一种值得重视的见解：

"五斗米道"的原型由张修建立，张鲁取而代之，夺其地，并其众，因其教，并发扬光大之；而所谓张陵→张衡→张鲁的"三张"传道世系，应是张鲁崛起之后所伪托的神话（任继愈主编《中国道教史》第一章第四节，上海人民出版社1990年版。按：此部分由牟钟鉴执笔）。这个解释，我觉得是相当合理的。这样，系于张陵的事迹，包括"五斗米"源于教徒入会费用之说，也陡然显得可疑了。至于被张鲁政权刻意抹杀的张修事迹，就情理而言，似不宜轻易否定。一种可能，系于张修的"五斗米"乃治疗费用之说，是出于后来的讹传和附会；另一种可能，张修时期或有治病收取"五斗米"的旧例，张鲁将之改造为针对全民的收费。

总之，"五斗米道"若系张修初创，其势力必甚有限，影响亦甚有限，至张鲁独霸一方时始大张于世；后人对于早期"五斗米道"的认识，实即成型于张鲁乃至其后的时代，必然包含了扭曲、想象和重构的成分。从此角度来看，系于张陵或张修的记录，可信度恐不及系于张鲁的记录；也就是说，关于"五斗米道"之得名，《华阳国志》《水经注》的记载要更为合理，也更为可信。无论如何，"五斗米"之名，当由张鲁政权始显于世，代表一种隐形的税收制度。

事实上，"五斗米"的税赋性质，在后来的道书中仍有痕迹可寻。南朝刘宋时《三天内解经》（署"三天弟子徐氏撰"）卷上云：

> 民不妄淫祀他鬼神，使鬼不饮食，师不受钱，不得淫盗，治病疗疾，不得饮酒食肉。……立二十四治，置男女官祭酒，统领三天正法，化民受户，以五斗米为信。化民百日，万户人来如云。（《正统道藏》正一部；参李养正《道教概说》第二章第三节，中华书局1989年版）

又《要修科仪戒律钞》（署"三洞道士朱法满撰"）卷十引《太真科》云：

> 家家立靖崇仰，信米五斗，以立造化，和五性之气。家口命籍系之于米，年年依会。十月一日，同集天师治，付天仓及五十里亭中，以防凶年饥民往来之乏，行来之人，不装粮也。（《正统道藏》洞玄部；参李养正《道教概说》第二章第三节）

"化民受户，以五斗米为信""家口命籍系之于米"云云，显然是以家庭（户）为单位向专职的"治"定期交纳费用，其性质大约相当于中古欧洲的教会税。不过，在张鲁时代，"五斗米道"是政教合一的垄断体系，近乎穆罕默德控制下的麦地那、藏传佛教主导下的西藏，其征收"五斗米"是针对治下全体民众的；而到了南朝时代，其后身天师道只是社会组织之一，比之佛教尚屈于下风，则《三天内解经》《要修科仪戒律钞》关于"五斗米"的描述，自非当时的实录，只是基于早期教团记忆的一种"理想国"设计而已。

此外，北周甄鸾《笑道论》引《化胡经》亦有云：

> 三皇修道人皆不死。……下古世薄，天生风雨，地养百兽，人捕食之。吾伤此际，故尝百谷以食兆民。于是三皇各奉粟五斗为信。(《广弘明集》卷九；此参陈昌辽《五斗米道与五斗米》，《江汉学报》1962年第9期)

这里说"三皇各奉粟五斗为信"，则是由"五斗米"旧说而衍生的一种修道神话了。

还有一点值得留意，同是刘宋时代的陆修静，其《陆先生道门科略》有云：

> 罢诸禁心，清约治民，神不饮食，师不受钱。
> 盟威法：师不受钱，神不饮食，谓之清约。(《正统道藏》太平部；此参李养正《道教概说》第二章第三节)

这与《三天内解经》的"师不受钱，不得淫盗，治病疗疾，不得饮酒食肉"正相契合。可知其戒律强调民众治病免费，道师不得收受钱物，这种教条，是不利于张修为人治病收取"五斗米"之说的。徒子徒孙不可以做的，祖师爷怎么就可以呢？

那么，既然"五斗米"是一种特殊税收，为什么要收"五斗米"呢，这个额度又是怎么来的呢？

我过去写过一篇《"不为五斗米折腰"考述》(《中国早期方术与文献丛考》,中山大学出版社2000年版),在讨论陶潜那个著名典故时曾涉及此问题。原文列举了四则书证,现补充若干后来搜集的材料,重作梳理如下。

西汉马王堆帛书《五十二病方》有治疗蜥蜴或蝮蛇咬伤的医方:

> 以青粱米为鬻(粥),水十五而米一,成鬻(粥)五斗……(参周一谋、萧佐桃主编《马王堆医书考注》,天津科学技术出版社1988年版,第95页)

同书又有治疗漆液过敏的医方:

> □□以木薪炊五斗米,孰(熟)……(参《马王堆医书考注》,第206页)

《史记·天官书》有一段关于正月占候农业收成的文字:

> 如食顷,小败;熟五斗米顷,大败。

甘肃疏勒河所出汉简有两枚:

> 从卒陶阳五斗 从掾受五斗 □五斗

□□五五斗斗□（《疏勒河流域出土汉简》，文物出版社1984年，编号310、593）

南朝宋刘义宋《世说新语·任诞》录刘伶祝辞：

天生刘伶，以酒为名。一饮一斛，五斗解酲。

南朝梁沈约《宋书·乐志》录散骑侍郎顾臻所上奏章：

方今夷狄对岸，外御为急，兵食七升，忘身赴难，过泰之戏，日禀五斗。

梁元帝萧绎《金楼子》卷三《说蕃篇》录晋王室司马颖临终语：

我自放逐，于今三年，身体手足不见洗沐。取五斗汤来！

北周庾信诗《和张侍中述怀》有句：

木皮三寸厚，泾泥五斗浊。（参清倪璠《庾子山集注》卷之三）

唐王梵志诗也有句：

货人五斗米，送还一硕粟。（参项楚《王梵志诗校注[增订本]》，上海古籍出版社2010年版，上册第459页）

由上可以大致判断，"五斗"习用于秦汉以下，应是一个非正式的、数额较小的常用计量单位。

由此，反观《要修科仪戒律钞》的"信米五斗……家口命籍系之于米，年年依会"，即每年每户缴米五斗，当然是相当轻微的税额，必定轻于原来汉朝所征收者。如此，《华阳国志》所谓"鲁既至，行宽惠……巴汉夷民多便之，其供道限出五斗米"，《水经注》所谓"鲁至，行宽惠，百姓亲附，供道之费，米限五斗"，其内涵就能完全理解了——这是张鲁善待民众之策，也可说是张鲁收买人心之策。无论如何，张鲁的策略可谓成功，"五斗米"自此成为其神权统治的标签。

张鲁的举措并不难理解。大凡新政权之兴，为求笼络民心、稳定局面，往往会使用种种招数，在经济上惠民是其中极紧要的一环。七世纪穆斯林势力横扫中东时，在新征服地区就采取温和政策，降低税率，将纳税人限定于异教徒，甚至曾在撒出占领区时返还税款（《善与恶——税收在文明进程中的影响》，查尔斯·亚当斯著，翟继光译，中国政治大学出版社2013年版，第138页）；李自成举事时，承诺"迎闯王，不纳粮"，并编作歌谣传布（《明史·李自成传》），更是我们特别熟悉的。

还可举一个古印度的例子作为参照。玄奘《大唐西域记》卷三记录了一则"阿波逻罗龙泉"的传说：

> 此龙者，迦叶波佛时生在人趣，名曰殑祇，深闲咒术，禁御恶龙，不令暴雨。国人赖之，以稽余粮。居人众庶感恩怀德，家税斗谷以馈遗焉。既积岁时，或有遗课，殑祇含怒，愿为毒龙，暴行风雨，损伤苗稼。命终之后，为此地龙，泉流白水，损伤地利。……如来遂制勿损农稼。龙曰："凡有所食，赖收人田。今蒙圣教，恐难济给。愿十二岁一收粮储。"如来含覆，愍而许焉。故今十二年一遭白水之灾。（参季羡林等《大唐西域记校注》，中华书局 1985 年版，第 274—275 页）

此谓民众原先交纳谷物以供养阿波逻罗龙，应代表了对当地某一神灵体系的信奉；每年"家税斗谷"，应是很微小的负担，但即便如此，日久仍多拖欠，故神龙怒而报复。"巴汉夷民"向打着"鬼道"名义的张鲁政权交纳"五斗米"，正相当于"居人众庶"对阿波逻罗龙"家税斗谷"，是一种信仰名义下的税负。

张鲁径以"五斗米"的低税收为号召，简明而直接，宣传效果当甚佳，宜乎其能招徕远近百姓；反之，作为一个亟待拓展规模的新兴教团，若入道要收钱，治病要收钱，毫无优惠，又如何能吸引新教徒呢？

最后，顺带多谈几句"陶潜不为五斗米折腰"的公案。因为一说"五斗米"，世人首先联想到的怕不是道教，而是陶渊明吧。

关于"不为五斗米折腰"的含义，过去有种种异说，其中一说以为陶渊明的"五斗米"正是指"五斗米道"。而此说又分两歧：一谓指陶渊明早年弃去江州祭酒事，因江州祭酒一职系道教徒王羲之、王凝之任江州刺史时所设（逯钦立《读陶管见》之三，《汉魏六朝文学论集》，陕西人民出版社1984年版）；一谓指陶潜最后一次弃官事，郡中所遣督邮或是道教徒，故渊明耻而去之（张宗祥《陶集疑问》，《张宗祥文集》第二册，上海古籍出版社2013年版）。二说皆甚迂曲，也不合辞例，可不置辩。不过，陶渊明的"五斗米"，跟"五斗米道"倒也不是全无干系的。

我接受张志明、梁实秋的解释：陶渊明所言的"五斗米"，当是虚指，乃借用一个较小的计量单位以形容俸禄的微薄（《对于"陶潜不为五斗米折腰新释"的商榷》，《历史研究》1957年第10期；《五斗米》，《梁实秋读书札记》，中国广播电视出版社1990年版。详见《"不为五斗米折腰"考述》）。易言之，陶潜的"五斗米"，与道教的"五斗米"，在语源上相同，是基于同一种惯用的计量单位；只不过道教所指为实，代表轻税，陶潜所指为虚，形容微俸。这样的话，陶渊明固然不是针对"五斗米道"而作此言，但他作此言时，意中若虑及"五斗米道"，却也未可知呢。

（原刊于《中国文化》2017年春季号）

补记：

关于史料之价值与年代的关系，梁启超曾有专门讨论："最先、最近之史料则最可信，此固原则也。然若过信此原则，有时亦可以陷于大误。""有极可贵之史料而晚出或再现者，则其史料遂为后人所及见，而为前人所不及见。"(《中国历史研究法》，上海古籍出版社 1987 年版，第 83 页、第 88 页) 近见虞云国在批评蔡涵墨《历史的严妆：解读道学阴影下年南宋史学》一书时，特意拈出梁氏此意，认为在秦桧专政高压时出现的史料未必可信，而秦桧身后言论松动时出现的史料恐怕更可信，不能仅以时代先后判断史料之优劣(《秦桧专权形象的自型塑与被型塑》，《澎湃新闻·上海书评》2018 年 1 月 30 日)。又，严耕望也指出一种现象："后期史书因为传承的关系，他所依据的材料比较正确而且正确地传承下来，有时往往比现存的较早记载更为正确。这种情形也颇常见。"(《治史经验谈》，辽宁教育出版社 1998 年版，第 42 页) 我以为，相对晚出的《华阳国志》《水经注》，也属于"有极可贵之史料而晚出或再现"这一情形。

张鲁凭"五斗米"以招徕百姓的政策，有一个可参照的史实。《晋书·食货志》载曹操政权事有云：

> 及初平袁氏，以定邺都，令收田租亩粟四升，户绢二匹而绵二斤，余皆不得擅兴，藏强赋弱。

可知曹操虽不像张鲁那样"神道设教"，但同样也曾通过低税政策以招抚民众。《晋书·食货志》又载西晋租税制度云：

> 远夷不课田者输义米，户三斛，远者五斗，极远者输

算钱，人二十八文。

这是说，对边疆蛮族实行优待政策，每年只需交纳米"三斛"（十斗为斛），而更边远者更是只交纳"五斗"——此正足以旁证张鲁征收"五斗米"系一种低税政策。

此外，宋人庄绰《鸡肋编》卷上有一则记录了当时"事魔食菜"的民间教团，其教有济贫均富、免费待客之制，与"五斗米道"有相似处，又有云：

> 其魁谓之魔王，为之佐者，谓之魔翁、魔母，各诱化人。旦望，人出四十九钱，于魔翁处烧香；翁、母则聚所得缗钱，以时纳于魔王，岁获不赀云。

这个"旦望，人出四十九钱"的制度，性质即相当于张鲁政权的"五斗米"，不过"五斗米"负担较轻，而"四十九钱"则负担较重了。

"旋风叶"问题的再考辨
——重估中国古书形制演变的大势

中国古书形制演变的基本趋势是清楚的,即由卷子(卷轴)变为册子(册子本),其疑难主要在于册子起源的具体过程;而册子起源的疑难,主要又集中在"旋风叶"(旋风装)的形制问题。可以说,"旋风叶"问题是古书形制变迁史的瓶颈——也是古书形制研究的最后堡垒。

不过,这是书史的老问题了,挖掘新原始材料谈何容易。在此,我大体是依凭前人的论著,对旧材料作出一个新解释。这是首先需要说明的。

研究史述评:从岛田翰到李致忠

关于"旋风叶"及其相关问题,回顾古书形制的研究史,似有五家的撰述最值得重视。

踏实地积累了史料,并提出新颖见解者,首推日人岛田翰的《书册装潢考》(《古文旧书考》卷第一,原刊于明治三十六年

卷轴装

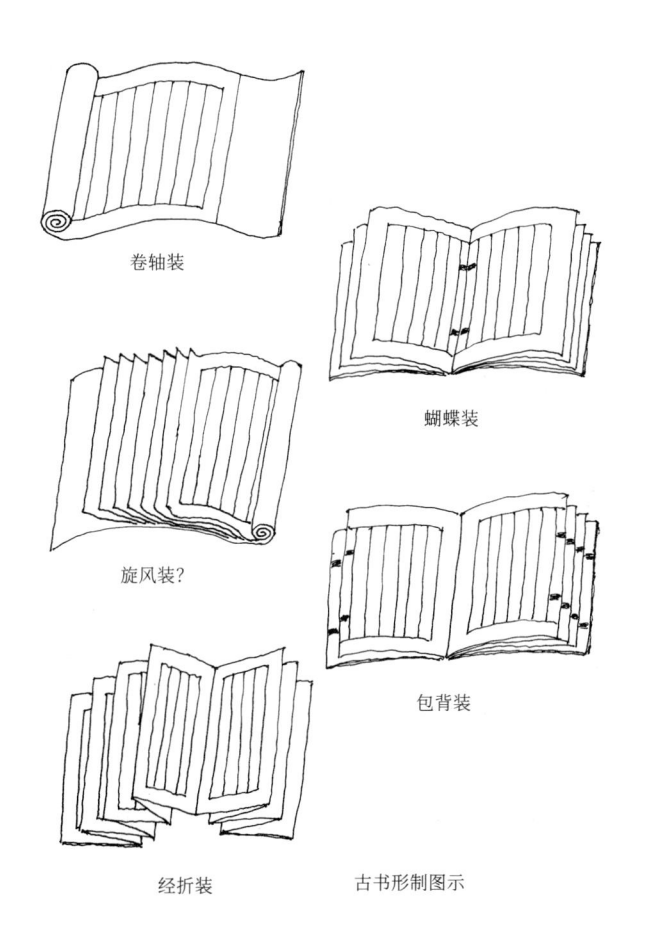

蝴蝶装

旋风装？

包背装

经折装　　古书形制图示

[1903]，此据上海古籍出版社2014年版）。他认为：

> 何谓旋风叶？予犹逮见旧钞本《论语》及《醍醐杂事记》，所谓旋风叶装也。旋风叶者，盖出于卷子之变。夫卷子之制，每读一书、检一事，绅阅展舒，甚为烦数。于是

> 后世取卷子叠摺成册，两折一张裱纸，概粘其首尾于裱纸，犹宋椠藏经，而其制微异。而其翻风之状宛转如旋风，而两两尚不相离，则又似囊子，故皇国谓之囊草子也。

又引钱曾《读书敏求记》、欧阳修《归田录》为据申论：

> 夫吴彩鸾《唐韵》（按：孙愐著，隋陆法言《切韵》的增修本）即所装成旋风叶，而欧公名以为叶子，是叶子即谓旋风叶也。……盖古者书册皆装为卷子，其后以卷舒之难，因而为旋风摺叶，久而摺断，乃以糊粘其摺处，因以为册子，谓之蝴蝶装也。……盖分而言之，则旋风叶曰叶子，蝴蝶装、线缝装曰册子；通言之，则册子亦曰叶子，叶子亦曰册子也。

岛田以为"旋风叶"（旋风装）实即经折装，又等于叶子，又等于册子。其核心见解，即旋风装＝经折装，大体为国内马衡、刘国钧等承袭，一度成为主流见解，至近时仍有黄永年、辛德勇坚持（参李致忠《古书"旋风装"考辨》，《文物》1981年第2期；杜伟生《古书旋风装的再考辨》，《国家图书馆学刊》1986年第4期；辛德勇《东方西方相映成像——读高峰枫〈从卷子本到册子本〉一文有感》，《文汇报》2015年6月26日）。但今日视之，我觉得他的解释并不能真正契合于文献。他指旋风装因折断而形成蝴蝶装之说，也属想当然，并无材料支持。至于他将旋风装、经折装、叶子及册子视为一物，更有取消问题之嫌了。

中国方面首先值得重视的论述，应数叶德辉。其《书林清话》卷一"书之称本"云：

> 吾谓书本由卷子折叠而成，卷不如折本翻阅之便，其制当兴于秦汉间。

又据宋人黄庭坚《山谷别集》、张邦基《墨庄漫录》、程大昌《演繁露》谓：

> 然则今之书册，乃唐时叶子旧称，因是而变蝴蝶装。蝴蝶装者，不用线钉，但以糊粘书背，夹以坚硬护面。以板心向内，单口向外，揭之若蝴蝶翼然。……是无论线装、蝴蝶装，皆得通称为本矣。

但他并未论及旋风装、经折装的问题。

国内第一篇有分量的专论，应系马衡的《中国书籍制度变迁之研究》（原载《国书馆学季刊》一卷二号[1926年6月]，收入《凡将斋金石丛稿》，中华书局1977年版），其论古书形制之变，细致而复能通贯。关于卷轴变为册子的具体过程，其论曰：

> 纸之篇幅本不如缣帛之长，当时因欲因袭缣帛之形式，不能不将各纸粘连，以就卷子之制度。今既感觉不便，只有使之不连，解为散叶之一法。此种散叶，便谓之

叶子。

进而据《归田录》《演繁露》明确指出：

> 是叶子即未经粘连之散叶，对卷子而言，便称叶子，俗又写作页。散叶既为便于检阅而设，则装置之法，自应变卷舒为折叠。此种折叠之制，仍因袭编连众简之称，谓之为册。……今称散叶谓之叶，积叶谓之册，总称折叠之制，则谓之册叶。

他说"叶子"本指散叶，本来极有价值。但他又认为，在卷子变为叶子的过程之间，先有一个旋风装阶段，并据《墨庄漫录》又指：

> 所谓旋风叶者，谓以卷轴之长幅，变卷舒以为折叠，自首至尾，可以循环翻检，今俗称经折式，唐宋之时谓之旋风叶。释教经典至今犹有作此式者。

这实际上是暗袭了岛田翰的说法，相信旋风装即经折装。

针对旋风装即经折装（折叠本）之说，台湾昌彼得早就提出了反诘，见其《唐代图书形制的演变》(《图书馆学报》1964年第6期，收入《版本目录学论丛（一）》，台湾学海出版社1977年版；又见《中国图书史资料集》，香港龙门书店1974年版。按：相近的论述又见其《中国图书史略》，收入《版本目录学论丛（一）》）。此文积累深湛，勾稽细微，在古书形制源流问题上似为仅见之作，但或因两岸隔绝，学术信息流通不畅，大陆学界似乎完全忽略了。昌彼得先引据《归田录》《演繁露》关于"叶子"形似"今策子""今书册"的描述，提出质疑：

> 他们两人都说"叶子"与当时的书册相近似。宋代图书通行蝴蝶装，而蝴蝶与折叠本在形式及装置上迥然不同。因之叶子即是折叠本之说，不能不令人感到怀疑。

又旁征黄庭坚、卞永誉等书证，最后认为：

> ……唐代的"叶子"，是横宽纵短的散叶，与蝴蝶装本子展开的形状相近，所以欧阳修、程大昌等说"其制似今策子"。民国初年王国维整理故宫的书籍，曾发现了一部唐代写本王仁煦《刊谬补缺切韵》（按：王仁昫撰，《切韵》的增修本，稍早于孙愐《唐韵》），后来由罗振玉等影印传世。这一部唐写本也是幅叶宽大，横长纵短。又法国伯希和教授在敦煌千佛洞石室也获得了一部唐代写本王氏《切韵》残纸四十二叶，款式与故宫本同（见蒋经邦《敦煌本王仁煦刊谬切韵跋》，载《国学季刊》第四卷第三号）。这都是欧阳修所谓以叶子写的，而备检用的书。从这些唐代的遗物，益可证明"叶子"系散叶式而非折叠本了。

昌彼得强调"叶子"系散叶，绝非"折叠本"（经折装），等于一方面承继了马衡关于"叶子"的理解，一方面又全然否定了马衡关于"旋风叶"即"经折式"的说法。我以为很是合理。只是他成文较早，没有正面讨论"旋风叶"问题，其他有关见解亦有未尽合理之处。

同样是针对旋风装即经折装之说，大陆李致忠从实物的立场，提出了奇峰突出的新说。此即《古书"旋风装"考辨》一文。作者按验故宫所藏《唐写本王仁昫刊谬补缺切韵》云：

> ……全书共五卷，凡二十四叶。除首叶单面书写文字外，其余二十三叶均两面书写，所以共四十七面。……每叶高25.5厘米、长47.8厘米。以一长条卷纸作底，除首叶因单面书写，全幅裱于卷端外，其余二十三叶因双面书写，故以每叶右边无字空条处，逐叶向左鳞次相错地粘裱在首叶末尾的卷底上，看去好似龙鳞，错叠相积。收藏时，从首至尾卷起，外表完全是卷轴的装式；但打开来时，除首叶全裱于卷底，不能翻阅外，其余均能逐叶翻转。其装帧形式独具风格，世所罕见，当是古书旋风装的实物证据。

又援引《归田录》《墨庄漫录》《玉堂嘉话》《读书敏求记》等记载，最后认为：

> 古书的旋风装，就是在卷轴式的底纸上，将书叶鳞次

相错地粘裱，打开时，形似龙鳞，所以称为龙鳞装；收卷时，书叶鳞次朝一个方向旋转，宛如旋风，所以又称为旋风装，或旋风叶卷子。

就故宫《刊谬补缺切韵》原物的外观来说，确实类于"旋风"之状；持以对照《墨庄漫录》所谓"旋风叶"，《玉堂嘉话》所谓"鳞次相积，皆留纸缝"，《读书敏求记》所谓"逐叶翻看，展转至末，仍合为一卷"，确实也差相吻合。还有一点，就内容来说，《墨庄漫录》《玉堂嘉话》《读书敏求记》所记皆是韵书，也跟故宫《刊谬补缺切韵》略同，也可视为旁证。相较之下，岛田翰觉得经折装"翻风之状宛转如旋风"的解说就显得太勉强了。因此，以为故宫《刊谬补缺切韵》式的形制即旋风装，又即龙鳞装，单论这一点，我以为确可成立。宜乎其说一出，迅即得到学界响应。

总而言之，关于"旋风叶"问题，我认为最关键的见解有二，一是马衡说的"叶子即未经粘连之散叶"、昌彼得说的"'叶子'系散叶式而非折叠本"，一是李致忠说的"旋风装，就是在卷轴式的底纸上，将书叶鳞片次相错地粘裱"。只是他们的相关分析仍有欠缺，尤其在古书形制演变的整体认识上，无不陷于混乱。事实上，在古书形制演变的整体认识上，至今学界也无不陷于混乱。

问题的关键:"旋风叶"并非"叶子"

李致忠在征引《归田录》之后,如是说:

> 欧阳修在这段话里,指出"唐人藏书皆作卷轴",但后来为了便于查找,于是以叶子写之,象吴彩鸾所书《唐韵》之类的书,就是这样。这种叶子的装帧形制,犹如北宋时代书籍的册子。可见欧阳修已把《唐写本王仁昫刊谬补缺切韵》这类装帧形式,比作册子了。

在此,他为了牵合《归田录》的记录,遂将故宫《刊谬补缺切韵》等同于叶子,亦等同于册子,也就是以为旋风装(龙鳞装)=叶子=册子。但《刊谬补缺切韵》明明是粘贴"在卷轴式的底纸上"的,明明是卷子样式的,怎么又能称为册子呢?既然《刊谬补缺切韵》是旋风装仅见的实物,怎么可能同于北宋通行的册子样式呢?这无论如何难以自圆其说。今人如辛德勇不接受《刊谬补缺切韵》即旋风装之说(见《东方西方相映成像——读高峰枫〈从卷子本到册子本〉一文有感》),也正是因此吧。

可是,由岛田翰到辛德勇一系的看法,看似跟李致忠针尖对麦芒,但实际上却跟李致忠有一个无形的"共识":旋风叶=叶子。区别只在于,一方认为旋风装即传统所称的经折装,一方认为旋风装即《刊谬补缺切韵》式的形制,如此而已。

旋风叶=叶子——我以为,这一成见,这一源于岛田的成见,正是问题的症结所在,也正是问题的突破口所在。

下面就循此思路,援据文献对"旋风叶"问题重作辨析。

首先讨论"叶子"问题。

先看欧阳修《归田录》卷二的记载:

> 叶子格者,自唐中世以后有之。说者云:因人有姓叶,号叶子青(原注:一作清,或作晋)者,撰此格,因以为名。此说非也。唐人藏书皆作卷轴,其后有叶子,其制似今策子。凡文字有备检用者,卷轴难数卷舒,故以叶子写之,如吴彩鸾《唐韵》、李郃《彩选》之类是也。骰子格本备检用,故亦以叶子写之,因以为名耳。

这是所有研究者无不征引的材料,是材料的结穴。但孤立地考察这一文本,就事论事,它所提供的明确信息其实只有"叶子,其制似今策子",至少在字面上,既未涉及经折装,也未涉及旋风装。易言之,这一记录本来既不能支持岛田翰一系的解释,也不能支持李致忠一系的解释。

再看程大昌《演繁露》卷十五的记载:

> 古书不以简策,缣帛皆为卷轴。至唐始为叶子,今书册是也。

这个更为明确的记录,正可与《归田录》相印证,足见"叶子"

的形制同于"策子",也同于"书册"。照昌彼得的理解,它应指散叶式的书册,近于宋代通行的图书样式,即蝴蝶装,而不是如岛田翰一系听说的经折装,或如李致那样所说的旋风装。

在此,我想补充一点:照情理来说,"叶子"的本义应指单纯的散叶,也即马衡所谓"未经粘连之散叶";只是具体在使用时,"叶子"大约又可泛指由散叶组成的札子或简册,也即昌彼得所谓"散叶式"。

关于"叶子"本指散叶,有一个研究者视而不见的理由——

若细看《归田录》那条记载,我们不难发现,欧阳修本来记述的对象,其实并非"叶子",而是"叶子格"。只是大凡引用《归田录》此段记录者,几乎无不从书史的视角出发,只关注作为图书的"叶子"问题,而不会留意作为游戏的"叶子格"问题。也就没有人考虑一下,"叶子格"为什么叫"叶子格"呢?

所谓"叶子格",正式的名称应是"骰子选"或"骰子选格",又称"彩选",见于唐房千里《骰子选格序》《咸定录》(《太平广记》引)及宋钱易《南部新书》、王辟之《渑水燕谈录》、高承《事物纪原》等,即"升官图"的前身,性质近于今日的"大富翁"(参杨荫深《中国游艺研究》,上海世界书局民国二十四年版,第77—79页;辛德勇《中国印刷史研究》,三联书店2016年版,第139—140页)。对比一下"升官图"或"大富翁"游戏,我们即可想象玩"叶子格"的情形。"升官图"是使用一幅单页的图,"大富翁"搬到了电脑屏幕上,但仍是不翻动的"单页";由此例彼,"叶子格"应是同样的玩法,即众人对着单页的"叶子格",通过扔骰子来进行。比照"升官图",可以想象一般的"叶子格"应只是单页,不过"叶子格"后来又发展出繁复的花样(如《渑水燕谈录》记《旧欢新格》"分十五门,门各有说。凡名彩二百二十七,逸彩二百四十七,总四百七十四彩"),就非一张单页所能容纳了;但无论是简单的"叶子格",还是复杂的"叶子格",实际进行游戏时,应当只会选取其中一张单页来玩,而不会采用累赘的卷轴或书册样式。也就是说,"叶子格"是对着一张"叶子"玩的,所以才会叫"叶子格","叶子格"所以得名者当在此!这样的话,"叶子格"既名"叶子",则"叶子"原本就必是指散叶了。

不过,到了欧阳修的时代,"叶子格"的玩法已渐失传,时人对"叶子"一词的使用,大约也不再拘泥于本义,不仅可指散叶,也可泛指由散叶累叠或装订而成的册子了。据方俊琦《古籍形态"叶子"考》一文(《图书馆杂志》2011年第5期),宋人笔记中另有两条材料,一是《墨庄漫录》卷二有云:

> 其后相国寺庭中,买得古叶子书杂抄,有此法,改正十余字(按:此条系记医书。宋人周煇《清波杂志》卷第十一"书劄过情"条:"大父有手札药方,乃用旧门纸为策襟。""策襟"似指装订的册子[参刘永翔《清波杂志校注》,中华书局1994年版,第470—480页],与此处的"叶子书"或即一类。)

一是《邵氏闻见录》卷六有云：

> 伯温崇宁中居洛，因过仁王僧舍得叶子册故书一编，有赵普中书令雍熙三年为邓州节度使日谏太宗皇帝伐燕疏与札子各一通。

这两则笔记里的"古叶子书""叶子册故书"，应当就是《归田录》所说的唐人"叶子"了。

还有一事值得说说。明清时代有一类版画书籍，名曰"叶子"，如明代的《元明戏曲叶子》《历代故事叶子》《状元叶子》《琵琶记叶子》《三国志演义叶子》，包括陈洪绶的《水浒叶子》《博古叶子》，其书皆由散叶组成（据王稼句《叶子》，《夜航船上》，百花文艺出版社 2017 年版）。——那么，这就是唐宋"叶子"的活化石吧？反过来，由这些后出的"叶子"，不是也可以上推唐宋"叶子"的样子吗？

再讨论"旋风叶"问题。

有关"旋风叶"的明确记录，论者似仅举出以下三种文献。南宋张邦基《墨庄漫录》卷三：

> 今世间所传《唐韵》，犹有□旋风叶，字画清劲，人间往往有之。（按：叶德辉、马衡、昌彼得的引文如此。李致忠引作："今世间所传《唐韵》犹有，皆旋风叶，字画清劲，人家往往有之。"据宋希於查对《四部丛刊三编》景明

钞本，李致忠所引是。）

又元朝王恽《玉堂嘉话》卷二：

> 吴彩鸾龙鳞楷韵……其册共五十四叶，鳞次相积，皆留纸缝。（原注：天宝八年制）

又清初钱曾《读书敏求记》卷三：

> 周公谨云，焦达卿有《吴彩鸾书切韵》，相传彩鸾所书。余从延陵季氏曾睹其真迹，与达卿所藏异。逐叶翻看，展转至末，仍合为一卷。《墨庄漫录》云"旋风叶"者即此，真旷代奇宝，因悟古人"玉燅金题"之义。

这里说的"旋风叶""鳞次相积，皆留纸缝""逐叶翻看，展转至末，仍合为一卷"云云，确实宜指故宫所藏《刊谬补缺切韵》那种样式；但若将《归田录》所记"以叶子写之"的"吴彩鸾《唐韵》"也视同一律，由此将"叶子"等同于"旋风叶"，却不过系想当然罢了。欧阳修明明说，"叶子"不是传统的卷轴样式，而是如当时的书册式样啊，哪里是粘贴"在卷轴式的底纸上"的样子，哪里是"展转至末，仍合为一卷"的样子呢？要知道，欧阳修只说了"叶子"，并没说"旋风叶"，而张邦基、王恽、钱曾几个，则只说了"旋风叶""鳞次相积，皆留纸缝""展转至末，仍合为一卷"，并没说"叶子"，何以见得他们说的是同一样东西呢？对于文献中的描述，论者先入为主，只注意到了相同处，却没有考虑到相异处。

这个问题，我认为仍宜以昌彼得的解说为归。昌氏虽接受了旋风装即经折装的假设（见其《中国图书史略》），但并未影响其论述的主体，他认为唐人的《唐韵》写本未必都是旋风装/经折装，仍是合理之论。黄庭坚《山谷别集》卷十一有跋语云：

> 右仙人吴彩鸾书孙愐《唐韵》，凡三十七叶，此唐人所谓叶子者也。……余所见凡六本，此一本二十九叶为彩鸾书，其八叶为后人所补。

又清初卞永誉《式古堂书画汇考》卷八述明代项元汴旧藏《彩鸾楷书四声韵帖》（即孙愐《唐韵》）云：

> 徽宗御书签，为韵帖。共六十叶，每叶面背俱书，帖内小字自注。

此外，昌氏在论文《唐代图书形制的演变》的另一处还引了元代虞集《道园学古录》卷三十八《写韵轩记》：

> 世传吴仙尝试写韵于此轩，以之得名，予昔在图书之府及好事之家，往往有其所写《唐韵》。凡见三四本，皆硬

黄书之，纸素芳洁，界画精整。

昌氏据《唐韵》的大概字数及叶数、行数等因素判断，黄庭坚、卞永誉所见的不可能是字数容量少的经折装，这是一点。我们还可以补充一点：据黄庭坚所说"余所见凡六本"、虞集所说"凡见三四本"的"本"，也可断定，他们所见的不应是外观如卷子的旋风装。可见，这些记载中的《唐韵》当是以散叶形式保存着的。

那么，对于"叶子"与"旋风叶"的问题，到底我有怎样的看法呢？其实很简单："叶子"只是"叶子"，"旋风叶"只是"旋风叶"，两者并不是一回事。不过，两者又不是毫无牵涉。当散叶只是散叶，那它就是"叶子"，若将多张散叶相错粘贴到一张卷轴上，那它就成了"旋风叶"。换句话说，"旋风叶"指的不是单张或册状的"叶子"，而是特指由若干"叶子"装订成的一种卷轴。欧阳修所记"以叶子写之"的《唐韵》，就是散叶式的；而张邦基、王恽所见"旋风叶""鳞次相积，皆留纸缝"的《唐韵》，钱曾所见"逐叶翻看，展转至末，仍合为一卷"的《切韵》，就是旋风装式的。只要不将欧阳修的记录，跟张邦基、王恽、钱曾的记录比附为一事，疑难也就自动消失了。

推测唐写本的形制演变，或有两种可能。一是唐代既有散叶式的，也有旋风装式的；一是唐代皆是散叶式的，后来有些被改为旋风装式的。无论如何，南宋以下，张邦基、王恽、钱曾所见的"旋风叶"式的韵书，绝不代表唐代所有写本的形态。

比如，王恽所见韵书有"天宝八年制"的字样，李致忠以为即旋风装制作的时间；但有可能，只不过亦如卞永誉所见韵帖所题的"元和九年正月三日写吴王本"一样，只是抄写的时间而已。须知将散叶改为旋风装并不困难，旋风装完全可以是后来制作的。

这就意味着，马衡说"叶子即未经粘连之散叶"、昌彼得说"'叶子'系散叶式而非折叠本"，是对的，李致忠说"旋风装，就是在卷轴式的底纸上，将书叶鳞片次相错地粘裱"，也是对的。如此，文献记录的歧异，诸家见解的抵牾，遂可以一扫而空了。

回过头来再补说一下，所谓旋风装即经折装之说，其不能成立，我以为本是至为明显的。论者失诸眉睫，忽略了很简单的一点：经折装在后世虽已稀见，但仍有遗存（佛道经藏），闻见较广者不可能不知，如张邦基、王恽、钱曾诸人所见的韵书是经折装的样式，他们怎么可能都不认得呢？直接说是经折装（折叠装）不就结了吗？又何必自我作古，麻烦地以"旋风叶""鳞次相积，皆留纸缝""逐叶翻看，展转至末，仍合为一卷"这些话来描述呢？显然的，他们所见韵书实物的形制，必定异于宋明时代的一般图书，不会是通行的蝴蝶装、包背装或线装，也不会是尚存一脉的经折装，必是他们前所未见的古董样式。如是，《墨庄漫录》《玉堂嘉话》《读书敏求记》这几个记录本身，不仅不能证明，倒是恰恰否证了旋风装即经折装的解释！

双线发展论：册子起源与卷子无关

澄清了"叶子"与"旋风叶"的名与实，则于中国古书形制的整体演变趋势，亦可作出一个新的理解。

先回顾一下前述诸家对古书形制演变的大体看法。

岛田翰以为由卷子改为旋风装，而旋风装就是经折装，也即叶子，又即册子；旋风装容易折断，复改为蝴蝶装，蝴蝶装与线缝装（即线装）大同小异。其看法可图解为：

卷子→旋风装/经折装/叶子/册子→蝴蝶装→线装

叶德辉以为册子由卷子而来，始称叶子，后变为蝴蝶装、线装。其图式为：

卷子→叶子→蝴蝶装→线装

马衡接受了旋风装即经折装的解释，但他认为叶子是指散叶，若干叶子累叠起来就是册（册子）；而册的装订，最初用蝴蝶装（他指蝴蝶装以纸帛包裹作为护封，就是裹背装），再改为线装。其图式为：

卷子→旋风装/经折装→叶子→蝴蝶装/裹背装→线装

昌彼得的看法是："初由卷子解散为叶子，叶子复衍为幅叶式及贝叶式二种。贝叶式叶子进而改为折叠本，幅叶式叶子后来蜕变而成册子。"他说的折叠本，即经折装，而他并不反对经折装即旋风装之说。这样，其图式就是：

$$\text{卷子} \rightarrow \text{叶子} \begin{cases} \rightarrow \text{经折装／旋风装} \\ \rightarrow \text{册子} \end{cases}$$

李致忠说："经折装是对卷子装的改造，旋风装则是对卷子装的改良。从这一点上讲，旋风装或许早于经折装。因为旋风装仅仅是卷轴装向册叶装转化的初期形式，而经折装则已是地地道道的书册了。"同时，他又含混地认为旋风装就是叶子，也即册子。其图式是：

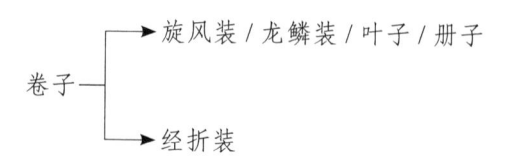

$$\text{卷子} \begin{cases} \rightarrow \text{旋风装／龙鳞装／叶子／册子} \\ \rightarrow \text{经折装} \end{cases}$$

李致忠后来又与吴芳思合作，提出了修正的看法："旋风装源于卷轴装，流于龙鳞装，变为册叶装。"(《古书梵夹装、旋风装、蝴蝶装、包背装、线装的起源与流变》，收入《中国印刷史料选辑[四]·装订源流和补遗》，中国书籍出版社1993年版)。这样，其图式就是：

```
                  ┌──→ 旋风装/龙鳞装──→ 册子
            卷子──┤
                  └──→ 经折装
```

所有这些图式,各有其难以周到之处,我以为无一可以成立。究其所以然者,除了对旋风装问题不能正确认识之外,亦因诸人都有一个不假思索而又牢不可破的前提:古书形制的根源是卷子(卷轴),因而后世种种新的形制皆由卷子直接或间接地衍变而来。他们的种种说法,无不是极力解释卷子是如何变化为册子的。这实在是一种先验而惯性的见解,可称为"卷子决定论";这种见解的本质,是将古书形制的变迁史看作一条单线的发展,又可称为"单线发展论"。

而我个人觉得,册子(册子本)的起源,也即自宋代以来蝴蝶装—包背装—线装这一古书通行形制的起源,根本就不必追溯到卷子。将册子起源追溯到卷子的说法是多余的。

简单说,册子源于"叶子",而"叶子"的形成跟卷子无关,其渊源是外来的,当是承受了古印度图书形制的影响。古印度以贝叶(贝多树的叶子)写字抄书,可能由于贝叶不好装订,其收藏方式多用木板上下夹紧,再以绳捆扎。佛经保存即用此法,称梵夹装。以佛教在中国流传之盛,佛典传布之多,其影响及于中国古书形制,自是顺理成章的事。

叶德辉《书林清话》卷一"书之称叶"有云:

> 吾尝疑叶名之缘起，当本于佛经之梵贝书。释氏书言西域无纸，以贝多树叶写经，亦称经文为梵夹书。此则以一翻为一叶，其名实颇符。不然，草木之叶，于典册之式何哉。

这个猜测是合理的，但还缺乏论证。昌彼得接受此说，明确认为"唐代的'叶子'，无疑的也是受到贝叶经的影响"，并举出了《演繁露》卷七"唐人行卷"条、李贺《送沈亚之歌》、孟郊《读经》、道宣《续高僧传·释法聪传》《大慈恩寺三藏法师传》卷七、《宋高僧传·僧一行传》、孙樵《读开元杂报》一系列有力的书证。其中李贺诗云：

> 白藤交穿织书笈，短策齐裁如梵夹。

这似是说，书册用白藤装订起来，书页如梵夹经那样整齐。此将"短策"与"梵夹"联系在一起，我们试再联系《归田录》"叶子，其制似今策子"的话，就可得到这样的等式：梵夹＝策子＝叶子。则"叶子"跟"梵夹"在形态上的相似性及其渊源关系，也就相当明白了。我们还可以补充一条相当清晰的材料，唐杜宝《大业杂记》有佚文：

> 贝多叶长一尺五六寸，阔五寸，叶形似枇杷叶而厚大，横作行书，随经多少，缝缀其一边，怗怗然，今呼为梵夹。（此据辛德勇《大业杂记辑校》，三秦出版社2006年版，第

5页;参辛德勇《东方西方相映成像——读高峰枫〈从卷子本到册子本〉一文有感》)

由"缝缀其一边"数字,可见印度传来的"梵夹"不仅有上下板夹的方式,还有侧面装订的方式,恰可旁证李贺诗"白藤交穿织书笈"的情形。那么,由侧面装订的梵夹装,影响到中国人将零散的"叶子"装订为"今策子"(《归田录》)、"今书册"(《演繁露》)的样式,岂不是最自然不过的吗?

还有一条材料值得留意。宋人罗璧《识遗》卷一"成书得书难"篇有云:

> 唐末年犹未有摹印,多是传写,故古人书不多而精审。作册亦不解线缝,只叠纸成卷,后以幅纸概粘之。(原注:犹今佛老书。)其后稍作册子。

昌彼得将此用以说明折叠本(经装本)起源,亦有论者极表赞同(苏莹辉《从早期文字流传的工具谈到中国图书的形式》,见《中国图书史资料集》);但我却觉得,"叠纸成卷"未必指折叠起来的经折装,而是指将散叶叠成一卷书,另用一张纸页粘连。这样,它描述的可能就是册子(蝴蝶装)在定型之前的原始形态,也就是源于"梵夹"的"叶子"样式。

陈寅恪讨论唐朝异民族的迁徙问题,十分强调"胡化"(《唐代政治史述论稿》上篇;《读东城父老传》,《金明馆丛稿初编》);

向达讨论西域族群及其文化影响，也用了"胡化"这个词（《唐代长安与西域文明》）；而胡适讨论佛教东传，则称之为"中国的'印度化时代'（Indianization period）"（《胡适口述自传》第十二章）。那么，中国人在图书形制上由卷子变为册子，也可说是"胡化"或"印度化"的一个表征吧。

那么，旋风装和经折装呢？

就我接受的见解来说，昌彼得说对了许多，但他关于折叠本（经折装）来历的看法是很奇怪的：

>……一种改进是变叶子为折叠本，折叠本大概是由贝叶式叶子演进而成的，不再将卷裁开，而折成像贝叶式的狭长形。

这个说法当属臆想。相反，岛田翰的说法几乎全错，但他说"旋风叶者，盖出于卷子之变"，倒是不错的——当然，他说的"旋风叶"其实是经折装。马衡承其说，也是对的。而李致忠认为旋风装和经折装都是对卷子的改造，也说对了。

其实，若从古书形制本身着眼，并不难判断旋风装（故宫《刊谬补缺切韵》式）、经折装与卷子的关系。

较之传统卷子的形态，新式的"叶子"将若干散叶在一侧粘连或装订，一则有分页，便于翻阅或查检，一方面可压平，便于保存或携带，其优点是明显的。而旋风装和经折装的出现，正是卷子在面临图书新样式"挑战"的困境中作出的"应战"：一种方式，是保留卷子固有的收卷外形，但在卷子内采取依次粘贴散叶的方式，这样就解决了卷子不便翻阅或查检的问题，是为旋风装；一种方式，是保留卷子的长幅不割裂，但将长幅由单向收卷的方式改为交错折叠的方式，这样就解决了卷子不便于保存或携带的问题，也部分解决了卷子不便于翻阅或查检的问题，是为经折装。——关于前一样式，李致忠、吴芳思指出，大英图书馆东方部所藏的唐末写本《金刚般若波罗蜜经》也属于旋风装的形制，但较故宫所藏《刊谬补缺切韵》有了改进，卷子外包的底纸大为缩短，开本亦缩小，已经不必收卷，而近于册叶装（册子）了（《古书梵夹装、旋风装、蝴蝶装、包背装、线装的起源与流变》）。此可代表卷子模仿"叶子"样式的更极端之例。关于后一点，昌彼得曾指出，台湾中央图书馆所藏的敦煌本《大般若波罗蜜多经》（玄奘译）残卷，现作卷子式，但卷中每隔六行，即有一道明显折痕，表明此卷原来必是折叠式（经折装）的（《唐代图书形制的演变》）。此又表明了经折装与卷子的亲缘关系。

简单说，旋风装是将卷子的"内部"改造为可翻页的册子，经折装则是将卷子的"外部"改造为可折叠的册子。旋风装和经折装是以两种不同方式延续了卷子的形制，两者都是卷子的改良样式，尽管如此，它们只代表了卷子的回光返照，最终仍无法阻挡"叶子"及其升级版的一统江湖。在中国古书形制变迁史上，旋风装和经折装都成了"进化的死胡同"：旋风装在后世完全湮灭，只保存了个别古董；经折装只在佛道两教的经藏中保留一脉，但也无关乎书籍流通的大局了。

这样，我所理解的古书形制演变，就可以概括为"双线发展论"：卷子是古典样式，至旋风装和经折装而止，这是一条线；册子是新样式，源于外来的梵夹装，开始是"叶子"，随后依次形成蝴蝶装、包背装、线装，这是另一条线。册子的产生，并非由卷子过渡来的，而是另起炉灶的产物，代表了古书形制的新"范式"。这一过程，并不是旧事物转化为新事物，而是新事物取代了旧事物，是"两条路线的斗争"；册子跟卷子的关系，不是继承，而是取代，不是"禅让"，而是"革命"，不是"渐变"，而是"突变"！册子并未受到卷子的影响，倒是相反，卷子在没落阶段受到了册子的刺激，作出了相当的改造——但那仍是卷子的末路，而不是册子的前身。我的图式可表达为：

卷子 ——→ 旋风装
　　　 ——→ 经折装

叶子 ——→ 册子／蝴蝶装 ——→ 包背装 ——→ 线装

在此需要补充一下，昌彼得在其另一篇论文《历代版刻之演变》(《版本目录学论丛（一）》)里，又提出过一个自相歧异的见解：

在唐代末年大概是受了印刷普及的影响，促成了我国书装的改进。一种由卷子改进为折叠，即是书仍粘成长幅，只是不卷，而每隔若干行折叠起来，就是宋以来的所谓梵夹本或经折本。这种装置法，其实是印度贝叶经遗制，所以后代仅限于释家经典采用。由叶子则改为宋代的蝴蝶装，这种演变的过程从伯希和在敦煌所获得的五代印本《切韵》中可以清楚的看出来。

此文写作年月不详，暂且将它视为昌氏后出的撰作。如是，则他将"贝叶式叶子进而改为折叠本"的说法，悄悄地改为"由卷子改进为折叠"，这就很接近我理解中的正确看法了，只是认为经折本源于贝叶经之说仍不恰当。

最后，需要说明的是，对于中国古书形制演变的问题，包括"旋风叶"问题的争议，我过去并无关注，是看了高峰枫译的《册子本起源考》（罗伯茨、斯基特著，北京大学2015年版）才触发起兴趣的。此书只是一百页左右的小册子，高峰枫的导言《从卷子本到册子本》也对书的著者及内容作了扼要的述评。大致说来，在古希腊罗马时代，书籍样式是用埃及纸草粘连而成的卷子（roll），但大致到了公元300年左右，用纸草或兽皮纸对折装订的册子（codex）已经兴起，进入六世纪后更是一统天下，完全取代了卷子。约略记得，当时我就想，中国书史的情形又如何呢，是不是也会有类似的情形呢？

照我现在的研讨和理解，回答是肯定的。中西方图书形制演变的过程，确是不约而同，都由旧的卷轴样式转变为新的册页样式。我们一般大都觉得，本土的线装书跟舶来的洋装书天差地远，但我们若退后一步，从整个图书史的角度来看，感觉就可能异样。有位张铿夫在其《中国书装源流》一文（原载《岭南学报》1950年6月，收入《中国印刷史料选辑［四］·装订源流和补遗》）里早就指出：

> 蝴蝶装之书，不惟书页折叠之式，有类西装；即书皮之制造，与书册之搁置，以及检阅之标识，皆与西文之书装相同。吾见大内所藏宋装各书，其书底（即书册下端）所题书名及卷数，字不横列，均直行下写，其书皮皆饰以绢帛，质亦坚厚可立，可知当时插架，必竖立搁置，与今之西文各书，直册以立者无异。（西装以书背向外直立，因其名标于背也。宋装以书底向外直立，因其名题于书底也。）

可见，较之后来的线装书，早期（宋代）册子与洋装书的差别要小得多。这又用得上那句"东海西海，心理攸同"的名人名言了。

《册子本起源考》起首就说："在印刷术发明之前，书籍史上最重大的进展便是卷子本为册子本所取代。"作者的意思应是，印刷术的发明是书籍史上最重大的事件，而册子本的出现，则是仅次于印刷术的重大事件了。那么，在中国书史上，也应是如此吧。而至今中国学术界的情形，似是过分重视印刷术的问题，而过分忽视册子起源的问题了。

附记：

关于旋风装，岛田翰还提及宋人侯延庆《退斋笔录》的一则史料，我原来忽略了，在正文中未予讨论。岛田的引用不完整，原文如下：

> 蔡确之子懋……云："苏轼有章救先臣确，臣家尝传录。"因袖出章进上。□（上？）云："苏轼无此章。轼在哲宗朝所上章，哲宗以一旋风册子手自录次，今在宫中，无此章也。"懋怅然而退。（明刻《说郛》卷三十七，《说郛三种》第四册，上海古籍出版社1988年版）

这里明确说是"旋风册子"，不是卷子的形状，跟正文关于"旋风叶"外观系卷轴的认定相歧异了。怎么解释呢？我以为，此当即英藏《金刚般若波罗蜜经》那种形制（李致忠、吴芳思《古书梵夹装、旋风装、蝴蝶装、包背装、线装的起源与流变》），又即法藏《佛学字典》、英藏《易三备》那种形制（杜伟生《从敦煌遗书的装帧谈"旋风装"》，载《文献》1997年第3期），系更接近册子的旋风装。大抵是一侧固定，各页长度不等，平放呈阶梯状，仍保持"旋风叶"的特征；但较之故宫所藏《刊谬补缺切韵》，其底纸已缩短，开本已缩小，收起来则为卷子，不收起来则近于册子，故亦可称之为"旋风册子"。

（原刊于《中国文化》2017年秋季号）

古书早期形制问题补考

我写过《"旋风叶"问题的再考辨——重估中国古书形制演变的大势》一文（载《中国文化》2017年秋季号），对古书的早期形制的衍变问题提出了一个新的综合解释，但在材料上，大抵依凭前人论著。此后随时留意，陆续积累了一些似未见前人征引的材料，今辑录于此，略作考释，并对原来未见的几种论著提出我的商榷。虽不免零碎之讥，或亦有补苴之用吧。

一

《颜氏家训》卷第三《勤勉》第八：

> 东莞臧逢世，年二十余，欲读班固《汉书》，苦假借不久，乃就姊夫刘缓乞丐客刺、书翰纸末，手写一本，军府服其志尚，卒以《汉书》闻。（参王利器《颜氏家训集解》[增补本]，中华书局1993年版，第199页）

此处的东莞是古地名，原治所在山东，东晋前后侨置于江苏常州，这且不论。颜之推亲阅三度亡国，历仕梁、西魏、北齐、北周、隋五朝，他笔下的臧逢世大约活跃于梁朝。"客刺"，即古之名刺，近于今之名片，但篇幅较大（参王利器《颜氏家训集解》[增补本]，第201页）。所谓"乞丐客刺、书翰纸末，手写一本"，是说将旧名片、书信剩余的空白部分做成册子。既是利用名片、书信的"纸末"，又明确说是"一本"，自不可能是当时图籍通行的卷轴形制，而只能是类似于唐代的册子（叶子）形制。这样，臧逢世自制的私家本《汉书》，就是一项异于当时正规图书样式的超前发明，甚至有可能是册子本的最早记录呢。

关于唐代的册子，也有几条实例。

唐李肇《国史补》卷下：

> 挟藏入试，谓之书策。（按：《唐摭言》卷一《述进士下篇》转述此条）

"挟藏入试"自然是指在考试时夹带书籍。这是用来在考试时偷偷查检的，为免目标太大，自然不会是必须铺开的卷轴本，而必是可以逐叶翻开的册子本。故这里的"书策"，也即程大昌《演繁露》的"书册"。

五代王定保《唐摭言》卷三"慈恩寺题名游赏赋咏杂纪"条：

> 白乐天一举及第，诗曰："慈恩塔下题名处，十七人

中最少年。"乐天时年二十七。省试《性习相近远赋》《玉水记方流诗》，携之谒李凉公逢吉。公时为校书郎，于时将他适，白遽造之。逢吉行携行看，初不以为意，及览赋头，曰："噫！下自人上，达由君成；德以慎立，而性由习分。"逢吉大奇之。遂写二十余本，其日十七本都出。

可以想象，李逢吉是临时将白居易考试的作品抄出来，共抄出二十几"本"，当天就散发了十七"本"。曰"本"而不曰"卷"，应该也是不太正规的册子样式。

五代冯贽《云仙散录》"竹漆糊"条：

《白氏金锁》曰：凡书册以竹漆为糊，逐叶微揩之，不惟可以久存字画，兼纸不生毛，百年如新，此宫中法也。

《云仙散录》每标举典籍出处，而其典籍皆不见经传，似皆出于造作假托，这里的《白氏金锁》大约也一样。不过所述内容却应有着现实的影子。"凡书册以竹漆为糊，逐叶微揩之"，似指用"竹漆"来粘纸成册，既说"逐叶微揩之"，则显然不是卷子，而是册子。

南宋程大昌《演繁露》述叶子问题，前人多引之，但一般皆引其卷十五"叶子"条：

古书不以简策，缣帛皆为卷轴，至唐始谓叶子，今书册也。然古竹牒已用叠简为名，顾唐始以缣纸卷轴改为册叶耳。(许逸民《演繁露校证》，中华书局2018年版，下册第1029页)

但同样内容尚见于卷七"方册"条：

……方册云者，书之于版，亦或书之竹简也。通版为方，联简为册。近者太学课试，尝出《文武之政在方册赋》。试者皆谓方册为今之书册，不知今之书册，乃唐世叶子，古未有是也。(许逸民《演繁露校证》，上册第463—465页)

又见于卷十"叶子"条：

古书皆卷，自唐始为叶子，今书册也。(许逸民《演繁露校证》，上册第741页)

虽大同小异，仍值得互为参照。

还有一条可能有关"旋风叶"的材料。晚唐李匡文《资暇集》卷下"坏封刀子"条：

……而汾阳虽大度廓落，然而有晋陶侃之性，动无废物。每收其书皮之右所剺下者，以为逐日须取，文帖余悉卷贮。每岁终则散主守家吏，俾作一年之薄。所劙之处多不端直，文帖且又繁积，胥吏不暇剪正，随曲斜联糊。（按：北宋王谠《唐语林》卷五引此条；参周勋初《唐语林校证》，中华书局1987年版，下册第497—498页。又，"以为逐日须取文帖余悉卷贮"一段，或断作"以为逐日须取文帖，余悉卷贮"，或断作"以为逐日须，取文帖余悉卷贮"。）

这段文字不知有无讹夺，有些难解。"书皮"即封面，"劙"即割，"书皮之右所劙下"大约是说将书封右侧多出的部分割下来；"文帖余悉卷贮"，指将文书多余的部分都保存好；"俾作一年之薄"，即将这些割下的书皮、残余的文书做成帐簿，这样的帐簿自然是册子的形式了。而"每收其书皮之右所劙下者"那一句更值得仔细推敲：若原先的书也是册子本，则应在右侧装订，则"书皮"如果太宽，其超出内页的多余部分就应在左边而非右边了。故而此书应是卷子本或旋风装（龙鳞装）的样式，这样"书皮"向右（顺时针方向）翻卷包裹住内页时，多余部分才会在右边——考虑到此处称"书"而不称"卷"，我觉得原先的书更可能是旋风装样式的。

需要说明，册子本和旋风装在唐代都属于新起的图书形制，是因方便翻检而开始流行起来；不难想象，在时人来说，册子本、旋风装都属于低档的简装，要做成传统的卷子本，才是高档的精装。这由科举中"行卷"通用的样式可以看得很清楚。韩愈《与陈给事书》有云：

旋风装卷起状态　　　　　　旋风装摊开状态

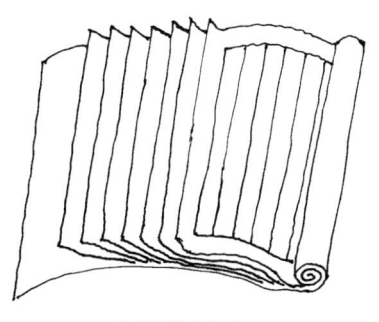

不敢遂进，辄自疏其所以，并献近所为《复志赋》以下十首为一卷，卷有标轴。《送孟郊序》一首，生纸写，不加装饰。皆有揩字、注字处，急于自解而谢，不能俟更写。阁下取其意而略其礼可也。（《昌黎先生集》卷十七；此据程千帆《唐代进士行卷与文学》之三）

可见，凡向大人先生投献的"行卷"，都要采取"卷有标轴"的样式，以示郑重，若是用散叶或册子来写，就属于不守规矩，显得无礼了。所以当韩愈因为赶时间，只能用散叶来抄写作品的时候，要特别请求对方"取其意而略而礼"。唐代是册子本如日方升的时代，也是卷子本回光返照的时代。也许不尽是巧合，北宋之后，科举制度有了重大改革，糊名考试取代了公开举荐，"行卷"之风不再，而卷子本的时代也一去不返了。

二

在《"旋风叶"问题》那篇文章里，我指出"叶子格"游戏类似于后来的"升官图"以及再后来的"大富翁"，应是对着一幅单页的图纸来玩的，故由"叶子格"这一名目本身，即可知"叶子"的本义应指散叶。但那只是合理推测，论据仍嫌不够充分。现在则可以补充一条直接的文献证据。

晚唐李洞有诗《龙州韦郎中先梦六赤后因打叶子以诗上》：

> 红蜡香烟扑画楹，梅花落尽庾楼清。光辉圆魄衔山冷，彩镂方牙著腕轻。宝帖牵来狮子镇，金盆引出凤凰倾。微黄喜兆庄周梦，六赤重新掷印成。（《全唐诗》卷七二三）

按：明杨慎《升庵诗话》卷一"六赤打叶子"条：

> 李洞集有《赠龙州李郎中。先梦六赤，后因打叶子，因以诗上》。其诗云："红蜡香烟扑画楹，梅花落尽庾楼清。光辉圆魄衔山冷，彩镂方牙着腕轻。宝帖牵来狮子镇，金盆引出凤凰倾。微黄喜兆庄周梦，六赤重新掷印成。"六赤者，古之琼畟，今之骰子也。叶子，如今之纸牌酒令。郑氏书目有南唐李后主妃周氏编《金叶子格》，此戏今少传。（见丁福保辑《历代诗话续编》中册，中华书局1983年版。按：明胡应麟《少室山房笔丛·艺林学山七》"六赤打叶子"条

全袭《升庵诗话》，惟所引李洞诗微有差别，而与《全唐诗》文本完全相同。）

杨慎谓"六赤"即骰子，应不错，但谓"叶子"犹明代的酒令纸牌则不确。诗题所说的"打叶子"，实即玩"叶子格"。诗的第四句"彩镂方牙著腕轻"，显然是形容骰子；第六句"金盆引出凤凰倾"，应指用来掷骰子的盆，白居易诗《酬微之夸镜湖》所谓"骰盆（一作盘）思共彩呼卢"是也；末句"六赤重新掷印成"的"印"，当指两个骰子同时掷出四点，当时称之为"堂印"。而特别重要的，是第五句"宝帖牵来狮子镇"，"狮子镇"应指狮子状的镇纸之类物事，"宝帖"则是指用来玩游戏的"叶子"，可见"叶子"正是一幅可以铺开的散页，所以才要用镇纸来压住。

由这首诗描述的细节，足以说明"叶子格"的玩法，也足以说明"叶子"的本义：它原指散叶，一叠散叶装订起来，就是册子——但有时依然习惯性地称为"叶子"。

三

在撰写《"旋风叶"问题》一文时，我未及见辛德勇先生的《重论旋风装》（《长安学研究》第二辑，科学出版社2017年版）。此文的根本结论，仍承受岛田翰一系的旋风装即经折装之说，这里先讨论此文所举出的两条新材料。

一是南宋吴钢诗《题材褒亲崇寿寺》的两句：

　　亭砌旋风叶，岩流出洞花。

辛先生认为："中国古代的亭子除了阶砌亦即台阶之外，几乎别无砌垒的构件，当时以硬纸写录的经折，阅读时稍加伸展，正呈阶梯之状，故'亭砌旋风叶'者应即描写松云亭的阶砌，这一诗句，非常清楚地显示出旋风装折迭而成的形态。"我觉得此纯属望文生义，是戴着有色眼镜来解释古诗的结果。诗的上句的"砌"与下句的"流"对仗，只能作为动词表示粘附之义，而不能作为名词表示台阶之义。这两句诗不过是描写落叶残花（下句当暗用桃花源的典故），是极普通的写景。要知道，用"旋风叶"来形容书册的外观，至今在传世文献中仅见南宋张邦基《墨庄漫录》"今世间所传《唐韵》犹有皆旋风叶"一例，绝不是一个固定的称名；要到近代，经历岛田翰的论述，"旋风叶"才被用来表示早期古书的形制，成为书史领域的一个专名。南宋时根本不存在旋风装这样的名目，又怎么可能借来比喻亭子的台阶呢？这明显是"时代错置"的论据。

一是两宋之际江少虞《宋朝事实类苑》卷六十"日本扇"条：

　　熙宁末，余游相国寺，见卖日本国扇者。琴漆柄，以鸦青纸厚如饼，揲为旋风扇。（按：此材料由程有庆先生首先拈出，见其《古书旋风装形制赘言》，载《中文古籍整理

与版本目录学国际学术研讨会论文集》，广西师范大学出版社2013年版）

辛先生指出此条实源自王辟之《渑水燕谈录》，所描述的即日本式的折扇，"而折扇以'旋风扇'名之，尤足以证实旋风装的书物，只能是折迭的册叶形式"。我以为，借这个折扇的材料来证明古书旋风装的形状，作为论据本嫌含混。而且还有一点，辛先生的意思应该是说，当折扇收起来的时候，扇面交错重叠，正像"折迭的册叶形式"；可是，若是折扇收起来，又谈何得上什么"旋风"呢？既曰"旋风"，更可能是指折扇打开来的时候吧。这样，当折扇打开，扇骨依次叠压、半遮半露的形状，不也像故宫《唐写本王仁昫刊谬补缺切韵》那样的形制，也即元代王恽《玉堂嘉话》所说的"鳞次相积，皆留纸缝"的样子吗？

因此，无论是"亭砌旋风叶"，还是"旋风扇"，都无法用来论证旋风装即经折装。

在此，有个基本认识要再重复一下：旋风装＝龙鳞装。旋风装，即"旋风叶"，其名源自《墨庄漫录》（"皆旋风叶"），而"龙鳞"之名则源自《玉堂嘉话》（"鳞次相积"）。二者所描述的都是唐代韵书实物，都异于宋元时代通行的图书样式，显然应是同一种形制。而敦煌遗书所存多件韵书的形制也与《墨庄漫录》《玉堂嘉话》所描述的正相吻合。故李致忠先生《古书"旋风装"考辨》认为："……在卷轴式的底纸上，将书叶鳞次相错地粘裱，打开时，形似龙鳞，所以称为龙鳞装；收卷时，书叶鳞次朝一个方向旋转，宛如旋风，所以又称为旋风装，或旋风叶卷子。"这个解释我觉得确是不错的。

而辛先生一方面不得不部分接受了李致忠之说，承认故宫《切韵》即龙鳞装，一方面为了牵就其旋风装即经折装之说，又将旋风装跟龙鳞装区别为二。这样的话，就完全与《墨庄漫录》《玉堂嘉话》的记录相冲突了。辛先生更进而依照方广锠先生对敦煌遗书所见经折装的描述，认为欧阳修笔下的《唐韵》《彩选》都是经折装，更属鲁莽灭裂。要知道，现存的敦煌韵书，没有任何一件是采用经折装的，而《墨庄漫录》《玉堂嘉话》所描述的也决非经折装的样式——重申一次我在《"旋风叶"问题》里提出的简明理由："如张邦基、王恽、钱曾诸人所见的韵书是经折装的样式，他们怎么可能都不认得呢？直接说是经折装（折叠装）不就结了吗？又何必自我作古，麻烦地以'旋风叶''鳞次相积，皆留纸缝''逐叶翻看，展转至末，仍合为一卷'这些话来描述呢？"

在此附带再补充一种材料，宋末元初周密《志雅堂杂钞》卷下载：

> 又有吴彩鸾书《切韵》一卷，其书一先为二十三先、二十四仙，不可晓。字画尤古。

又周密《云烟过眼录》卷上亦载：

> 吴彩鸾书《切韵》一卷，其书一先为廿三先、廿四仙，

不可晓。字画尤古。此物旧藏鲜于伯几，今又属诸他人矣。

两处所记为一物，而皆曰"一卷"，可知周密所见的《切韵》也不会是经折装，而应该跟《墨庄漫录》《玉堂嘉话》所载一样，也是旋风装。

四

我在《"旋风叶"问题》里已大体列举了诸家的不同看法，但限于闻见，仍有遗漏，今亦补述于此。

唐兰1947年《〈唐写本王仁昫刊谬补缺切韵〉跋》：

> 原书当为册子，颇类今之洋装书，故近脊处多黏损，下叶之字，往往印于上叶，今为龙鳞装者，疑是宋人所改。……盖唐宋以后，凡见韵书，即属于彩鸾，为人珍玩，反得藉以保存。今所得见者，蒋氏《唐韵》、故宫项跋本，并此而三矣。（见《唐兰全集》第二册"论文集上编"，上海古籍出版社2015年版）

唐兰所见的《唐写本王仁昫刊谬补缺切韵》，当时由马衡收归故宫博物院，正是李致忠先生后来所见者。唐氏认为此书原是册子本，后由宋人改为龙鳞装，姑且不论，而唐兰经过目验得出的看法，实质上与李致忠是一致的，只不过他采用了"龙鳞装"

而非"旋风装"的名目而已。

又周绍良《书籍形成的过程——略谈梵夹本的产生》：

> 在卷子本演变成为方册形式，过去一些人认为将每叶纸张鱼鳞般粘在卷子上即是所谓"旋风叶子"，它是方册形式的雏形。……实际这是不准确的。依我的看法，所谓"旋风叶"，应该是指梵夹的包背装，它把梵夹本的折本，在书面与书背用一张纸粘贴为一，在翻阅诵读时，一叶一叶翻检迅速方便，如果拉开，则首尾相连，即使旋风吹之而不乱。这种包背的装法，现存的某些宋刻经犹有很多保存着。我认为这就是"旋风叶"，实际仍然是梵夹本。（收入《佛教与中国文化》，中华书局 1988 年版）

周氏认为"旋风叶"即梵夹本，但照他上下文的意思，其实是指经折装，此又属于从岛田翰到辛德勇一系的看法，兹不赘论。

此外，在《"旋风叶"问题》里，我还引用了张铿夫《中国书装源流》之说，指宋版书的主流（册子）其实与洋装书颇为相似。这一点，原来古人也曾指出过。明代顾起元《客座赘语》卷六"利玛窦"条：

> 携其国所印书册甚多，皆以白纸一面反复印之，字皆旁行。纸如今云南绵纸，厚而坚韧，板墨精甚。间有图画人物屋宇，细若丝发。其书装钉如中国宋摺式，外以漆革

周护之，而其际相函，用金银或铜为屈戍钩络之，书上下涂以泥金，开之则叶叶如新，合之俨然一金涂版耳。

"其书装钉如中国宋摺式"，说得已非常明确。这意味着，在扬弃卷子本的过程中，中西方图书形制的发展方向其实是颇为接近的。

（原刊于《中国文化》2019年秋季号）

补记：

顷读有鬼君（黄晓峰）《见鬼：中国古代志怪小说阅读笔记》（东方出版社2020年版）一书，由其所引文献，发现古代志怪故事对冥府文簿的描述，有时颇能反映出当时图书的实际形制。

《太平广记》卷第一百五十七"李敏求"条，述李敏求屡试不第，魂入冥府，遇到故人，故人让他看冥府文簿——《广记》收入了此故事的两种唐代文本，一出薛渔思《河东记》：

> 满屋唯是大书架，置黄白纸书簿，各题签牓，行列不知纪极。其吏止于一架，抽出一卷文，以手叶却数十纸，即反卷十余行，命敏求读之。……

先说"抽出一卷文"，可见此件的外观是卷子本，但又说"以手叶却数十纸",又可见卷子里面却是叶子的形式,故可以按页查检。这显然不可能是传统的卷子,也不可能是后来的册子,而只能是"旋风叶"的形制!

一出卢肇《逸史》:

> 马公乃为检一大叶子簿,黄纸签标。……开数幅,至敏求,以朱书曰……

既然说是"叶子簿",又说"开数幅",可见必是册子本无疑。

是李敏求入冥故事所见的冥府文簿,一种文本描述为旋风装,一种文本描述为册子本,皆为唐代图书形制的实录。盖当时古书形制正处于过渡阶段,旋风装、册子本并行于世也。

又清代曾衍东《小豆棚》卷十六"邵士梅"条,述邵氏与其妻三世姻缘的故事。为什么能连续三世做夫妻呢?故事有一处提到:

> 至一日大醉,告人曰:"冥曹姻缘簿载我夫妇一节,因装砌时钉入夹缝,曹椽翻忙迫,往往遗漏,故由我两人自为之也。"

这是说,冥府的"姻缘簿"在装订时,将有关他们夫妇的记录"钉入夹缝",故他们可以逃脱宿命,长做夫妻。这个"姻缘簿"的形制,显然就是后世通行的线装本了。

《麦克白》中"移动森林"预言的来历

《麦克白》是莎士比亚的名剧了,但我原先并没有看过。我最早是从黑泽明导演的《蜘蛛巢城》里,知道了"移动森林"的预言故事。

在《蜘蛛巢城》里,大将鹫津武时惑于蛛脚森林中妖婆的预言,杀死主公,取而代之,做了蜘蛛巢城城主。及至军心动摇时,他重入蛛脚森林找到妖婆,向她占问前程,妖婆说:

> 你可安心,除非蛛脚森林移动,向你蜘蛛巢城迫近,否则你不会战败。

鹫津武时大喜:

> 这树木会动?……怎可能,换言之我不会战败!

结果,后来敌军围城时,在茫茫雾霭中,森林果真向巢城迫近了——敌军将树木立于马背作为掩护，恍似森林自行移动，巢城内上下失色，鹫津武时众叛亲离，为乱箭射杀。

这是个巧妙的预言故事，不逊于中国上古"亡秦者胡也"的著名谶语，令人印象深刻。过后我才知道，《蜘蛛巢城》是据《麦克白》（又译《麦克贝斯》《麦克佩斯》等）改编的，只是其历史背景由苏格兰的中世纪易为日本的战国时代；而"移动森林"的情节也几乎照搬了莎翁原著，不同处是将三个女巫改作了一个妖婆。顺便说一句，1971年好莱坞版《麦克白》的中文片名又作《森林复活记》，很可见"移动森林"这个梗是如何的突出。

在《麦克白》里，三女巫是通过幽灵向麦克白作出预言，见于第四幕第一景。《麦克白》有多个中译本，其中方平译本较易见，且有注解和考述，兹以方译《麦克贝斯》为据：

> 第三幽灵：
> 拿出雄狮般的胆量，目空一切吧；
> 别管左右的怨言，上下的愤怒，
> 哪儿在作乱，麦克贝斯是不可战胜的，
> 除非有一天，勃南的大森林忽然
> 冲着他，向邓斯南山地挺进。
> 麦克贝斯：
> 这样的事儿，永远也不会有！
> 谁能够向树木发号施令，叫它们
> 从泥土里连根拔起？好吉利的预兆！

妙啊！"叛变"，你永远别想抬头了，

除非勃南的森林也起来叛变。

到了第五幕第四景，敌军让所有士兵都砍下一根树枝，举在前面，向邓斯南进逼——看似绝无可能的预言居然现于眼前，麦克白为之绝望，终为麦克德夫杀死。

而我所以要特别讨论这段情节，则是由于有个意外发现：《麦克白》这个"移动森林"的梗，可能有更古远的渊源。

十三世纪波斯人志费尼的《世界征服者史》（何高济译，商务印书馆 2004 年版）是世界性的史著，最早纂述了蒙古帝国兴起的历史，尤其记录了成吉思汗西征的过程。书中第一部《不花剌的陷落》一章，写到蒙古军进攻讹儿城的情形：

……他们在晚上伐木为梯。随后，因马前举着梯子，他们行军异常缓慢；所以，城头上的守望者以为他们是商旅，他们就这样直抵讹儿城门；值此时刻，讹儿人的白昼变成黑夜，他们的眼睛模糊不清了。

接下来一段，志费尼因应上文，插述了一个似乎来自阿拉伯的传说（据英译者波伊勒的注释）：

这正是牙祃祸（Yamama）的匝儿花（Zarqa）的故事。她建筑了一座高大的城堡，而她的视力是如此敏锐，以致敌人如要进攻她,她能分辨出几程远的敌军,作好防御和准备,击退和赶走敌人。因此,她的敌人只有遭到失败,什么策略他们都采用了。[最后,有个敌人]教砍伐带枝的树木,每名骑兵都在前举着一株树。这样,匝儿花惊呼:"我看见桩怪事:活像有片林子向我们移动。"她的百姓说:"你的敏锐视力受伤了,否则树木怎能移动呢?"他们放松守望和戒备;第三天,他们的敌人到来,打败他们,活捉匝儿花,把她杀死。

从整体情节来说,匝儿花的故事跟麦克白的故事并不相同,但二者却有几个共同的情节要素:都以城池被攻为故事背景,都有神异的女性角色,当然最关键的是,都有高度雷同的"移动森林"细节——这一细节,都导致了城池的沦陷。显而易见,不论在匝儿花故事里,还是在麦克白故事里,"移动森林"皆可谓故事的包袱,也是故事的灵魂,二者很可能是有源流关系的。

自民间故事学的立场看来,情节要素的断裂、脱落或重组,都属常见现象,麦克白故事就不妨视为匝儿花故事的异变和重构。在这个新的故事文本中,有特异能力的守城者匝儿花等于分裂为两个角色:守城者麦克白,有特异能力的三女巫(三女巫其实是三位一体的)——有"先见"能力的匝儿花,变为有"先知"能力的女巫;但最核心最重要的"移动森林"细节,则仍完整地保留了下来。

还有一点,麦克白原是十一世纪苏格兰历史上的真实人物。

莎士比亚一系列历史剧的创作，多参考十六世纪英国史家霍林舍德的《英格兰、苏格兰、爱尔兰编年史》一书，《麦克白》亦如是。甚至三女巫及其"移动森林"的预言，亦为霍林舍德原著所有，莎翁只是巧于渲染而已。

继霍林舍德之后，比莎翁稍早的英国作家、诗人兼剧作家布坎南又写过一部《苏格兰史》。当代学者诺布鲁克在《〈麦克白〉与历史编纂的政治》一文（见彭磊选编《莎士比亚戏剧与政治哲学》，华夏出版社2011年版）里指出，布坎南、莎士比亚对于霍林舍德笔下的麦克白事迹有着不同的认识和解读，包括"移动森林"那段预言：

> 布坎南坚定地声称，林子移动的传说不过是神话，"为演戏而编写的，或者就是爱尔兰人（按：当作苏格兰人？）的传奇故事，而不是历史"。无论如何，他自己的戏剧亦如他的历史论著一般，容不得此类神话。他接着又作出一番理性的解释：战士们对胜利满怀信心，所以将绿枝条插在头盔上，于是形成了军队凯旋而非赶赴疆场的景象，麦克白一见这样的士气，心难自持，便败走而去。然而，莎士比亚却拿这段森林传说大做文章，把它写成一整套对有机政治秩序（organic political order）的隐喻。

依据这一间接论述可知，"移动森林"的梗很可能源自苏格兰传说，先被霍林舍德录入《编年史》，再被莎士比亚写成《麦克白》，遂能在现代影像世界中发扬光大。

从阿拉伯传说的匝儿花，到苏格兰传说的麦克白，时空和国族的跨度甚大，其间当有文本的缺环。只是事涉禹域之外，我个人无力涉猎，甚望有高明者续作探讨，以验证这一未完成的考证。

最后附带再说一事。我曾试着百度有无关于"移动森林"的论述，结果搜到了美国乔治·R. R. 马丁的奇幻小说《冰与火之歌》的一段（第五卷第二十六章）：

"上城墙。"阿莎·葛雷乔伊吩咐部下。她自己走向瞭望塔，特里斯·波特利紧随其后。

木制瞭望塔是山这边的制高点，比周围森林最高的哨兵树和士卒松还高出二十尺。"看那儿，船长。"她登上塔后，科洛姆说。阿莎只看到树木和黑影，月光下的山丘和山丘后白雪皑皑的峰顶。随后她意识到那些树正在缓缓靠近。"哇哦，"她大笑，"这伙山羊裹着松枝。"树林不断移动，如舒缓的绿色潮水向城堡涌来。阿莎想起儿时听过的故事，说森林之子与先民作战时，绿先知把树木变成战士。

这个细节，想必是向莎士比亚致敬了。但实际上，作者是应该向更多的古人致敬的。

（原刊于《上海书评》2017年1月21日）

小学金石的异域趣味

—— 中国之埃及学前史补述

近见潘佳《中国人何时开始研究埃及文物》一文（"文汇学人"2018年12月10日。按：此应据其博士论文《潘祖荫研究》[复旦大学2013年]上篇之五《潘祖荫的古埃及石刻收藏》一章改写），对晚清时潘祖荫苦求埃及文物的事迹作了梳理，得出结论："'中国人开始搜集埃及古文物，研究埃及学'至少可上溯近二十年，即潘祖荫主动托人寻找搜集古埃及文的光绪十四年（1888年）前后。或许可以说，以潘祖荫古埃及文石刻收藏为中心的学人对古埃及文的搜访和研赏活动，就是中国埃及学的先声。"

潘先生对潘祖荫有关本事的考掘细致丰富，得未曾有，但不及其他，于同时代的中国之埃及探索史似未充分掌握。以我所知，除了作者提及的刘文鹏《埃及学与中国》（《史学理论研究》2002年第1期），有关论著尚有李长林《古埃及造型艺术在中国的流传》（《寻根》2004年第2期），引述了端方、康有为；王海利《法老与学者——埃及学的历史》（北京师范大学出版社2010年版）第九章《埃及学在中国》引述了张德彝、王韬、郭嵩焘；张晓川《古埃及人是黄帝后裔？晚清外交官的"埃及热"》（"澎湃新闻"2017年10月8日），引述了斌椿、郭嵩焘，并点到李圭、崔国因、王韬、张荫桓、端方——他还提及《埃及五千年石刻》《希腊埃及时代棺考释》两种单行著述。

对此问题，此前我也偶有关注，陆续积累了一些资料，今参考诸家提供的线索，以排比材料为主，尽量详人所略，作一补述。

一

首先，潘佳先生将"中国人开始搜集埃及古文物，研究埃及学"追溯到潘祖荫，还不尽准确。张德彝、王韬、郭嵩焘诸人，其游历欧洲都在同治年间，是为中国人接触埃及文物之始。

同治六年（1867），王韬随理雅各赴欧，至巴黎记所见云：

> 有埃及石柱一，高可十六七丈，广可八九尺，下阔而上锐，四镌埃及上古文字，几于剥泐不可识，相传三千年之古物也。……余近临柱下，拂拭而观之。埃及字有若云形，殆古之'云师而云名'者，黄帝氏之苗裔欤？惜无好事者手拓其文，携至中国，俾识古博览之士一考求之。（《漫游随录》卷二《法京古迹》，岳麓书社1985年版，第85—86页）

由"惜无好事者手拓其文，携至中国，俾识古博览之士一考求之"云云，可知王韬在埃及遗物的"现场"，已萌生了搜集拓本的意识。

再看郭嵩焘，他以钦差大臣的身份出使英国，在光绪二年（1876）过苏伊士运河，其日记云：

> 马格里及刘云生各购得挨及古迹图数幅，中有克里阿卑得拿尼得尔图两幅，盖一石柱，高七八丈，四方，方各七尺许。马格里得其前方，云生得其后、左二方。上有尖顶，每方各为鸟形三平列，其下为字三行，每行十余字。字体大逾二尺，绝类钟鼎文及古篆籀。属黄玉屏摹出之。……其柱不知始何时。挨及自古有贤后克里阿卑拿，以此石柱顶尖，遂相颂赞，以为克里阿卑拿所用之针。尼得尔者，译言针也。乃知文字之始，不越象形、会意，麦西（按：Mizraim，埃及异称）始制文字，与中国正同。中国正文行而六书之意隐，西洋二十六字母立，知有谐声，而象形、会意之学亡矣。（锺叔河、杨坚整理《伦敦与巴黎日记》，岳麓书社1984年版，第74—75页）

马格里系英籍随员，刘云生即副使刘锡鸿。据整理者注，"克里阿卑得拿尼得尔"，即 Cleopatra's Needle，意为克娄巴特拉之针。马格里、刘锡鸿分别购藏了此遗物的图片（检刘锡鸿《英轺私记》，未见记录此事），同时郭嵩焘又让属下另摹写了一份。

又郭嵩焘在伦敦任上时，结识了英国埃及学专家"百尔治"

（Birch，今译伯奇），其光绪四年（1878）日记有云：

> 英国百尔治，博通挨及之学。……百尔治为考证古碑原始，枉送一帙。据称碑名克里倭稗得拉（按：即克娄巴特拉），用古挨及后为名。其碑莫知其原始，向在希里倭波雷司，挨及一大都会也。古名之得徵，取掩盖之义，疑以置之墓道者。……其碑高六丈八尺六寸，四方如柱而顶锐。四方二面亦微有参差，一面广七尺五寸，一面广七尺十寸半。顶方，四面肖一人一兽：人名登摩，西洋各国各有护国神，登摩者，所指为保护西里倭波雷司者也；兽名斯芬克斯，身如狮子，人面。挨及古图及古宫殿遗式多为此种兽形（今狮子横目而颔下微丰，其形似人，疑即今狮子也）。柱端四方，方各为三鸟，而文字列其下。（《伦敦与巴黎日记》，第451—452页）

所谓"百尔治为考证古碑原始，枉送一帙"，似指伯奇甚重郭嵩焘的中国背景，为听取其见解，特意赠送予他这份古碑的图像资料。

可见刘锡鸿、郭嵩焘已有了搜集文物资料的实践，只不过他们非如潘祖荫、端方那样专于金石学，尚欠缺一点学术自觉而已。但这似乎也称得上是"中国埃及学的先声"。

此外，稍后于潘祖荫，黄遵宪也在海外游历时特意搜集过埃及文物。他有一函致梁鼎芬云：

埃及为四千年故国，有古碑铭，篆如石鼓文，画如武梁祠，朴拙幽秀，实为宇内第一古物。遵宪于辛卯九月泊舟阿丁，遍搜市肆，得写本不及廿幅。后托友再购，亦不可得，既分十数叶赠文三芸阁，今仅以四纸呈公，亦颇踌躇，不忍割爱。(此据梁基永《广东文人的埃及情结》，《南方都市报》2011年12月27日。检《黄遵宪全集》未见此函。)

信中的"辛卯"，即光绪十七年（1891）。由此信可知，不仅黄遵宪对埃及古物有兴趣，其友人文廷式、梁鼎芬也闻风而起。

再后的己酉年（1909），康有为也去过埃及，并留下多篇诗作，篇目如下：《游埃及开罗京》《开罗外访金字陵》《游埃及录士京》《游亚士浑故京》《循尼罗江流数千里，石山平长，平如两岸》《埃及行》《埃及棺盖露首戏拓影像自题》（《康有为遗稿·万木草堂诗集》，上海人民出版社1996年版，第273—276页）。其中《埃及棺盖露首戏拓影像自题》一首云：

盖棺论定是何人，后死斯文话劫尘。了尽人天偶乘化，此心未死死心新。(自注：宋名僧有死心新，于帐中悬死字自警，因以死心为名。)

由此诗之题，即可知康有为亦有摹拓埃及文物之举。而且，据说康氏藏有不少埃及碑刻照片，往往作题跋以赠予友好，尤其是遗老（梁基永《广东文人的埃及情结》）。

在近代史上,"康梁"并称,而在埃及文物收藏方面,梁启超似乎也有追步康有为的意思。据杨鸿烈回忆:

> 梁氏对于三代钟鼎彝器一类的古董似乎没有特别搜集的嗜好,惟某次在他的书桌上摆着一个大且长的酸枝木匣子,装着一个明末清初大汉学家顾亭林的墨宝手卷……此外梁氏又曾把他从非洲埃及的金字塔和欧洲意大利邦俾(按:庞贝)古城所得的砖石,放在外客厅里特制的玻璃匣内,亲笔加以说明解释,这便说明他足迹所至,对人类过去的历史陈迹,很感兴趣。(《回忆梁启超先生》,载叶树勋编《杨鸿烈文存》,江苏人民出版社 2016 年版)

梁启超不算有收藏癖的人,他居然也藏有埃及残石,更可见当时士人阶层对于埃及的趣味了。

从黄遵宪到康、梁,其收藏都不属于学问性质,但仍算得上埃及文物收藏史的片断。

二

潘佳先生引叶昌炽《语石》卷二里的一则,专门论述潘祖荫收集埃及石刻事。而同样性质者尚有罗振玉《埃及碑释序》:

> 光绪初叶,湘乡郭筠仙(按:即郭嵩焘)侍郎奉使泰

西，吴县潘文勤公（按：即潘伯荫）门生有随使归者，为文勤公言埃及文化最古，其金石刻辞有在三千年以前者。文勤闻而欣然，函驻英使馆为之购求。顾以西律禁止古物输出，仅得以石膏抚（按："抚"疑为"橅"之讹，即"模"）拟埃及古碑一。致之京师，文勤欲求西儒为之考释，不可得也。乃取以贮之江苏会馆，此埃及文字流传我国之滥觞。

越三十年，浭阳端忠敏公（按：即端方）采风于欧洲列邦。忠敏好古，固与文勤相颉颃，始购埃及大小石刻十余品，得彼国之许可，舶载而归。然欲为之考释，亦不可得也。及辛亥国变，忠敏既殉节西川，曾不十稔，遗物星散，埃及诸刻亦入市贾之手。

山左慕君元父得古棺盖一，而苦其不可读，以示美国杜耳博士。博士为转乞埃及学家达拉塞氏，以法文译之，博士又译以英文，而邮致慕君。慕君之友，北京大学教授李君泰棻者，于中西史事，功力至深，复就博士所译，译以国文。乃知此碑实立于欧洲纪元前三百年，当埃及多李贾王时，远值我周秦之世。慕君既展转译其文，复谋精印以传，而徵序于予。（《贞松老人外集》卷一，收入《罗振玉学术论著集》第十集下，上海古籍出版社2010年版）

照罗序所言，"埃及文字流传我国之滥觞"仍是潘伯荫之功，只不过年代更早，说他在郭嵩焘驻英时代就向使馆求助，并得到埃及碑刻的石膏模本，这是叶昌炽没有言及的。

叶著《语石》成书于宣统元年（1909），而罗氏《埃及碑释序》写于民国壬戌年（1922），去潘伯荫已远，但考虑到罗氏对古物事项的熟悉，其记录仍值得重视。至于罗序所述的慕元父，其人不见于经传，但他收藏埃及古棺，且编刊《埃及碑释》，自然也是中国人收藏、研治埃及文物的一页——据张晓川文，此书刊行时定名为《希腊埃及时代棺铭考释》（检索读秀有目，署"慕元父著，李泰莱译"；但检国家图书馆、上海图书馆皆未见）。

有意思的是，我原先因见到罗氏《埃及碑释序》，就想查找慕元父编刊的《埃及碑释》，却无意中检索到另一种论著。此著题名亦作《埃及碑释》，署"归安陈其镶骏生译录"，内文则题为"埃及古王特勒枚立约碑译略"，"全书"仅一页，第一段云：

> 西历一千七百七十九年，法人在陆塞他海口（埃及地）得此碑，镌字三段，上段埃及古文，中段埃及近文，下段则希腊文也。考古之士递加究证，历四十余年，至我朝嘉庆开始繙译成篇，盛行西土。惟其年代尚不可得，盖夷俗子因父名，有数世不易者，故碑中虽见王名，无从编订，约其时亦在中国秦汉之际，而其文义朴陋，译兹大略于后，以见彼族是时风俗，亦可为考古之一助耳。（原载《振绮堂丛书》二集，收入《丛书集成续编》第216册，台湾新文丰出版公司）

按：此处所说的"陆塞他"显然即罗塞塔（Rosetta），埃及港口城市，1799年法国占领军于此发现著名的罗塞塔碑（作者将碑刻的发现时间误作1779年）。此碑以埃及圣书体、世俗体及希腊三种文字书写，为释读埃及古文字的关键，在埃及学史上声名赫赫。第二段译文即为罗塞塔碑碑文的提要，此略。

关于罗塞塔碑，郭嵩焘在日记中已有提及：

> 挨及古文极类中国篆籀，西洋数千年无识之者。……近数十年罗尔塞得斯多姆有掘得古石碑者，一面希腊文，一面为虫、鸟、方斜之形，西洋以为古画也。法国人山波里安以希腊文推测之，凡一二字同者，二面文皆合，因而辨知为挨及古文。得此石柱及挨及各古碑，审其同异，辨其文义，相与接踵而衍演之，以成《挨及字典》一书。（《伦敦与巴黎日记》，第452—453页）

此处的"罗尔塞得"（锺叔河谓"罗尔塞得斯多姆"意为罗尔塞得之石，郭嵩焘误作地名），即罗塞塔；"山波里安"自是大名鼎鼎的商博良（Champollion），至于《挨及字典》，应指其遗作《圣书体文字辞典》（*Dictionnaire Égyptien en Écriture Hiéroglyphique*）。

这样的话，郭嵩焘或是中国人最早提及罗塞塔碑者，而陈其镛或是中国人最早将罗塞塔碑碑文中译者。

此外，关于端方搜集埃及碑刻事，还可补充一些民国初年的零星材料。

况周颐笔记有《埃及古碑》一则，前半系剿袭叶昌炽《语石》，转述斯宾塞尔《群学肄言》所载摩阂伯断碑事，后半云：

> 吾中国石刻，以周宣猎碣为最古，后于此断碑，殆犹数百年。然埃及诸石刻，则尤夐乎邈矣。托活络忠敏（按：端方为满人，"托活络"系其姓氏）藏埃及碑数十石，多象形字，若禽鱼亭台云物之属。又有古王及后像，王像长躯巨目隆准，轩昂而沉鸷，后亦隆准，短小而权奇（王像高今尺一尺二寸五分，后像高八寸三分，皆半身像，阳文）。忠敏题云：五千年外物也。（《餐樱庑随笔》，山西古籍出版社1995年版，第98—99页）

又凫道人（李葆恂）笔记《埃及古刻》一则：

> 端忠敏公出洋考察政治时，归途历埃及，得石像百余事，亦有以瓷瓦为之者。中有一石，高二寸余，广半之，上刻一女子作乳儿状，赤身散发，势极恢奇，足甚尖，如吾国纤足，尤不可解。有字数十，又似花纹。公见予爱之，遂以见贻。欧洲考古家谓是五千年前物云。（《旧学庵笔记》，台湾广文书局民国1970年版）

此皆可见端方收藏埃及文物之一斑。

周肇祥在记述端方遗物时，亦涉及埃及文物事，并发议论：

>……埃及古棺一漆而饰彩，一似石非石，皆不类千年前物，惟刻石尚有真者。中国人好外国古董，正如外国人买中国赝物，理所当然耳。(《琉璃厂杂记》十九，北京联合出版公司2016年版，下册第705页)

不过周氏有点想当然，因为国人搜集的埃及古物本多复制品，当事人未必不知。

还有，王襄有题跋《题埃及造像拓》：

>……端匋斋考察欧洲政治，游开雒（按：即开罗）得来甚伙，兹乃其一。今皆不知流落何处，拓墨亦难求。此幅买自李家故肆，是赠张鞠如士保者。张君长于治印，为端氏旧客，详其身世，增此拓绪闻。(《簠室题跋》第四册，唐石父、王巨儒整理《王襄著作选集》下册，天津古籍出版社2005年版，第2044页)

按：检张士保（字菊如），系书画家，但卒于1878年，其时端方尚是少年，更不可能开始搜集埃及文物。故王襄所题者，或系端方遗绪，但受赠者当另有其人。

三

从中国人甫一接触埃及及其遗物，就很关注其文字，并以之与汉字对照。这是不难理解的。文字学（小学）在中国有深厚传统，至清代尤为显学，而且汉字与埃及文字（圣书字）皆有直观的"象形"特征，中国人自容易有"惺惺相惜"的反应。

王韬赴欧途中游历埃及时有言：

> 西人以埃及所传为上古文字，曾经英法博学之士细为推究，而知其系象形为多，或间有同中国蝌蚪籀篆文者。可知原始造字之意，六者俱备，原无分于中外也；自后世杂学纷歧，竞趋浅易，而古意亡矣。（《漫游随录》卷一"改罗小驻"，第80页）

光绪二十年（1894），宋育仁随公使龚照瑗出使欧洲，其诗《浮海至巴黎纪程百韵》有云：

> 文教自东来，铭刻犹可搜。粤稽虫鸟篆，遗取绝代辀。欲谕象胥言，恐诒众楚咻。（自注："……河岸西为埃及，山川清秀，旧时石刻存者尚多，土人影照出售。字体繁重，多画虫鸟形，字直行，与西文旁行者异。埃及在中为西，在西为东，疑三代象胥谕语言所及。"［张煜南辑《海国公余辑录》卷四，2005年影印本］）

又其《泰西各国采风录》记述更详：

泰西文字推法国，法文本于罗马，罗马本于希拉，希拉本于埃及。埃及即麦西，分为犹太，实西方文教祖国。过波赛，买埃及古文石刻，审其文，以形相合，体甚繁重。西文主音，埃及文主形；西方旁行，埃及文直行。至伦敦，闻有麻翁者，为博古学士，能识埃及文。访之，出所携石刻相示，渠亦不能读其文，但言埃及字凡三类：有模绘法，如画虎示虎；有定实法，如画妃别于王；有从音法，贤异于权之类。此三体者，古人混用焉，今惟有音，令人易晓。……埃及石刻，据麻称，为开辟四千年前古文，以时按之，则夏末商初时也。其文三体，于古先所称六书，为象形、象意、象声，而无指事、转注、假借。指事原与象形一类，而义更隐微，疑埃及古文亦有此体，而西人说字不能通其意，遂混入模绘一类；转注、假借，以体兼用，即在四体之中，亦所应用，特西士未及知耳。

另一处云：

梵字旁行、主音，与西文为一派；中文直行、主形，与埃及文为一派。埃及为西方文字之祖，其兴在夏商间。中国开辟最先有结绳传音（结绳之治，当略如外国字母，以数形转移，相结传音），易之以书契；外国开辟晚，先由中国流传书契后，易以点画传音。《周礼》外史掌达书，名于四方，即同文敷教之事，故名教之兴，自近而远。西国博士多考求埃及古文，在英识一博士密腊（即麻翁，见前），与议制通行各国字典，以中国古文为主，间采合埃及古文，曾拟条例遗之，密是其言。（此据《小方壶斋舆地丛钞》，杭州古籍书店1985年影印版，第19册。按：钟永新考订"麻翁"即以比较宗教学驰名的麦克斯·缪勒[Friedrich Max Muller，1823—1900]，时地及身份、年岁皆合，其说可从[《麦克斯·穆勒与宋育仁的学术交往录》，《宜宾学院学报》2011年第10期]。不过他未引此条。由此条可见，"麻翁"之"麻"，应为"Max"对音的省略，而此处"密腊"则为"Muller"的对音。）

文廷式《纯常子枝语》（江苏广陵古籍刻印社1979年影印版）涉及埃及处亦不少，且特别关注文字问题。卷七有云：

《古教汇参》卷一云："埃及书法略同中国，亦分为六……韦廉臣乃英吉利人，所说当必有所本，于中国小学未能尽通，然即此可知象形、会意实为文字之本。今埃及古文所存无多，各国亦无能读者（亦《古教汇参》语），徒以二十六字母，贯一切音，并合纪事，则谓西洋各国有声音而无文字可也。"（按：《古教汇参》系英国传教士韦廉臣撰，董树堂译，卷一专述埃及事，译作"埃及纪略"，收入《小方壶斋舆地丛钞》）

又卷十二：

《古教汇参·埃及纪略》云：埃及例每有死亡，各以其书殉葬，最古中有二三卷，约在中华陶唐以上。按：此当指著名的《亡灵书》[又译《死者书》]。

同卷又云：

《列国政教考略》云："文字之兴，埃及最古，亦有谐声、会意、象形数巧，各分字母，各从其类，凡喉、腭、舌、唇，颇能讲求。如写鸱鸮，则绘一鸟，其字音为诚是之意。所用之纸以芦为之，今坟墓犹有存者。"（按：《列国政教考略》未详）

同卷又云：

李凤苞《使德日记》云："《新报》主笔爱孛尔示以埃及文字，并讲解其字典。不外象形、假借、转注三类，其假借又多反用之字，如中国"扰兆民"作安字解、"乱臣十人"作治字解之类。爱君亦谓埃及与中国古文实为同源。

同卷又引宋育仁《采风记》，已见前引；又卷三十三引英人《万国通史前编》论埃及獭神（日神）事，兹不具录。

王韬、宋育仁、文廷式对于埃及文字了解无多，其看法基于士人一般的小学素养，大体属于印象式的，各有参差，不必一一细究。相对值得留意的，是关于埃及文字与汉字的关系问题：宋育仁以为包括埃及在内的西方文字源自中国，"外国开辟晚，先由中国流传书契后，易以点画传音"；而文廷式转述的爱孛尔，则相信"埃及与中国古文实为同源"。

关于此问题，郭嵩焘在伦敦时日记亦有云：

> 曩见格兰斯敦，知其多通希腊之学，因举挨及文叩之。格兰斯敦谓英国精通挨及学问者二人：其一百尔治；其一戈谛生，现充上海按察司，亦因中国古篆多与挨及同，欲因以考求中国文字源流，因假一官以为久驻中国之计。闻其人近今物故，屡道上海，未及一访之。（《伦敦与巴黎日记》，第453页）

他返国时途经香港，又记香港总督亨得利的谈话：

> ……自云与威妥玛皆爱尔兰人，近年爱尔兰有掘地得小玉印数方，皆中国篆文，数千年前实与中国同文。予谓伦敦曾见之，疑中国此种小方印，宋元以来书画家用为引章，其传不过数百年，恐尚为中国物也。亨得利曰："不然。中国文教最先，埃及古碑犹恍佛中国文字之遗。由中国西至埃及，再西至爱尔兰，是时伦敦犹为浑沌之国也。

爱尔兰文教实开自伦敦之前。"其言亦附会近理。(《伦敦与巴黎日记》,第963—964页)

足见这类看法绝非孤立之见。

早在十六、十七世纪,入华耶稣会士如利玛窦、卫匡国,就已注意到汉字与埃及文字在表面上的类似(吴莉苇《当诺亚方舟遭遇伏羲神农:启蒙时代欧洲的中国上古史论争》,中国人民大学出版社2005年版,第211—212页)。直到十八世纪,或以为汉字源于埃及,或以为埃及文字源于中国,仍是较常见的看法(王海利《法老与学者》,第65页);正因这一背景,就连最终破解了埃及古文字的商博良,早期为考察汉字与埃及文字的关系,也曾涉猎过汉字(王海利《法老与学者》,第71页)。直到二十世纪三十年代,日本人板津七三郎仍有《埃汉文字同源论》之作,相信汉字源于埃及圣书字(王元鹿《比较文字学》,广西教育出版社2001年版,第19页)。此外,二十世纪初期,英国有所谓"泛埃及主义"学说,以为古埃及是上古唯一的高级文明,当时世界上凡与埃及类似的文化或制度现象,都是埃及文明传播的结果(林惠祥《文化人类学》,商务印书馆1991年版,第38—39页;托卡列夫《外国民族学史》,托卡列夫著汤正方译,中国社会科学出版社1983年版,第168—171页)。由这一学术史背景来看,宋育仁式的想当然也就毫不足奇了。

关于此,还有一篇冷僻文献值得专门讨论:杨荫杭《埃及文与华文同源说》。文章较长,仅节录如下:

中华记载言挨及之事绝少。段成式《酉阳杂俎》始言勿斯离国之大石榴，勿斯离即挨及。古者波斯人名挨及曰 Meudraya，希伯来人名挨及曰 Meizraim，西利亚人名挨及曰 Meezraye，皆此字也。赵汝适《诸蕃志》始言勿斯离之江水，即指尼罗河；又言勿斯离属国遏根陀有大塔，即指金字塔。陶宗仪《辍耕录》始言木乃伊，即指挨及之孟密 Meummy。凡此记载，皆出后世。若挨及上古之文明，则为中华旧史所未言。此虽由于道里隔绝，实因挨及建国，更古于中华，故如参商不相值也。然考挨及之文字，与中华六书相同，此不特象形而已，实由形声参用之制，及文字孳乳之序，与《周官》保氏旧法，若合符节。则知上古之世，中华与挨及必有交关之处，不能以其地远而疑之；犹之古世印度亦与欧洲远隔，然今世博学言者，考知梵文与拉丁、希腊文有极相类似之点，皆属亚利安文，其例同也。……六书所谓形声，实居华文之多数。乃求之挨及文字，亦半形半声；且求诸巴比仑之楔形文字，亦半形半声。今世学者，皆以楔形文字为出于挨及，然则中华文字与挨及、巴比仑皆同一系统，无可疑也。……然中华、挨及、巴比仑之文字，则皆流行历数千年之久，其书汗牛充栋，无不达之意，不能与最初之象形一例视之。（钱基博编《国学文选类纂》甲集，民国十五年编定，商务印书馆民国二十年版，此据华东师范大学出版社 2010 年版。按：杨绛编《老圃遗文辑》《杨荫杭集》未收录此文）

仅从题目来看，相信这必是中国人关于埃及文字与汉字同源问题最专门的探索了。作为结论，作者明确认定汉字与埃及、巴比伦文字同源，这类说法早为中外学界否定，可不必论（参伊斯特林《文字的产生和发展》，伊斯特林著、左少兴译，北京大学出版社1987年版，第95—97页）；但他的探讨尚有条理，非今日那些附会派索隐派所及，考虑到当时的学术条件和背景，我们对作者可以抱有多一些同情。同时，他对埃及文字、汉字性质的局部观察，即"六书所谓形声，实居华文之多数。乃求之挨及文字，亦半形半声；且求诸巴比仑之楔形文字，亦半形半声……不能与最初之象形一例视之"，我以为仍是相当不错的。

这一点，王襄《题埃及石刻拓》也有言：

> 埃及古文直行横行，左读右读，均无定一。画像为一字母，字母之用，大别有二：一表音，一表谊。合诸字母为一组，以成音，以其中之一字母为谊，若中国形声字然。……（《簠室题跋》第四册，《王襄著作选集》下册，第1887—1888页）

也跟杨荫杭的看法相仿佛。

照一般印象，不少人仍将埃及古文字视为"象形文字"，实属错误。按现代语文学的观点，无论埃及文字抑或汉字，虽保留了象形符号的成分，但实质上都属于以"表意"和"表音"相兼的文字体系，专家称之为"表词—意音文字"（王元鹿《比较文字学》第二章）；以"象形文字"称之，未免望形生义，有点想当然（王海利《法老与学者》，第83—85页）。事实上，任何一种能自如地表达语言的文字体系，都必然以形声字为核心。从这个角度来看，杨荫杭对埃及、中国文字性质的看法，实近于主流学术观点。则这一篇《挨及文与华文同源说》仍不无学术价值，在中国的文字学史和埃及学史上，尚应有一个小小的位置。

还值得一说的是，作者杨荫杭系杨绛之父，钱基博将亲家的作品收入《国学文选》，堂皇地与古今一众名宿并列，自有私人的因素；可是，若非钱氏对此文有相当认可（他在文章后有长篇按语另作发挥），也不至于如此举贤不避亲的。

四

关于埃及文物的收藏，还应特别举出王襄其人。王襄以搜集、研究甲骨文知名（尽管也在主流之外），但他兴趣杂多，对埃及文物搜集甚勤，留下的零散文字应该也是最多者。

检点王氏《簠室题跋》，计有：

《题埃及王像拓本》（《簠室题跋》第二册，《王襄著作选集》下册，第1861页）

《再题》（同上，第1861页）

《题埃及王后像拓本》（同上，第1862页）

《再题》（同上，第1862页）

《题埃及石人膺铭拓本》(同上,第 1864—1865 页)

《题埃及残石拓本》(同上,第 1877 页)

《题埃及石刻拓本屏》四则(同上,第 1877—1879 页)

《题埃及石刻拓》(同上,第 1887—1889 页)

《题埃及古刻拓》(《簠室题跋》第三册,《王襄著作选集》下册,第 1921—1922 页)

《题埃及画像拓屏》(同上,第 1967—1970 页)

《题埃及造像拓》(《簠室题跋》第四册,《王襄著作选集》下册,第 2043—2044 页)

《题埃及石画拓》(同上,第 2047—2048 页)

《题埃及造像》(同上,第 2072 页)

《题埃及造像》(同上,第 2072—2073 页)

《题埃及鲑(造)像》(《簠室题跋》第五册,《王襄著作选集》下册,第 2118—2119 页)

这些题跋,性质并不一贯,试选录若干,略见其作风。
《再题》一则:

> 埃及王墓为英人扣者,多获得古尸及送死器物,辇至伦敦博物馆陈之。某代某王,复参稽史乘,详著于录,明诏世人。哀哉!国亡,死者之墓亦不能保,至堪痛矣。癸酉三月三日,闻热河之警,慨而书此。(按:此处"癸酉"系 1933 年,是年日军进占热河。)

这是感慨时事的。又《题埃及王后像拓本》一则：

此埃及王后像，端忠愍公方旧题云然。像露臂裸胸，今欧美女子犹袭其俗，穷冬严寒，试其轻盈体态。甚矣，风尚之移人也。

这是讨论风俗传承的。又《题埃及石人膺铭拓本》一则：

清季端忠愍公方奉使欧西考察政治，游埃及开洛（按：开罗）故都，得石刻数十事，此其一也。襄昔读书京师，颇获其墨本，厂估云此字在石人之臆（胸）。文义云何，余以谫陋，茫无所知。……中土古有刍灵，有俑，皆寓人形，为送死之明器。秦时长狄见临洮，始皇以为瑞，铸金人十二像之，膺前刻铭，略同廿六年诏文，新莽毁之。汉武帝封泰山，有木甲神，同时且有翁仲，后世用为茔墓仪式。匈奴有祀天休屠金人。南北朝下逮李唐，有造像，且刻题记皆佛像也。埃及画像意境，多著事神典礼，此石人殆神像欤？

这是讨论中国造像源流的。又《题埃及残石拓本》一则：

石刻两端残阙，旧藏端忠愍公家，今不知流落何许。忠愍昔得埃及诸石，尽以拓墨，不任拓者，樵（模）刻副本行之，传古之意甚挚。是拓三十年前所收，今则事易时迁，已成陈迹，发箧题字，不惟慨藏古之先辈凋谢已尽，即余之栖迟客乡，求如曩之驱车厂肆，与并时朋好论古谭艺，亦难得也。言之神往。

这是叹息时世变迁的。又《题埃及画像拓屏》一则：

昔王孝禹（按：王瓘，字孝禹）以欧西水仙花赠潘文勤，有植此异花供养，埃及画像拓与尊斋三古鼎钟古香辉映。约述其语，见承平时世中朝士夫襟怀有古人馈水寄簟之风，而中土有埃及画像拓墨，是不始于忠愍。记此旧闻，存攀古廎（楼）一段雅故，兼以自讼孤陋。

这是追慕士大夫格调的。又《题埃及舩（造）像》一则：

此像似夏娃勃梯。埃及穆斯塔法·埃尔·埃米尔云，此夏娃勃梯像与死者同葬于墓，由于死者诵念咒文，雕像即复活，代主人服务，举一切事故，皆能为之。在其国王与达人都用三百六十五具，以一日有一像备死者驱使。像用各类石材雕制，或用细石灰，或用陶制，且有施以黄、绿、蓝釉，北负框，手持锹，其下身刻以埃及古文，或死者姓名或古经文。约在公元前千年之谱。北大藏八具，与汉唐之古俑相类也。（按：此当据穆斯塔法·埃尔·埃米尔《介绍北京大学

所藏夏娃勃梯象》一文[《文物参考资料》1958年第9期])

这是讨论墓葬器物的。

这些内涵广泛的题跋，当然是王襄个人趣味的表现，但在相当程度上，也是晚清以来埃及文物收藏风尚的表现，乃至也是传统金石学风尚的反映——收藏者对于文物的兴味，不仅是学问的，也是学问之外的，可以寄托着收藏者不同时刻、不同情境下的心事。

还值得注意的是，从《题埃及艁像》一则来看，王襄对埃及遗物的兴趣至少持续到五十年代末期。

五

还可进一步讨论的是，对埃及文物的趣味，事实上也确实超出了"考古"的范畴，而渗透到"文学"的场域。

潘佳先生引录叶昌炽《语石》关于埃及古文一节，删去了以下一段：

> 余曾为长古一首有云："博士弟子遣秦景，绝域使者随张骞。毡椎尚余四十字，石榔一启三千年。差胜流行建中本，景教但溯胡神祆。"又云："啼远有象未悬绝，鳞甲虽刊毋求全。诘诵未知孰先出，何论滂喜凡将篇。"（按：检《奇觚庼诗集》似未见）

同一时期，光绪三十三年（1907），孙诒让作为最后的经学大家之一、近代古文字学的先贤，亦有《题埃及古石刻拓本》四绝：

升庵岣嵝纷售伪，黔徽红崖亦渺茫。谁识西航琛赆外，一拳古石见鸿荒。

七诫摩醢著录初，西来景教此权舆。沮仓文字重瀛隔，犹有佉卢别体书。（按：孙延钊谓另有一诗作："六书微义象形始，画犬盰乌旨不殊。谁识重瀛文教隔，沮仓文字竟冥符。"）

朝日隆仪亚甲传，撒根古记五千年。奇文佚礼烦甄考，远在羲和柳谷前。

盘敦纷纷集五洲，富强大计杞人忧。摩挲翠墨神犹王，何日皇文勒介邱。（原载《籀公谱稿》卷六，此据徐和雍、周立人辑《籀廎遗文》，中华书局2013年版，下册第553页）

其他如江标《题吴愙斋先生篆书铜柱铭》有云：

石柱文传埃及古（湘阴郭侍郎使泰西，曾见埃及古石柱有文，多象形字），磨（摩）崖字审八濛讹。（黄政辑《江标集》，凤凰出版社2018年版，第298页）

又邓辅纶有《题陶斋尚书天发神谶碑图》：

提挈瀛寰七万里，摸苏埃及五千年。佉仓自古援神契，斯邈而还此笔坚。雪夜衔碑成俊赏，墨华腾几秀高烟。可怜一世泥砖本，明眼当之不值钱。(《抱碧斋续集》，《抱碧斋集》，岳麓书社2012年版，第117页)

还有，陈三立《题陶斋尚书〈陶公亭雪夜评碑图〉，图后为天发神谶精搨本》，有两句：

东搜扶桑制，西摹埃及碣。(李开军辑《散原精舍诗文集》，上海古籍出版社2003年版，上册第207页)

又《济南李一山乞题唐拓武梁祠画像》，又有几句：

期藏金字塔，大块一私橐。五州震仰之，光芒魑魅却。(同上，上册第558页)

这也透露出诗人对埃及遗物的一点兴味。

不仅如是，埃及遗物更一度成为文人雅集的主题。

1935年，夏孙桐有词《锁阳台》，小序云：

陶斋昔赴欧西考察政治，购埃及古刻甚伙。余得其造像拓本，或云五千年前女王也。袒胸被发，冠如鸟形，手执镜制甚异，无题识。徵同社赋之。

词云：

> 金墉遗封，碧珉荒迹，争看绝域蛾眉。青禽覆额，加冕属阏氏。顾影春风美满，冰奁对，纤腕新持。休轻道，无盐刻画，裸国少妍姿。
> 骞槎曾载石，摩挲翠墨，鞮译传疑。已镌苕字翳，云雨迷离。增我伊川一叹，蛮妆遍，举国东施。空依约，风鬟雾鬓，海外补宫词。（夏志兰、夏武康《悔龛词笺注》，内蒙古大学出版社2001年版，第178页）

由小序可知，夏孙桐主动以端方昔时所赠埃及女性造像为题，在词社内徵集作品。而应和之作今尚存多篇。

汪曾武有《女王曲》，其小序云：

> 乙亥仲秋，寓斋词集，闰庵属以所藏埃及女王画象拓本为题。是碑，端忠敏同门考察政治西洋，购石携归，拓本罕觏。溥心畲知女王为殷时人，生时有文在手，左右各一，曰：水陆卓有功，功雄长欧西。象戴凤冠，手持明镜。姑就所知率成二解。

词云：

> 周前夏后夸明圣，李唐武曌无斯盛。囊括展雄才，英风遍

九垓。生成文在手,水陆还书籀。轶事说寰西,五千年可稽。

蝉冠凤翼窥明镜,宫中照彻惊鸿影。镌刻未题年,青珉海外传。陶斋勤访古,寰宇碑宜补。珍重压归装,几人椎本藏。

作者特意选择《女王曲》这一词调,响应埃及女王画像主题,足见匠心。其辞句甚工,内涵亦深,可谓精心之作。

另有章钰七绝《题埃及女王像》:

青鸟飞来厌鬓丝,玉台也自弄娇姿。愧非金塔传奇手,五百年前记艳尸。

又赵椿年七绝《题闰庵年老先生埃及女王造像拓片画轴》:

凤诺同签押尾书(埃及敕令多王与后同署),鹖冠犹似上头初。尼罗河畔临流影,玉面分明见锦车。

翠羽何如翠墨新,好从活洛(按:此系"托活洛"略称,指端方)访遗珉。燕支已失无颜色,愁绝明妆揽镜人。

又邵章七绝《题闰庵前辈埃及女王造像画轴》:

束发加冠凤翼骞,惊鸿照影入宫年。残珉海外珍椎本,良匠应踰卫改镌。

140

又黄孝平词《满庭芳·题埃及女王造像拓本》：

珠凤攲鬟，明蝉照鬓，鬘天影事留痕。诃梨半掩，镜里月黄昏。十种宫湾奁艳，可怜是，金塔离魂。空相惜，摩诃曲子，钗细［钿？］逐时新。

啼妆窥半面，咒心化石，捣麝成尘。任压装海客，分载残春。谁解兰阇索笑，飞鸾影，空剩青珉。依稀认，劫灰罗马，留有捧心颦。（以上皆见夏志兰、夏武康整理《闰庵公遗墨辑录》，2004年自印本，第281—286页；另参刘叶秋《艺苑丛谈·埃及女王造像》，《学林漫录》第十一集，中华书局1985年版）

此外，王襄在大量题跋之外，尚有诗作五首：

《题埃及石刻拓本》（《纶阁诗稿》第一册，《王襄著作选集》下册，第2499—2501页）

《题埃及画像拓》（《纶阁诗稿》第二册，《王襄著作选集》下册，第2517—2518页）

《题埃及画像拓》（同上，第2554页）

《甲申九月题埃及画像，感时虑患，百忧交乘。逾时读之，辞伤激楚，念顽钝无能，空言何补，因制短篇自嘲》（同上，第2554—2555页）

《四幅埃及画像既题诗其二，此幅空处不可无诗补之，

率写廿八字》(同上,第 2555—2556 页)

其中第二首云:

> 端公皇华使,游遍东西欧。开雒(埃及故都)得古刻,橐载副车后。毡墨传脱本,欲延贞石寿。鯫生癖嗜古,厂肆日奔走。购求不辞劳,十殆获八九。此幅神画好,庄严且雄赳。高冠峙双峰,圆乃如戴觊。长髯拟老翁,人何加兽首。祈祷告皇神,献花礼拜手。彷佛武祠画,阅世特悠久。怪诞信堪哂,奇古聊可取。详考题记辞,分行列左右。字存古象形,音仍协声纽。昔读李氏说(李旭华译有《埃及古代文字之研究》),略解某作某。愧无子云才,奇字辩科斗。念彼古王陵,半为今人剖。叹息感式微,伊谁克保守。展图意怃然,进此杯中酒。(按:李旭华《埃及古代文字之研究》一书未能检得)

诗中对拓本的来历、个人的搜集活动,乃至文字的性质,都有涉及,系关于埃及碑刻甚有代表性之作。又末一首云:

> 尼罗河畔五千载,更历中邦四十秋。独立无言微自惜,共君冷眼看神州。

此诗作于甲申、乙酉年(1944—1945)之间。"共君冷眼看神州"一句，显然就带有忧世愤世的意思了。

这些诗词数量不少，内涵有深有浅，此处无法一一解析。但诗词作为文化载体的性质，决定了这些文本必然异于学术论著，必然包含了文人式的思古幽情。这无关乎正经的学术史，但题材所系，却是深有文化史意味的。

六

中国人对埃及遗物的关注和兴趣，可谓理所当然。我大概想到有几项因素：对古老文明正常的好奇心，尤其是金字塔在视觉上的震撼，此与西洋人无异，此其一；埃及是人类史上的古国，比之儒家自傲的尧舜禹三代更为古远，在西力东侵的处境下，中国人自易产生同情心理，此其二；埃及古文字，跟汉字有类似的"象形"成分，素有小学传统的中国人自然有探究的冲动，此其三；金石学在本土为一朝显学，中国士人完全可将埃及遗物纳入金石学范围，此其四。

只是很显然，埃及学极为专门，国人既违天时，更乏地利，完全缺乏研究的条件，自难以进入埃及学的堂奥，故近代中国人对埃及遗物的搜集和研治，大体仍限于学术趣味层面而已。

照埃及学史专家之说，直到夏鼐三十年代留学英伦，以埃及考古学专业获博士学位，才"打破了中国没有埃及学者的记录，成为中国第一位埃及学者"（《法老与学者》，第235页）。其指夏氏"掌握了古埃及文字"，或未必准确，但称他是"中国第一位埃及学者",却无可疑。事实上,自学术史的立场,即便有了夏鼐,中国的埃及学仍无足轻重,更不必说连埃及学都够不上的那种猎奇崇古式的学术趣味——那只是埃及学的前史罢了。

那么,夏鼐之前的潘祖荫、端方,夏鼐之后的王襄,是不是就全无价值呢?此又不然。

从文化史而非学术史的立场,埃及作为一种学术趣味,一种文化风尚,自有其意义。它代表了中国人在学术趣味上的拓展,代表了传统金石学在"走向世界"时代的扩张,这是金石学最后的开疆辟地。不妨说,这是一种非学术史的学术史。事实上,在近代西洋式埃及学(以夏鼐为标志)引入之后,作为金石学的埃及趣味(以王襄为标志)仍在延续着,我们不当视如无物。

况且,即便是错误的学术探索,也非毫无意义。以汉字与埃及文字同源论来说,它在结论上必须批判,在方法上不值得学习——但未尝不值得汲取教训。一部学术史,不当只是从胜利走向胜利的历史,也应包含正确与谬误的纠缠,也当有失败者的一页。无数的失败者,也跟少数的成功者一般,参与了学术探险这一庞大事业,他们有资格分享学术探险族群之光荣。

像郭嵩焘提到的那位戈谛生,"亦因中国古篆多与挨及同,欲因以考求中国文字源流,因假一官以为久驻中国之计",为了求索埃及与中国文字问题,不远万里,来到中国,虽事业未成而身先死,但在学术精神上又何等可敬!我们能因为他或许持汉字源于埃及之见,就轻视他吗?

还有一点,近代考古学对古物取客观的研究态度,故自觉地跟收藏癖切割，在纯学术上，固然是一种进步，但在文化史立场上，又未尝不是一种失落。与此相对，传统金石学并非一种冷冰冰的纯客观学问，它既是学术的，重视史料搜集、考证、补史，同时又是趣味的，包含了收藏活动、崇古情结、赏玩风气。这是金石学异于近代考古学与历史学之处。而这样的金石学传统，未尝没有存在的合理性，未尝不能在近代学术中保留一席之地。很显然，收藏癖并非不能促进考古与文物的研究，这在近代学术史上，在于省吾、马衡、容庚众多的学问大家身上，已体现得极为清楚（参《现代学林点将录》，广东人民出版社2010年版，第61页；《藏物之道与近身之学——从学术史论可居之学》，《欲采蘋花》，南方日报出版社2014年版）。

由此立场，我们更易理解作为金石学的埃及趣味。近代中国的埃及学前史，即使是作为一段学术掌故，也仍值得钩沉，值得重温。

（原刊于《文汇报·文汇学人》2019年1月18日、1月25日、2月1日）

补记：

清末时私塾授课，已有以《巴比伦埃及古文字体考》为题者（《林骏日记》光绪三十年十二月初六，中华书局2018年版，下册第623页），可见埃及知识已有相当广泛的传播。

胡适留学美国时，对治学有感想云："学问之道两面而已：一曰广大（博），一曰高深（精），两者须相辅而行。务精者每失之隘，务博者每失之浅，其失一也。余失之浅者也，不可不以高深矫正之。"（日记1915年2月3日）后来更铺衍云："理想中的学者，既能博大，又能精深。精深的方面，是他的专门学问。博大的方面，是他的旁搜博览。……这样的学者，也有一比，比埃及的金字三角塔。那金字塔高四百八十英尺，底边各边长七百六十四英尺。塔的最高度代表最精深的专门学问；从此点以次递减，代表那旁收博览的各种相关或不相关的学问。塔底的面积代表博大的范围，精深的造诣，博大的同情心。"由此更总结出一个简明口号："为学要如金字塔，要能广大要能高。"（《读书》，1925年）这个金字塔之喻，也是近代中国人对于埃及趣味的一个缩影吧？

"神僧凿空寻西藏"

——河口慧海在汉文史料中的痕迹

记得是因高山杉的提示,我始知河口慧海其人,及其艰难入藏的事迹。我并没有讨论河口学问的能力,只是偶尔留意到关于他的若干汉文记录,现融会山杉掌握的材料及相关见解,姑撰此文,以供识者参考。

甲午战争之后,日本朝野四顾踌躇,顿有管领东亚、雄飞世界之心,原本遥不可及的西藏,也纳入其视野。而日本自中国承袭佛教,此时发扬光大,声势仍盛,对于佛国西藏更多了一重关切。但当日西藏仍处于对外封锁状态,清朝作为旧宗主国,大英帝国作为新殖民者,都唯恐他人染指;能不惮辽远不避高寒赴之者,除一二间谍或冒险家之外,尽是抱有宗教激情的青年僧人,包括寺本婉雅、河口慧海、能海宽、青木文教、多田等观(参[日]山口瑞凤《西藏》第一章,许明银译,台湾全佛文化事业有限公司2003年版)。寺本、能海最早踏入西藏界内,但为官方阻遏,至巴塘而止,而河口最幸运,后发先至,第一个潜入拉萨并居留。

据山口瑞凤的介绍，诸日僧对西藏的兴趣虽同出于佛教背景，但各有侧重，寺本兼有对西藏政治面向的热情，多田对藏传佛教本身理解最深，而河口的意图是从藏译经卷中寻找大乘佛教的原始文本。河口的动机和目标，实已受到西洋佛学风气的熏染，照现在的话，可说他的旨趣既是宗教的，也是学问的。

河口早年曾学习巴利文，1897年到达印度，学习藏语并作准备，1900年间入藏，次年3月到达拉萨，进入色拉寺修习。河口自称汉人，但一年后身份暴露，乃迅即作出安排，于1902年5月底离藏赴印，次年返日。随后在报章上连载其探险记录，1904年结集为《西藏旅行记》二卷，我手头有其中译本《西藏秘行》(孙沈清译，新疆人民出版社1998年版)、《100年前西藏独行记》(齐立娟译，金城出版社2014年版)两种；据高山杉告示，台湾另有译本《西藏旅行记》(吴继文译，城邦文化事业股份有限公司2003年版)，而大陆的《西藏独行记》实据其稍作改易，属于伪译本。

当河口慧海返日之前，正旅居印度的康有为跟他有过接触，见其1902年诗《日本禅僧慧海入藏求经，得秘帙羊皮四箧，以二白马驮来，自称为汉土所无者。住阿耨达池三月。日人往藏自慧海始也。索诗，赠之》。其小序云：

> 西藏红教祖师莲华生乃印人，其教淫，会无遮，于今千年矣。盖日本亲鸾之先声，黄教出，乃禁之。

诗云：

> 神僧凿空寻西藏，白马驮经又再来。阿耨达池三宿住，金刚宝土四年回（大吉岭名义为金刚宝土）。莲花妙法真异（？）矣，祇树梵音亦善哉。再向泥巴求古本（尼［泥］巴即廓尔喀地名，廓乃种族名也），神山宗教见新开。（《万木草堂诗集》卷六《须弥雪亭诗集》，上海人民出版社1996年版，第161—162页。按：一本无小序，诗题及自注微有异同。见《康南海先生诗集》卷六《须弥雪亭诗集》，台湾丘海学会1996年编印，第246—247页）

康有为学思所涉极广，佛教亦涵盖在内，对于河口的努力及其收获当然有见猎心喜之意。诗中第二句"白马驮经"，即诗题的"得秘帙羊皮四箧，以二白马驮来，自称为汉土所无者"，但"白马"云云，当系文人饰辞，不过用佛教由白马传来中国（白马寺由此得名）的旧典而已。至于河口的具体收获，康氏恐怕难以知解，后来山口瑞凤如此概括："河口慧海是时代产生的具有行动力量之伟人。收集的梵本、西藏本文献很多，仅以西藏语文献也能够与寺本、多田的蒐集品相比。河口的是前藏西部系统，多田的是前藏东部系统，寺本的是青海北京系统，所以这些成为日本西藏学的贵重财产。"（《西藏》，上册第144—145页）

第三句"阿耨达池"，梵文Anavatapta，指西藏的圣湖玛旁雍错（Mapham Yutso），据说是世界海拔最高的湖泊，河口入藏时经过其地（《西藏旅行记》，上册第151—161页；另参《100年前西藏独行记》，第66—70页）；河口入藏前后皆落脚于大吉岭——所产红茶闻名世界，为三大名品之一，康有为当时亦卜居于此，故有"金刚宝土四年回"之句。

末尾"再向泥巴求古本"，当指河口准备赴尼泊尔搜求佛经；自注所言的廓尔喀，本系尼泊尔最强悍的部落，后建立沙阿王朝，故旧时亦以廓尔喀指称尼泊尔。河口记录自己在尼泊尔的情形时恰好提到：

> 这些日子我忙着为购买梵文的出版物而奔走，总共蒐集了三部经典，另外还有其他参考书籍，可说相当完整了。住在加尔各答的日本人也汇了一百卢比来让我购买银雕佛像，我总共用了一百一十五卢比买到三尊银雕佛像以及一座佛龛；后来我才知道汇钱的本意其实是要充当我的旅费。
>
> 我在加尔各答的时候，中国的康有为先生以及不少英国人、印度人，以及旅居非洲当时正来到加尔各答的日本人等，也赠送我相当一笔钱。我用那笔钱买了许多参考书籍，而致赠尼泊尔国王的礼物也花了我不少钱，不过最后还剩下三百卢比，我就是以这笔钱当作赴尼泊尔的旅费。我并未开口向任何人要钱，这全是各位大德亲切慈悲的喜舍金。（《西藏旅行记》，下册第717页；另参《100年前西藏独行记》，第324页。另一译本《西藏秘行》缺少末尾部分，包括此处内容）

河口说明，他跟康有为相遇是在加尔各答，且康氏还赞助了他一点钱——此事康圣人在诗里未有交代。或者钱并不多吧。

由于河口取道印度出入西藏，除了意外出现的康有为，一般中国人不可能直接了解其人其事。我所见的其他两条记录，都是间接的，且是不具名的。

一是姚鹏图，1905年底作为官员游历日本，当时撰有《扶桑百八吟》，其中有一首：

鹰盘大漠起边声，饮马长河落日横。卧榻有人容鼾睡，纷纷纸上枉谈兵。

自注云：

东亚三国轮廓图上作苍鹰奋击之状，东三省及高丽悉为鹰翼所覆，不可见，盖皆俄人所及之地也。谈西藏事者，则有《西藏探险记》。（王慎之、王子今辑《清代海外竹枝词》，北京大学出版社1994年版，第392页）

所谓"卧榻有人容鼾睡"，是反用"卧榻之旁，岂容他人鼾睡"的老话，当指俄国势力渗透东北及朝鲜（此时仍系清廷属国），而清廷却无力应付。作者游日之时，正值日俄战争结束未久，俄国在东北及朝鲜的势力，已为日本取而代之；但不知为何，诗的意思却还是描述日俄战争前的形势。此与论题无关，姑置不论。总之自注的末两句"谈西藏事者,则有《西藏探险记》",在当时,只可能指河口刊行未久的著作。

另一是何藻翔(多说一句,他是广东顺德人),1906年随张荫棠入藏,协助办理对英通商事宜,留下日记体的纪事著作《藏语》。1907年,他们一行曾赴印会见印度总督,何氏于旧历八月二十五日记事有云:

> 咖拉吉达有日本喇嘛,来见噶布伦。此人向冒称中国人,在拉萨充喇嘛十年,通英、藏语。旋为藏人侦知,逐去归国,出所著书以献日政府。(《藏语》,上海广智书局宣统二年版,第161—162页)

"咖拉吉达"似即加尔各答;"噶布伦",亦作"噶伦",是藏地统管行政的官员,共有四人。那么此处说的"日本喇嘛"是谁呢?在此年之前的1905年,寺本婉雅也已到过拉萨,但他是随雍和宫管长阿嘉呼图克图同行,且未作停留(山口瑞凤《西藏》,上册第116页);此时符合何藻翔所谓"冒称中国人……通英、藏语。旋为藏人侦知,逐去归国,出所著书以献日政府"者,仍只有河口慧海一人。原来,河口在1904年再度赴印,并长期居留,一边研治梵文经典,一边考虑佛教史迹,直到1914年再度入藏(《日本涉藏史》,第50—56页);故何藻翔一行能遇见之,遂附带记下了他过去的行迹。

中国人所知的河口慧海,恐怕不过如此了。而且,除了

"偶遇"的康有为，实际上都并不真正知道河口为何许人，更不知道他入藏的用意所在。从学术史的立场，这正反衬出当时中国学术观念与实践的阙失，百年之后，是我们最可感慨的。

以有清一代而论，中国知识阶级并非没有涉足西藏者，也并非没有留下文字记录者，但诸人的行动皆因政务而起，诸人的作品皆意在"资政"（参吴丰培《近代国人撰述之西藏史籍》，《吴丰培边事题跋集》，新疆人民出版社1998年版；王尧、王启龙、邓小咏《中国藏学史（1949年前）》第三章，民族出版社、清华大学出版社2003年版），与河口诸人始于信仰、归于学问的取向完全不同。这是一方面。

另一方面，中国知识阶级对于藏传佛教固甚鄙视，但也并非没有对梵文、藏文抱有兴趣者。我注意到一二零星的个案，如清初曹寅有诗《冲谷四兄寄诗索拥臂图并嘉予学天竺书》（《楝亭诗钞》卷一），可知曹雪芹祖父是尝试过学梵文的；又如龚自珍1839年的《己亥杂诗》有一首：

> 龙猛当年入海初，娑婆曾否有仓佉？祇今旷劫重生后，尚识人间七体书。

自注云：

> 别镇国公容斋居士。居士睿亲王子，名裕恩，好读内典，遍识额纳特珂克（按：原印度古国名，此处应指梵

文)、西藏、西洋、蒙古、回部及满、汉字。又校订全藏，凡经有新旧数译者，皆访得之，或校归一是，或两存之，或三存之。自释典入震旦以来，未曾有也。)(参刘逸生《龚自珍己亥杂诗注》，中华书局1980年版，第44—46页)

曹寅、裕恩对域外语文的兴趣，似出于个人爱好或宗教动机，异于官方的对外实用需要；尤其裕恩更值得重视，其合校藏经的工作，实暗合于近代方法，完全可与河口慧海辈相颉颃。只可惜他们皆止于孤立的兴趣，未能造成一个学术共同体。又高山杉告知，魏源大约1843年有致徐松函言及：

> 又周子坚(按：名诒朴)自都归，述甘珠尔经、丹珠尔经剌麻寺均有刻本，卷帙甚富，未审吾师何处见之，可购求否？(原载《大兴徐氏同人书札》，据朱玉麟《思想与思想史的资源——魏源致徐松三札考论》引，《西域历史语言研究集刊》第四辑，科学出版社2010年版)

观其辞气，可见此时徐松、魏源、周诒朴都对藏文大藏经有了特殊兴趣，而且相与切磋，有点学术共同体的雏形了。但以当时的学术背景与个人条件，仍不足以促使他们将观念付诸行动，如河口慧海那样远入异域，苦学藏文并勤搜原典，成为"时代产生的具有行动力量之伟人"。

中国既有的学术传统太深厚了。其所得在此，其所失亦在此。中国人太习惯于在书斋里钻故纸堆的治学方式，于古人的教诲，只记得"不出户，知天下"，而忘记了"读万卷书，行万里路"（此所以黄侃沾沾自喜于传统的"发明"之学，而轻视新派的"发现"之学）。中国的考古之士既未能先到敦煌做斯坦因伯希和，也未能先到西藏做河口慧海，实在不是偶然的。

在河口入藏之后，还要等二十年，他才能被中国学术界理解。这个问题，高山杉素有关注，他提供了两则材料。一是"孔夫子旧书网"所见的一份《北京大学日刊》（1926年4月20日），其左上角有一则《史学系通告》：

> 本月二十日起至二十四日，每日下午四时至六时，请日本河口慧海先生在本校第二院大讲堂讲演《西藏文化发达史》。又请本校教授张凤举先生翻译。凡本校同学，均可前来听讲。河口慧海先生留学西藏，凡十七年。著有《西藏传印度佛教历史》。附告。（按：据宋希於检索，《北京大学日刊》于21日、23日又重复刊登此消息）

这份通告颇不严谨。河口两度入藏，至少首次属于"非法"，此处居然洗白为"留学"了；他首次入藏一年有余，第二次不过半年，此处居然将前后左右统统计入，鼓捣成了"十七年"。另一是支那内学院《内学》年刊第三辑（1927年12月），其"本院事记"里留下一句：

介绍　河口慧海新译胜鬘经　吕秋逸先生（词从略）

此处所说的当是河口编译的《汉藏对照国译胜鬘经》。吕澂（字秋逸）的口头评述大约没有保存下来，但足见河口其人其著已入其法眼了。

至此，虽则信息无多，且有疏误，但河口少壮时的学术冒险及收获，终在中国的最高学府和主流佛学界得到了承认——而中国人自己"动手动脚找东西"的时代，马上也要开始了。

章太炎的鳄鱼标本

在中国文化史上，跟鳄鱼最关系的人物，无疑是写过《祭鳄鱼文》的韩愈；若再求其次，我想应是章太炎了。

以前曾就芥川龙之介的《中国游记》写过一篇读后感，已留意此事。芥川写了他1921年在沪上拜访章太炎的印象，再三说到："章炳麟先生的书房里，不知出自何种爱好，壁上趴着一条硕大的鳄鱼标本。这间放满书籍的房间，可是名副其实地彻骨寒冷。墙上挂着的那只鳄鱼标本，令人感到是一个讽刺。……据说，章炳麟先生以王者之师自任。也曾听说，他曾一度想把黎元洪作为其弟子。如此说来，其书桌横头墙上那只鳄鱼标本的下方，的确悬挂着一条横幅。上书：'东南朴学　章太炎先生　黎元洪'。"芥川最后还发了一通不知所谓的感慨："我一边洗耳恭听先生的高见，一边时不时地瞧着趴在壁上的那条鳄鱼，而且一个与中国问题风马牛不相及的念头在脑海里掠过：'那鳄鱼一定熟知睡莲的芬芳，以及太阳的光明和水的温暖。因此，我现在的冷得瑟瑟发抖，那鳄鱼该是最能体会的了。鳄鱼啊，成了标本的你,该是比我要幸福。可怜可怜我吧!可怜苟且偷生的我吧!……"(陈生保、张青平译本,北京十月文艺出版社2006年版,第31—34页。另参夏丏尊译本,见陈平原、杜玲玲编《追忆章太炎》,中国广播电视出版社1997年版;又见《芥川龙之介集》,开明书店民国十九年版,第152—155页)——就是因此,后来曹聚仁更将章氏称为"鳄鱼似的大师"(《关于章太炎先生的回忆》,见《追忆章太炎》)。另有一位日本汉学家小川环树,三十年代到苏州探访过章氏,也提及:"章炳麟的家,芥川龙之介在《中国游记》里写到过,那是上海的家。那里的鳄鱼标本,在他苏州的家里,也放着一个。看来他是非常喜欢,很中意。"(《留学的回忆——鲁迅的印象及其他》,收入戴燕、贺圣遂选译《对中国文化的乡愁》,复旦大学出版社2005年版)照小川的话,章氏似有两个标本,恐怕不确,更可能只有一个,不过将上海那个搬去苏州了吧。但不管怎样,都足以说明,他确很在乎那张鳄鱼皮。此外,在网上还检索到近时王东满传记《姚奠中》的一段:"章先生家里,除了琳琅满目的书橱,最惹眼的就是正厅墙上悬挂的那张大鳄鱼皮。姚奠中经常有意无意间凝视着那张大鳄鱼皮出神,那张先生从东南亚带回来的大鳄鱼皮,仿佛无声地在向他讲述什么。"姚氏系于1935年投入章门,此出于其口述,所回忆的自然是章氏晚年在苏州的情形。

对于那个鳄鱼标本,我原先的反应是:"章氏这个爱好,似乎无关大雅,恐怕中国人是不会如此形诸文字的;但这不是很能从一个侧面,说明章氏孤傲怪僻的性格吗?"(《芥川龙之介眼中的现代中国》）可是，近读《珍奇屋：收藏的激情》（［法］达韦纳著，［法］弗勒朗摄影，董莹译，三联书店2017年版）一书，觉得这有点想当然了。

所谓"珍奇屋"（Cabinet de curiosités），近似于中国古代的多宝格（博古架），是西方自文艺复兴以来表现于室内陈设的一种博物风尚；顾名思义，其重心在于稀奇古怪之物，西洋稀见的生物亦为大宗，而鳄鱼尤为重中之重。《珍奇屋》一书特别指出："怪物被当作自然与上帝所开的玩笑——二者或共同、或轮流创造出各种不同寻常的现象——并在文艺复兴时期的珍奇屋中展出。它们被当作颠覆、畸形、混杂、过度的代名词，其中最具代表性的非鳄鱼莫属。""十六世纪初的珍奇屋是一个充满未解之谜的地方。在这些谜题当中，最富异域色彩，同时也是珍奇屋里最常见的怪物，当数鳄鱼。它凭借庞大的块头，占据了珍奇屋的一大部分，高踞于天花板中央，被一大群稻草填充的动物众星捧月般团团包围。"（第146页。按：仅就此书插图来看，出现鳄鱼标本的至少就有八例）这样的话，章宅的鳄鱼标本，也应置于西洋博物学风尚这一维度来理解，才是合理的；反之，以中国文人的生活和审美传统论之，既不知标本为何物，更不可能将鳄鱼作为装饰品的。

大约自新文化运动发生前后，章太炎与世相违，学思渐趋保守，其文化形象最终定型于"国学大师"这一角色，以至于世人容易忽略，他原本很重视对西洋知识的汲取（参郑师渠《晚清国粹派——文化思想研究》，北京师范大学出版社1993年版，第60—

63页）。早在从俞樾问学的诂经精舍时期，其读书笔记《膏兰室札记》（今存三卷）征引西学译著已有不少（参熊月之《早年章太炎与西学》，《先驱的踪迹——章太炎先生逝世五十周年纪念》，浙江古籍出版社1988年版）；甲午至辛亥十数年间，他三度赴日，通过日本这一渠道更是大量接触到西洋著作，尤其是社会学、哲学和宗教学方面（参[日]近藤邦康《章太炎与日本》，《先驱的踪迹》；汪荣祖《太炎与日本》，《章太炎散论》，中华书局2008年版；[日]小林武《章太炎与明治思潮》，白雨田译，上海人民出版社2018年版）。同时，章太炎身为要角的"国粹学派"，其共同的文化取向即为援引西学以重建古学，对西学又特重进化论和社会学（参《晚清国粹派》第三章）——而在当时的知识体系里，进化论与博物学实不可分。事实上，《国粹学报》也透露出了明确的博物学倾向：学问堪为章太炎对手的刘师培，就先后发表过《物名溯源》《物名溯源续补》《尔雅虫名今释》《论前儒误解物类之原因》诸篇，他如许效卢《海州博物物产表》、沈维钟《蟋蟀与促织辨》、薛蛰龙《毛诗动植物今释》、郑文焯《楚辞香草补笺》皆是；刊物另设插图部分，分博物、美术二门，其博物画皆由蔡守（哲夫）创作，历年共刊出128幅（据程美宝《晚清国学大潮中的博物学知识——论坛〈国粹学报〉中的博物学图画》，《社会科学》2006年第8期）。还有，作为章门弟子，鲁迅、周作人兄弟都对博物学抱有浓厚兴味，更是众所熟知。由此来看，章太炎本人虽似未有专门的博物学论述，但观其交游，他对于博物学至少是不陌生的。

当然，鳄鱼标本之为物，毕竟更近于生活趣味而非知识趣味；章对西学的涉猎，对博物学的涉猎，都只为我们理解其"鳄趣味"提供了一个大背景，至多是一个远因，未足以说明其具体的发生。我想，他应是受了更为直观的视觉冲击，才会形成其"鳄鱼标本之恋"的。这一视觉冲击可能发生于其东渡日本的时候。日人自明治维新以来即大力引进西学，也包括博物学，及至黄遵宪赴日，已可见"博物千间广厦开"（《日本杂事诗》卷一）；与章氏约略同时的东游者，如高剑父不时流连于"帝国博物馆"（据李伟铭《旧学新知：博物图画与近代写实主义思潮——以高剑父与日本的关系为中心》，《艺术史研究》第四辑，中山大学出版社2002年版），杨芾曾参观"水族馆""昆虫馆"（《扶桑十旬记》，凤凰出版社2014年版，第27—28页）。在此环境中，章太炎自易受到熏染。也有可能，这一视觉冲击发生于他后来寓居上海的时候。上海得西风之先，清季已有西人创立的"徐家汇博物院"和"亚洲文会博物院"，邻近还有张謇私立的"南通博物苑"（据程美宝《晚清国学大潮中的博物学知识》）；同时，当日居留租界的西人众多，有钱有势，其家居有"珍奇屋"或类"珍奇屋"者自不足奇，章太炎长期居其地，在生活趣味上来点"拿来主义"也属正常——相对来说，我更倾向于这种可能性，尽管找不到实证。

不论如何，总之西洋"珍奇屋"中的主角，却成了我们"国学大师"的书斋中物，朝朝暮暮，相看不厌，这是耐人寻思的。这是不是透露出章太炎隐蔽而微弱的一点"西洋趣味"呢（相对于日本人的"支那趣味"）？甚至不妨进一步猜测，这是不是西洋学问在其精神空间里留下的一点回声呢？

另一方面，在西洋语境里是一回事，在中国语境里又是另一回事。鳄鱼在西人那里，代表了异域情调，代表了探险观念，代表了博物风尚；而到了章太炎这个半新半旧的中国书生这里，也许又被当作一种性格的象征、情绪的符号了。章氏之为人，或曰"狂傲的，孤独的"（乃蒙《章太炎的讲学》，见《追忆章太炎》），或曰"耿介孤傲"（文载道《谈蓟汉阁》，见《追忆章太炎》），或曰"故示恢奇"（金梁《四朝佚闻》卷上，见李春光纂《清代名人轶事辑览》，中国社会科学出版社2004年版，第四册第2164页），从这个角度来说，我过去信口说鳄鱼标本"很能从一个侧面，说明章氏孤傲怪僻的性格"，似又不必完全抛弃。

那么，这张鳄鱼皮，有没有在章大师的著述中留下痕迹呢？

我于章氏著作读得不多，不熟，不敢说绝对没有，但我猜应该没有。不过，有关鳄鱼的文字倒是有的。他后期有篇小考证《说龙》，认为龙的原型即鳄鱼："按《汉书·东方朔传》：'臣以为龙又无角，谓之为蛇又有足。跂跂脉脉善缘壁，是非守宫即蜥蜴。'是则龙形与蜥蜴同。今俗谓蜥蜴为潜龙，亦曰地龙，南洋群岛有蜥蜴跃起数尺，俗即谓之飞龙，此亦积古相传之义。其大者曰鼍、鳄，并似蜥蜴。鼍出大江中流，而鳄生于南海，其形正同。然则鼍、鳄即龙属矣。……鼍、鳄名异而物同，鼍、蛟物有小别而类同。是数者皆龙矣。……昔远西人未至南洲时，马来人不习射击，能持咒捕鳄。先以二人跃入海内，鳄鱼来，一人当其前与斗，一人即腾上鳄鱼背，以布缠其项至口，为五六匝，结之。鳄力在尾，缠其头则尾不掉，于是持布为辔，跨之而出。度古所谓御龙者亦是术也。若《韩非》云：'龙之为虫，可狎而骑。然喉下有逆鳞径尺，婴之则杀人。'今鳄鱼项下正有逆鳞，而马来人缠市［布？］者不避，则韩非未之知也。"（见《杂说三篇》，《太炎文录续编》卷一，章氏国学讲习会刊本）章此说自属一解，只是龙的原型问题相当淆乱，这里不必趟此混水。但我们仅由此，足可见老章对鳄鱼确有相当了解，那张鳄鱼皮不是白挂的。另外，章太炎1927年有诗《感事》："珠江闲气开云鼍，掉尾渚宫东入鄀。锺山积甲森嵯峨，素车白马度滁和。垓下四面鸡鸣歌，天欲亡我非由他。鼍去鳄来当奈何！"（《太炎文录续编》卷七下）此诗当是隐指国民军北伐，原来雄霸江南的旧军阀孙传芳消灭了，但作为胜利者的蒋介石又成了新军阀，是即所谓"鼍去鳄来"（据姜义华《章炳麟评传》，南京大学出版社2002年版，第263—264页），也就是把老蒋比拟为"南海鳄神"了。我并不认为，章太炎的考证与诗，就是从他的鳄鱼标本那里得来了灵感，但他在做考证时，在作诗时，多半是在书房里对着他的大鳄鱼呢。我们可以想象，在考证龙即鳄鱼时，在取鳄鱼为喻时，正有一个庞然的实物摆在面前，笔下有鳄，眼中亦有鳄，他老人家想必是很得意的吧。

鳄鱼标本跟章太炎具体的学识文章当然扯不上太多的关系，可是，从芥川龙之介来访算起（1921年），到他晚年迁居苏州（1934年），直至逝世（1936年），这个鳄鱼标本少说伴随了他十五年，在其日常生活里，自是一个触目的巨大存在。

要知道，作为韩昌黎笔下"冥顽不灵"的"丑类"，鳄鱼在中国文化的符号体系里、在中国人的集体无意识里,早就被妖魔化,它是异己之物,是具体化的丑恶,是被驱逐被否定的存在。可是,被"百代文宗"赶走的鳄鱼,如今竟卷土重来,更岸然高踞于"国学"的重镇所在,这自然很令人错愕,跟"国学大师"的形象尤显得"不搭"。或者就是这个缘故吧,公开记下鳄鱼标本的是两位日本人,而中国人似乎多选择了自动忽略。比如章氏居苏州时,有篇访问如此描述:"室壁悬邹容遗像,磊落少年,即先生尝为序《革命军》遭缧绁者。又先生肖像一帧,则刘半农题字在上,数年前所摄也。旁有何子贞联一副,文云:'露坐一身无步障,春游是处有行窝。'雅人深致,可避尘嚣。别室另悬绣花册页,则犹是汤夫人归先生时闺友所赠。"(厉鼎煃《章太炎先生访问记》,见《追忆章太炎》)那么大的鳄鱼标本到哪里去了?同一时期去的小川环树、姚奠中明明看见有的呀!访问者有意回避了那个"丑类"的存在,想来是不愿意他敬爱的国学家"人设崩塌"吧。

章太炎身后,留下大量遗物,今存于杭州章太炎纪念馆尚数以千计。我自然想知道,那张鳄鱼皮,作为既硕大又碍眼的一件物事,是不是还存于世间呢?

(原刊于《南方周末》2018年4月6日)

附记:

博物院为禹域所无的新事物,故晚清国人访日者多往参观,如李圭1876年至大阪博物院，王之春1879年至东京博物院，李筱圃1880年至上野博物院，文廷式1900年至东京博物院（据王晓秋《近代中日文化交流史》第六章、第十章，中华书局1992年版）。

而据《沪游杂记》卷一"博物院"条："西人设博物院汇集西国新异之物，陈设院中，上而机器，下及珍禽奇兽。入其中者，可广见闻，可资格致，诚海外巨观也。"此书系葛元煦著，初刊于1876年，后由袁祖志增补，重刊于1887年。则上海至少在1887年之前已有博物馆了。

另，二十年代杨荫杭亦谓龙的原型有可能是鳄鱼："藉曰龙非蟒，则龙乃鳄鱼也。"他举出三项理由：一是中国有十二生肖，印度亦有之，而与龙对应的正是鳄鱼；二是《宋史·程颢传》所记的龙"如蜥蜴而五色"；三是古人画龙皆有四足。"观此则龙即鳄鱼亦备一说。韩愈祭鳄鱼，亦尝以为神物矣。"（《谈龙》之三，《杨荫杭集》，中华书局2014年版，下册第595—596页）

郑重回忆采访冯友兰的情形："那是一个黄昏，我第一次走进冯先生居住的小院。这里既没有'鹤影诗魂'，也没有'泉石烟霞'，而是住着几户人家，有些嘈杂。后来读到宗璞写燕南园的文字，还是有些责怪她，为什么不写小楼内的杂乱，而用那样美的文字，写出那样美的意境来宽慰自己呢？"（《一篇没有写完的访问记》，《聚散一杯酒》，广东人民出版社2017年版）宗璞美化了冯家旧宅的环境，跟厉鼎煃修饰了章太炎书房的格调，在心理上是类似的。

"几番风雨"与"一片江山"
——梁启超一副集宋词联的流传史

在青少年时代,我深喜对联,亦深喜宋词,故于梁启超所集宋词联,一见辄觉惊艳。

1923年,梁夫人病危,缠绵病榻半载,梁氏陪侍时以读词自遣,"把他们的好句子集做对联闹着玩,久而久之,竟集成二三百副之多",以后多写赠友朋,至今遗墨尚多。而精粹者多见于梁氏自撰的《苦痛中的小玩意儿》一文(《饮冰室合集》文集之四十五[上]诗话附录)。其中有这样一副:

燕子来时,更能消几番风雨;夕阳无语,最可惜一片江山。(王晋卿《忆故人》、稼轩《摸鱼儿》、张文潜《风流子》、白石《八归》)(按:吴令华集《罗音室撰集联语》收入此联[《吴世昌全集》第11卷《罗音室诗词存稿》附录二,河北教育出版社2003年版]。当因吴世昌曾抄录此联,而整理者误以为即吴氏所作。)

我以为，此联无疑是最佳之作。"更能消几番风雨""最可惜一片江山"本就是辛弃疾、姜夔的名句，而一经梁氏拈出，对仗工丽而意境遥深，于辛姜词更添异彩，甚至可以说，在原词之外另外创造出了一个新的意义世界。照《苦痛中的小玩意儿》里的自述，当时梁氏不仅身历私人的不幸，"中间还夹着群盗相噬，变乱如麻，风雪蔽天，生人道尽，块然独坐，几不知人间何世"。这副集词联的内涵，显然跟梁氏本人的经验和心绪是相呼应的。

我因梁氏之作，对于集词联特感兴味，历年过眼必录，专集之外，零散者亦不下一二百之数。而眼界所及，则无逾于梁氏所作者，而梁氏所作，又无逾于此联者。此联流传甚广，异文亦多，今据平日积累的线索综述如下，或许也会有同好者的吧。

首先要说明，见于《苦痛中的小玩意儿》的这副联，应是最原始的版本，但并非最精彩的版本。

近人徐珂的笔记《范园客话》有"梁启超集宋词联语"一则：

> 七月既望，梁任公同年集宋词为楹帖，书以寄赠，句云："春已堪怜（玉田《高阳台》），更能消几番风雨（稼轩《摸鱼儿》）；树犹如此（龙洲《水龙吟》），最可惜一片江山（白石《八归》）。"集句如自己出，而伤心人之别有怀抱于此见之，通人固无所不能哉！越二旬（八月五日）而淞沪战事起，风声鹤唳中，吟讽一过，为之黯然。（《康居笔

仲可同年老友正集宋詞

春已堪憐更能消幾番風雨

玉田高陽臺 稼軒摸魚兒

龍洲水龍吟 白石八歸

樹猶如此最可惜一片江山

甲子七月既望 啟超

梁启超集联手迹

记汇函》第一册，山西古籍出版社1997年版。按：此联手迹见《名人楹联墨迹》，上海书画出版社1999年版，第233页。另，"龙洲"即刘过，惟"树犹如此"似不见于刘词，最有名者见于辛词《水龙吟》，疑是梁氏误记。）

据徐氏自述，《范园客话》是他1924年寄居上海时所作，则梁所赠联，当是后来的"修订本"，而以"春已堪怜""树犹如此"为对，较最初版本更增感慨。——这一文本，就是我心目中的梁氏集宋词联之最了。

关于此联，袁克文1926年日记有云：

> 汉口路世菜以"暂作欠资一分券"原函见贻，予用徐仲可集宋词句书联帖报之，句曰："春已堪怜，更能消几番风雨；树犹如此，最可惜一片江山。"所集者玉田《高阳台》、稼轩《摸鱼儿》、龙川《水龙吟》、白石《八归》也。（《寒云日记·丙寅日记》，见《辛丙秘苑》，上海书店出版社2000年版，第76页。按：袁氏将"龙洲"误作"龙川"）

袁氏应是读过徐珂（仲可）笔记，而将集联者亦误作徐氏了。

又曾见梁氏赠"心葵"一联，则是仅取"更能消""最可惜"两句为对，其手迹未知是否可靠，但联语姑暂信之。黄裳过去也提到：

更能消幾番風雨

最可惜一片江山

心葵仁兄清屬

梁啟超集稼軒白石詞

梁启超集联疑似手迹

梁启超喜欢集宋词断句作对联，同时搞这花样的还有一大批人。如其中有名的一联"更能消几番风雨，最可惜一片江山"，就不能看作简单的文字游戏。它道出了住在北方的中国人的普遍心情。(《琉璃厂》,《黄裳文集》第三册，上海书店出版社 1998 年版)

还有锺叔河先生说过:

> 我曾不止一次请人写过分别从这两首词中集成的联语:
> 更能消几番风雨，最可惜一片河山
> 张中行、黄苗子、黄裳诸先生都写了。借用白石引桓大司马"树犹如此"句时说的，只因为"此语予深爱之"也。(《长沙小西门》,《万象》第三卷第七期)

此外，近人卧云居士(苏逸云)笔记亦有一则:

> 《饮冰室合集》附有《苦痛中的小玩意儿》,系任公集词为联。据云，有二三百副之多，任挚友选择，择定即赠。赠吾友刘崧生二联，其一云:"忽相思，更深〈添〉了几声啼鴂;屡回顾，最可惜一片江山。"(皆姜白石句)……己卯游沪，于刘寓亲见之。(《卧云楼笔记》卷二《客窗闲话下》,1930 年代刊本。按:龚联寿《中华对联大典》收入此联，文字稍异 [复旦大学出版社 1998 年版，第 887 页])

此联四句皆出姜夔词，以"更添了几声啼鸠"来对"最可惜一片江山"，自然不及"更能消几番风雨"那么精妙。这已属于梁氏的另一副集联作品了。

梁启超这副联的影响，更可由他人的作品见之。

据我所见，最突出的当是黄濬黄秋岳，其集宋词为联甚多见，又尤喜集姜夔词，且尤喜用"最可惜一片江山"那一句。据傅芸子记录，二十年代末他集有以下两联：

最可惜一片江山，空有古木斜晖，愁损未归眼；更何必十分梳洗，凝想明珰素袜，唤起淡妆人。

问后约空指蔷薇，扬州路，忽相思，更添了几声啼鸠；向秋来渐疏班扇，金陵路，屡回头，最可惜一片江山。（《黄秋岳集石帚词联》，赵国忠编《人海闲话》，海豚出版社2012年版。按：胡君复《古今联语汇选》收入此二联[此据常江重编本，西苑出版社2002年版，第七册第715页]。另，第一联上下第二句分别出自姜夔《江梅引》《庆宫春》，原词作"算空有古木斜晖""政凝想明珰素袜"。）

还见到一首写定于1931年的集姜词巨制：

秦碑越殿，呼唤登临，最可惜一片江山，南去北来，漫赢得幽怀难写；象笔鸾笺，老来受用，问谁是六朝歌舞，

楷書聯 一七三×二一公分

秦碑越殿呼喚登臨最可惜一片江山南去北來漫贏得幽懷難寫

象筆鸞箋老來受用問誰是六朝歌舞空城曉角箏面今重到須驚

黃秋岳集聯手迹

空城晓角,算而今重到须惊。(《博古斋藏楹联集》,上海书店出版社1994年版,第85页。按:"问谁是六朝歌舞"出自姜夔《喜迁莺慢》,原词作"问谁记六朝歌舞"。)

又据"艺搜"检得黄氏一联及识语,亦写于1931年:

> 最可惜一片江山,逝水移川,高陵变谷,那识当时神禹;更何必十分梳洗,倾国无媒,入宫见妒,古来辇损蛾眉。
>
> 辛未夏秋,江汉垫昏,怀襄千里,余居旧京,怃然伤念。时方繙梦窗词,得《齐天乐》调中逝水三语,未申吾怀,更以白石词句为弁。嗟乎,孰使江山寂寥凋瘵至斯,闭塞贤路,可无讥邪。(嘉德四季·第二十七期拍卖会,2011年9月)

此以"更何必十分梳洗"对"最可惜一片江山",与第一联重复。"倾国无媒"三句则出自辛弃疾《满庭芳》。就内容来看,此联应可信据,至少必有所据。

以上四联,皆集姜夔,皆用了"最可惜"一句,不过各以不同的姜词为对。其中第二联后半"忽相思,更添了几声啼鴂"对"屡回头,最可惜一片江山",与梁启超写赠刘崧生那副如出一辙,当系出于有意无意的剿袭。

说起来,梁启超对作为晚辈的黄秋岳甚为赏识,民国初年任财长时,黄秋岳曾任其秘书,关系非同一般。则黄之集词为联,亦应是受到梁的影响。黄氏年少即以才情见称于老辈,于诗词一道用力之专深,更远非梁启超可及;然而他刻意为此,却精细有余,丰神不足,竟无法跟梁氏一时的"小玩意儿"相匹。这就益可见梁启超天才之不可及了。

近人赵祖望有一册专门的《宋词集联》(西泠印社民国二十年版),其中有这样一副:

> 海棠如醉,又是黄昏,更能消几番风雨;辽鹤归来,都无人管,最可惜一片江山。(陆放翁《水龙吟》、柳耆卿《诉衷情》、辛稼轩《摸鱼儿》、周美成《点绛唇》、辛幼安《祝英台》、姜白石《八归》)

但这副联,却还有另一出处。王宁回忆陆宗达时提到:

> 黄节先生也是一位对陆先生很有影响的老师。"九一八"事变前夕,黄先生赠给陆先生一副集宋人词句的对联:"海棠如醉又是黄昏更能消几番风雨,辽鹤归来都无人管最可惜一片江山。"这副对联直到陆先生去世前,一直挂在他的书房里。黄先生的课,他的字,以及他的忧国之心,当时对陆先生的影响都很大。(《当代训诂大师陆宗达》,《师范之光:北京师范大学百杰人物》,北京师范大学出版社2002年版)

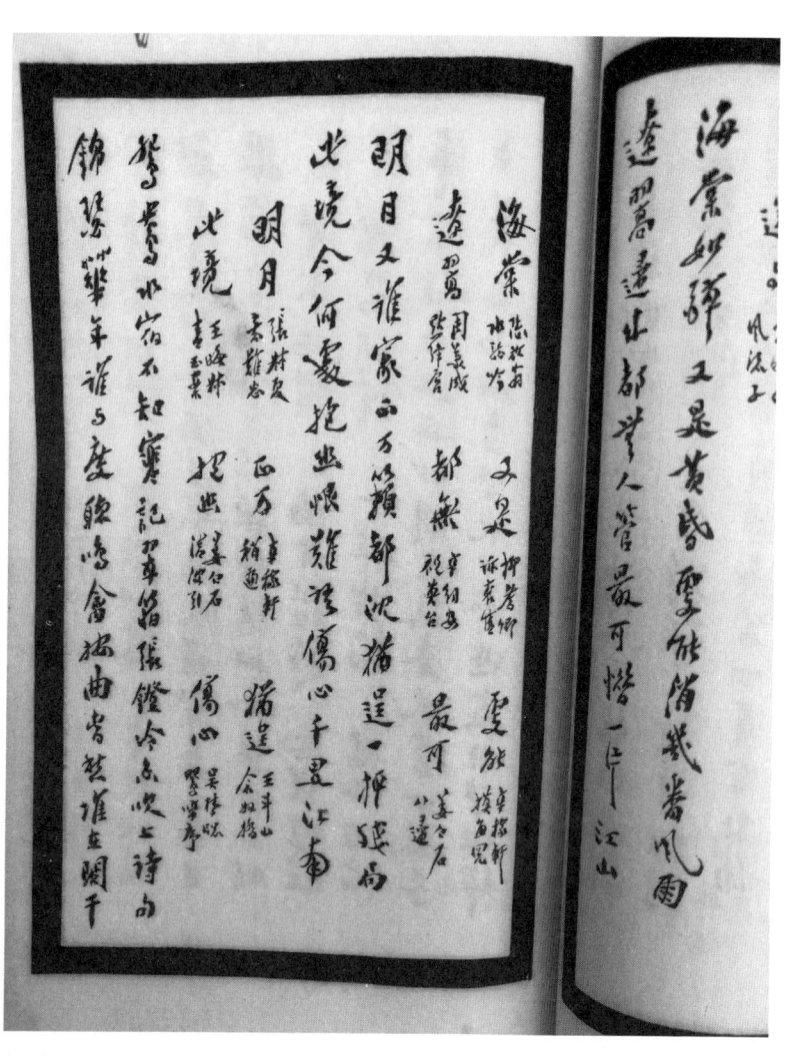

赵祖望集联手迹

黄节集联手迹之一

陆氏之孙陆昕先生后来录出了此联图片，可见黄氏识语云：

颖明学弟属书楹帖　集宋人词句　甲戌中秋前十日黄节书于北平（《祖父陆宗达及其师友》，人民文学出版社2012年版，第103页）

甲戌是1934年，王宁回忆说是"九一八"事变前的事，是记错了。这且不论。

这样，两个文本完全相同，考虑到文本来自六首词，次序雷同，绝无可能出于偶合。集者是赵祖望，还是黄节？至少据现有文本的时间来看，应是赵书在前，黄氏见到赵所集联，以"集宋人词句"的表述录以转赠陆宗达。这样有意攘夺的嫌疑就极大了。

这还有一个旁证。今存黄节赠"子高"一联，只有"更能消""最可惜"两句，而更为明确地署作"丁卯秋黄节集句"（《何氏灵璧山房所藏蕙葭楼墨迹》，曼庵居士编印丛书之二，香港刊本）。又有黄节戊辰春赠"直勉"一联，则以"更添了几声啼鴂"对"最可惜一片江山"（《眼中朋旧谁人杰：何香凝与南社社友书画手札展作品集》，辽宁美术出版社2019年版，第118页。此承友人戴新伟告示）。丁卯即1927年，戊辰即1928年，就时地人几样因素来说，都去梁启超未远，黄节不太可能不知梁氏集联的事，是为剿袭无疑。那么，这副联就应到赵祖望名下了。据他在《宋词集联》里的自叙，他早年即尝集词为联，至甲子年

更能消幾番風雨

子高仁兄屬

稼軒樽魚兒

寰可惜一片江山

白石八歸

丁卯秋黃節集句

黃節集聯手跡之二

（1924）因兵灾全部佚去，后又重集。就是说，他此书所集皆在梁启超之后，而他此联的核心，即"更能消""最可惜"两句，又与梁氏所集雷同。这样的话，赵虽有闭门造车出而合辙的可能，但我更倾向于相信，他是承受了梁氏的暗示，只是另作了铺衍，亦有另一番韵味。

还有一例，是易孺易大厂。他也有一部集宋词联的专集，其中有一副并识语云：

姜辛名句，早成绝对，余以柳史二语足之，系感尤深，不自嫌其袭。

最可惜一片江山，再逢伊面；更能消几番风雨，同为春愁。（姜白石《八归》、柳耆卿《秋夜月》、辛稼轩《摸鱼儿》、史邦卿《过龙门》）（《大厂居士集宋词帖》，民国三十二年影印本，荫堂丛书之一。按：此联又载大厂居士《集宋词帖》，其识语作："姜辛名句，早成绝对，足下[之]二语，系予感尤深，不自嫌其袭。榆生以为何如？"[《同声月刊》第二卷第八号]）

从易氏"姜辛名句，早成绝对"的话，可知他必是借用了梁启超的创意。

另有一些可供对照的相关文本，亦附录于此。

大方（方地山）有集句联：

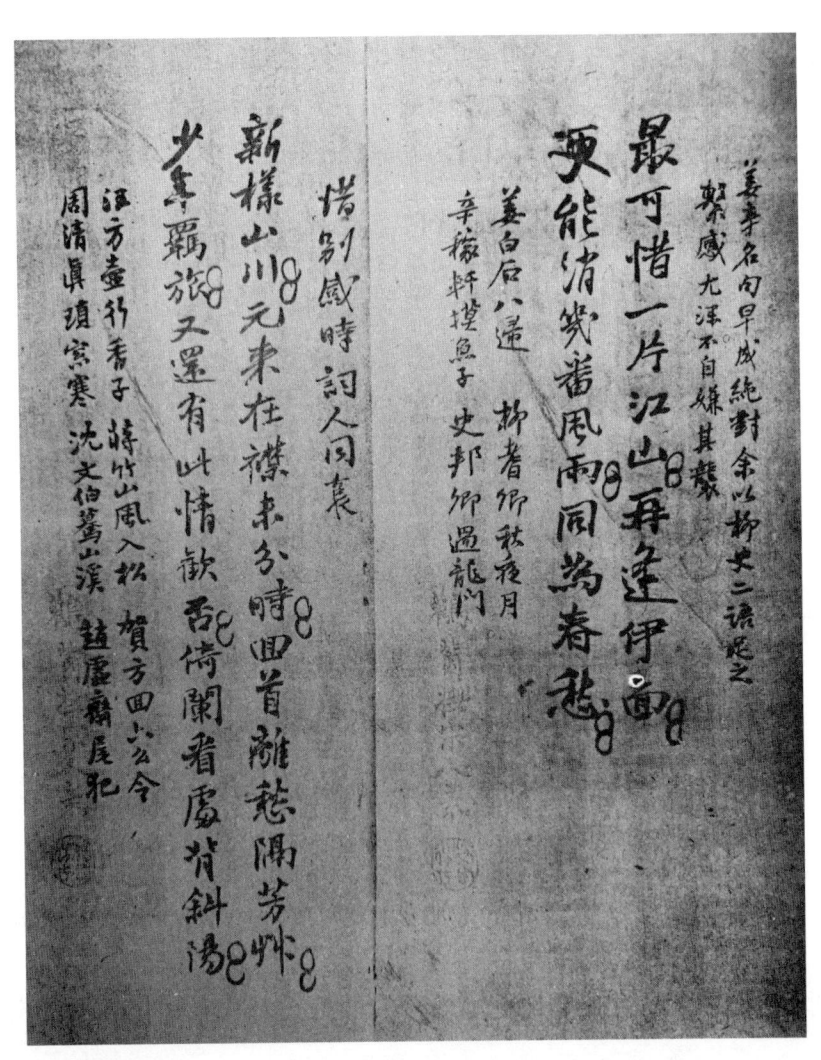

姜夔名句早成絕對余以柳史二語題之繫感九澤不自嫌其鑿

最可惜一片江山再逢伊面　姜白石遠　柳耆卿秋夜月
更能消幾番風雨同為春悲　辛稼軒摸魚子　史邦卿過龍門

惜別感時詞人同衷

新樣山川元來在襟袖分時回首離愁隔芳草
少真羈旅又還有此情歡吾倚闌看處背斜陽

江方壺行香子　蔣竹山風入松　賀方回六么令
周清真瑣窗寒　沈文伯鷲山溪　趙虛齋尾犯

易大厂集联手迹

更能消几番风雨，收拾起大地山河。（原载《寒云日记》，此据周一良《大方先生联语集》，《郊叟曝言：周一良自选集》，新世界出版社 2001 年版）

下联语出李玉昆剧《千忠戮》"收拾起大地山河一担装，四大皆空相"。

又夏承焘有挽谢觐虞（玉岑）夫人之作，见其 1935 年日记：

玉岑词人抱骑省之戚，以孤鸾名室，嘱集白石句。予方自都门归，匆匆过常州，未一把晤也。

想佩环月夜归来，更何必十分梳洗；又唤我扁舟东下，只可惜一片江山。（《天风阁学词日记》，《夏承焘集》，浙江古籍出版社、浙江教育出版社版，第五册第 358 页。按：夏氏录姜词，"最可惜"误作"只可惜"。另，王翼奇辑《集句对联字帖》收入此联［浙江古籍出版社 1986 年版，附录第 14 页］。）

林葆恒有一部《集宋四家词联》（民国刊本），专集周邦彦、吴文英、姜夔、张炎四家，其中集姜词有一副作：

最可惜一片江山，野老林泉，问谪仙今在何许；问谁记六朝歌舞，天涯情味，甚谢郎也恨飘零。（《八归》《一萼红》《法曲献仙音》《喜迁莺慢》《翠楼吟》《水龙吟》）

又沈祖棻亦有集姜词联：

> 去国情怀，问谁记六朝歌舞；旧时月色，最可惜一片江山。(《正声》第一卷第二期，民国三十三年2月。此承戴新伟检出、宋希於查证。)

皆以"问谁记六朝歌舞"对"最可惜一片江山"，跟黄秋岳1931年所集不约而同。

又据邓云乡回忆，大约八十年代初，吕贞白也给他写过一个集姜夔词联：

> 唤起淡妆人，更何必十分梳洗；商略黄昏雨，莫负了一片江山。(《任公词联》，《文化古城旧事》，中华书局1995年版。按：承徐俊先生转告，岳麓书院藏程千帆捐赠书画中亦见此联，系程氏先人十发老人所书。)

姜夔似无"莫负了一片江山"的句子，应该就是"最可惜一片江山"之讹，或出于吕氏笔误。

以上夏、吕二氏以"十分梳洗"与"一片江山"为对，与前述黄秋岳同，也可能存在因袭关系。

梁任公的集词联，在其言论事业来说，只是微末的一叶。所以他自己也再三表示，这是"闹着玩"，只是"顽意儿"，《苦痛中的小玩意儿》是"没有价值的东西"。是欤非欤？在此还想较真，说一点多余的话。

集词联,是集句联的一个分支。所谓集句,是从古人的同类作品(包括诗词曲文)中分别拈出不同片断,组成一个新文本,其体裁可以是诗,可以是词,也可以是联。集缀而成的文本,就字字有来历这一点说,似算不上一种创作,但就辞句打乱重组这一点说,也是一种创作——而且难度绝不下于原创(可参吴承学《中国古代文体形态研究》第八章"集句",中山大学出版社2000年版)。这样来看,集句的工作当然也有"著作权"。能将"更能消几番风雨"与"最可惜一片江山"两个断片缀合到一起,堪称妙手偶得,其"著作权"是属于梁启超的。

强调梁启超的"著作权",有意义吗?

在我看来,对联是最有"中国特色"的文学体裁,若没有它,中国文学史就是不完整的。而至今为止,在中国文学史编纂里,似乎并没有对联的一席之地,更遑论集句联集词联了。许久以来,就有"重写文学史"的呼声,我想,重写文学史,须得由具体作品入手。"更能消几番风雨,最可惜一片江山"这样的绝妙好辞,很应该写进中国文学史的,如其不然,文学史的意义究竟何在呢?

前些时读《胡适之先生年谱长编补编》,看到一段记胡适晚年在台湾时的情形:

……又为高惜冰写了张玉田的词两句:
东风且伴蔷薇住,到蔷薇春已堪怜。

……先生写了之后对胡颂平说:有一天晚上,我读这两句词时掉下泪来。这两句不是现在的情形吗?还有人在著歌舞升平!(胡颂平《胡适之先生年谱长编初稿》第11册,台湾联经出版事业股份有限公司2015年版,第113页)

张炎(玉田)这两句词,正是梁氏集联"春已堪怜"四字的出处。那么,在胡适心中,是不是也回荡着"春已堪怜,更能消几番风雨"的影子呢?无论如何,从民初京华的扰乱,到此时孤岛的仓皇,其感慨应是相似的。

自然,这更是题外话了。

(原刊于《掌故》第五集,中华书局2019年版)

补记:

曾有关于广州黄花岗七十二烈士墓之联云:

> 荒冢近黄花,几番风雨;霸图数青史,如此江山。(据《黄际遇日记类编·畴盦联话》,中山大学出版社2019年版,第139页)

据说出自革命报人谢英伯之手。以"几番风雨"与"如此江山"为对,似乎也有梁启超集联的影子吧。

陈垣早年的两件尴尬事

之一

我的同事和朋友邓琼偶尔下载到一篇有关陈垣早年事迹的旧文,转给我看,说是"十分有趣",一检之下,果然有亮点。

文章是刘乃和写的。刘女士跟陈垣有着"不得不说的故事",她写的事情自不可轻。此文主要写陈垣考取秀才的事,但结尾处又加了一笔,说他1903年参加过顺天乡试(庚子、辛丑并科),并考取了举人——"但这次却是替别人考的"。随后解释:

> 因为这时他已参加推翻清朝的革命活动,开会、宣传、办报、交通等等,处处需钱,而经费缺乏,于是接受了陈氏本家某人的请求,替此人去考试,说明如果考中,可以送几百两银子,这是一笔不小的款子。陈垣和同志商量,说"我如果去考试,顺手就可得个举人"。因为他对八股文,这时已可以随心所欲,想考取就能考中。为了当

时革命工作需款，决定他再参加一次科考，结果替别人取得一个举人。他这次"义举"，得到一笔革命经费，这就是他为反清活动而参加的一次清朝的科举考试，这是对清朝人［的？］极大讽刺，同时也得到同志们的极大赞扬，对反清活动做出贡献。(《陈垣参加科举考试》,《史学史研究》1992年第3期)

说穿了，就是陈垣曾在考试时作弊，替人当枪手。

好吧，我也在读大学时作过弊（只是抄别人，没能力帮别人），我很推崇的温庭筠诗人更是枪手之王，在这一点上，我对陈老绝无"厚非"。在旧制度而言，科举作弊是重罪，但我们今天不必理会。只是，要不要把作弊说得那么高大上啊？我作弊只是作弊，您作弊就是"得到一笔革命经费"，"对反清活动做出贡献"，差别这么大？

不过，这下我对此事就来了兴趣。乃查检手头几种陈垣年谱，发现问题并不复杂，就此文来说，刘女士显然伪造了陈先生的光荣历史。

据王明泽《陈垣事迹著作编年》(广西师范大学出版社2000年版)，刘乃和稍后又写过一篇《立志耕耘，追求真理》(《历史文献研究论丛》，广西师范大学出版社1998年版)，也提到代考的事，称其所得款项用作了"农工商会"的筹备资金。

可是，照刘乃和《陈垣年谱》(北京师范大学出版社2002年版)、刘乃和等《陈垣年谱配图长编》(辽海出版社2000年版)，这个陈垣参与筹办的"农工商会",目标不过是"宣传社会改良"。这就算参加反清革命活动了吗?

最大的问题还不在此。《陈垣年谱》《陈垣年谱配图长编》都提供了一个"陈垣回忆"名义的文本:

> 这次考试曾有一广东同乡甄某请代考,因自己作文较快,便应允了。考试时,自己作两篇文章,给甄某一篇。公榜结果,自己未中,而同乡甄某却得中第62名顺天府举人。得甄某酬金3000元,将历年从家中支出的钱全部还清。父亲很不高兴,但也无可奈何。自己未中,究其原因,是自己的文章思想奇特,不合当时品味,越用心越南辕北辙。代别人作文,不下功夫,作普通文章,反而中了。(按:《陈垣年谱配图长编》注明出自刘乃和日记手稿)

此文本与《陈垣参加科举考试》一文的说法颇有不合:此谓代考事在1901年,而非1903年;此谓陈垣自己参加考试,同时为旁人代笔,而非专门代考;此谓帮同乡甄某代考,而非本家某氏;此谓所得酬金3000元,而非几百两银子。但就情理而论,两种文本所指,应该还是同一事,否则他岂不成了专业枪手?这是难以想象的。而两相对照,显然这个来自刘乃和日记的文本才是老实的记录。易言之,陈垣作弊代考,只是顺带为自己挣一笔外快,绝不是为了"得到一笔革命经费"而专门去替人考试。刘乃和那篇文章制造了一个相当低级的神话。

刘乃和替陈老设计的这个挣"革命经费"的说辞，让我想起了黄裳先生。

四十年代上海沦陷时期，黄裳曾用过许多笔名在沦陷区刊物《古今》写掌故文字。此事他一直回避，有关文章也深埋不露，直到晚年才编入《来燕榭集外文钞》，并在后记里说明：当时珍珠港事件发生，日伪势力进入上海租界，他就读的交通大学前途难测，想改去大后方的交通大学续学，正需旅费。这时周劭（黎庵）正筹办刊物，"稿费从优，并极力要我多写。在那种环境下要办一种刊物，其背景不问可知。……他当然不肯说出其中奥秘，但我明白，这样的朋友是惹不起的，但又躲不开。这时，我曾写过电影剧本，托柯灵卖给他工作所在的金星电影公司；写过小说，也托他向平襟亚兜售，柯灵是我熟识于文化圈唯一可信托的朋友，但都不成。实在走投无路了，这时周黎厂正逼稿甚紧，当时年少气盛，不免有点狂，气闷之余，就想如能从敌人手中取得逃亡的经费，该是多么惊险而好玩的事。于是下了卖稿的决心"。（《我的集外文》，《来燕榭集外文钞》，作家出版社2006年版）

过去我已说过，在沦陷区刊物发表过作品者甚多，包括叶恭绰、章士钊、夏承焘、钱锺书一众名流，杨绛的剧本其实也是在沦陷区公演的，张爱玲、苏青就更不必说了。而黄裳此举，性质大同小异。此皆属于"纯学术"或"纯文学"，无碍于国家民族大义，不必上纲上线。但挣稿费就挣稿费呗，用得着说"从敌人手中取得逃亡的经费"吗？当自己是"潜伏"，还要来一出将计就计啊。

这个"逃亡经费"之说，跟"革命经费"正是不约而同的曲辩，都属一种迎合革命修辞的想象与自我想象。

此外，刘乃和那篇文章还说陈垣"对八股文，这时已可以随心所欲，想考取就能考中"，也是替他吹牛。事实是，陈垣这次顺天府乡试未中，次年再参加开封乡试，仍未中，这才放弃了科举一途。

还要说明，将陈垣这次考试系于1901年或1903年，皆不确。据友人肖彤提示并提供《清代硃卷集成》电子本，检其目录，顺天府"庚子、辛丑恩正并科"是在1902年"补行"的。肖彤另查《北京市志稿》(北京燕山出版社1998年版)，该年中举者的记录有："甄德傅广东新宁县（按：今台山市）人，监生。六十二名。"（第15册《选举表》卷十"举人六"）这就跟陈垣后一个回忆文本完全吻合了。

之二

陈垣平生最尴尬的事，也关涉"经费"问题。我说的，当然是1923年著名的"曹锟贿选"事件。

是年直系军阀曹锟通过重金收买议员，当上了民国总统，人称"猪仔总统"，而陈垣时为众议院议员，是为"猪仔议员"。关于此事，《陈垣年谱》《陈垣年谱配图长编》引录了同一份"陈垣回忆"：

议员规定的有薪金，而由于连年战争，已多年未发。忽然有一次发了一张支票，说是补发历年欠薪的，就收了下来。而过了些时候，就强迫收到款的人选举。选举后，社会舆论大哗，才知是贿选，国会和议员都被人咒骂。（据北京师范大学档案馆藏1958年《材料汇报》）

这一自辩，我早就注意到，过去在《现代学林点将录》陈垣部分已明确表示否定。"贿选"前后之怪现状，上下瞩目，南北交争，陈垣身处政治与舆论的中心，哪有不知的道理？若说那笔巨款是"补发工资"，那至多只能让议员尽其选举的责任，无关乎选举的对象，用不着非得投票给曹锟——而陈垣于此未作辩解，就情理言，他投了曹锟一票的嫌疑是很大的。

还有一个自辩文本，近些年始公布，是陈垣1952年的一份检讨，开头说：

一九二三年的曹锟贿选案，我是参加的。曹锟要做总统，因为旧国会议员欠薪，他就利用补发欠薪的名义，凡参预选举就在出席时交给你五千元支票一张。

不出席的除非出京，不然，就有警察督促。无勇气离开北京的，就要出席。出席的得钱，不出席的得祸。

我是一个研究历史的人，材料靠公共图书馆之外，总要自己多备一些书。当时因为有书数百箱，舍不得离开北京，就同后来抗战时不肯离开北京一样，都系这几百箱书累了我。

又自己想,这是补发欠薪,受之何愧。且这是集体数百人的事情,又抱着"耻独为君子"的思想,谁知这样就上了大当。(《检讨卅年前曹锟贿选事》,《陈垣全集》第二十二册,安徽大学出版社2009年版)

这个文本,较前者近于事理,但仍嫌遮掩,依然缺乏说服力。

陈垣确是"一个研究历史的人",但那个时候,他也是一个做官的人,哪里会不懂"补发欠薪"的把戏?贿款总要找点名义的,难道会用"贿款"的名义双手奉上?由于藏书问题不愿离京,倒是一个可信的重要理由,但不离京,不得不参加选举,是不是就非得收受贿款呢?

因为陈垣这一公案,我对"贿选"问题稍稍有所留意。

刘楚湘系民国第一届国会众议员,也是坚决反对"贿选"者,其《癸亥政变纪略》是揭露"贿选"的实录,辑录一手资料甚多。他在《绪言》里称"今次贿选,武夫窃国,贪夫鬻身,秽德腥闻,腾播宇内",第廿七节"贿选公行"、第廿九节"贿选告成",都直接摘录了北京各报的大量公开报道,足见事件在社会上的暴露程度,何曾如陈垣所说,是在"选举后"才"社会舆论大哗"的呢?

《癸亥政变纪略》附有"北京贿选投票名单"与"移沪国会议员名单";以后寓台史家沈云龙稍加董理,又拟名为"贿选议员题名录"和"津沪议员反对贿选之列名"(《曹锟贿选与"猪仔议员"》,《民国史事与人物论丛续集》,传记文学出版社1988年版)。后者之中,在政学界有名望者略有:张继、章士钊、潘大道、杨永泰、马君武、冯自由、刘恩格、孟森、张相文(史学家张星烺之父)、褚辅成、刘景晨(史学家刘节之父)、田桐、邹鲁、汤用彬、林长民(林徽因之父)。此济济多士,陈援庵岂皆不与闻乎?

还有一位邵瑞彭,不在离京议员之列,但其事迹却更为轰动。他将五千银元的贿选支票拍照后寄予北京各报发表,并向北京地方检察厅提起诉讼(《癸亥政变纪略》廿八"贿选铁证"),故直至晚近,钱仲联在论诗时犹称许他"一纸讨曹,声振九阍"(《南社吟坛点将录》,《当代学者自选文库·钱仲联卷》,安徽教育出版社1999年版)。这事陈议员还能不知道?

手头还有本方惠芳的《曹锟贿选之研究》(国立台湾大学大学文学院1983年版),则是探讨"贿选"的专著,以报刊材料为主,梳理了"贿选"的政治背景和过程,态度甚平实。其结论说:"在曹锟贿选整个事件的发展中(民国十二年六月至十月),表面看来,全国上下,不论政、军、工、商、学界,莫不极度关心总统选举的合法性、国会体系制宪之程序与自由、以及立法角色(国会议员)的品格能力等有关民主宪政之重大问题……"可见事件关系之重,影响之广。又说:"曹锟贿选被称为'丑剧''闹剧',当时国会议员称为'猪仔议员',连曹锟宪法也有'秽宪'之名。十二年之选举、制宪等相关人事,皆因金钱诱贿的牵扯而为世人冠以骂名,遗臭数十载。然而曹锟、直系之行贿虽属实，尚有洛派居于事外；国会议员受贿者虽众，仍有约二百议员秉持正义，临贿不苟……"又可见洁身自好者尚多，议员绝非毫无选择的能力与自由。陈垣说"无勇气离开北京的，就要出席。出席的得钱，不出席的得祸"，恐怕是夸大了危险。

还有一种情形，是参与了选举而未受贿。如籍忠寅、徐傅霖都在投票名单内，但据说前者登报声明不受酬报，后者也是在未受贿的情况下参与投票（韩玉辰《政学会的政治活动》，《文史资料精选》第三册，中国文史出版社1990年版）。那么，陈垣即使留在北京，本来也可以做籍忠寅、徐傅霖的。

总之，"补发欠薪""上了大当"云云，殊无法自圆其说。陈垣既收了钱，也投了票，非如去者之不带走一片云彩，亦非如留者之出污泥而不染，自有亏于政治道德。

如此说来，不论是红颜知己的"革命经费"说，还是老陈自己的"补发欠薪"说，都属于粉饰形象之辞，近于伪史的范畴了。

历史学家在做学问时，最痛恨伪造历史，然而历史学家也是凡夫俗子，事到临头，他们也可能为了一己之利益或名誉而伪造历史。这表明，为人毕竟是更难于为学的。

对于伪造历史，历史学家自有明辨之责；那么，对于历史学家的伪造历史，我们作为继者，当然也有明辨之责——即便不是以更为严厉的标准。

附录：举人甄德傅遗事

肖彤兄查出了凭陈垣代考而中举者名叫"甄德傅"，极为关键，足证陈垣回忆之可信，作为"陈垣研究"，本来已可了结。但我自然也会想，陈垣"牺牲自己"而造就的那位仁兄，后来怎样了呢？

小友宋希於在网上检索文史资料精熟无伦，我未及动手，他已大有斩获：近人陈鹏超《爱竹斋文钞》有序，末署"同年弟甄德傅祝三氏"（《爱竹斋全稿》，"近代中国史料丛刊"第80辑，台湾文海出版社出版），可知甄氏字祝三。再检"甄祝三"，又可知他在辛亥革命爆发后曾任广东恩平县县长（郑泽民《民国时期恩平历任县长》，《恩平文史》第6期，政协广东恩平县委员会文史组1985年版）。

更有意思的是，希於又在孔夫子旧书网检得《甄祝三先生荣寿特刊》一种。此系仅见的冷门文献，标价甚昂，实亦无关于学术史。考虑到事涉史学大家，毕竟想知道其人的结局，犹豫之下，终购得之。

此刊封面题为《甄祝三先生九秩开五荣寿特辑》，民国元老于右任书迹，标明1959年出版。略检内文，原来1949年之后，甄氏流寓香港，此年正值"九秩开五"，即八十五岁，新会三村乡同乡及甄氏同宗遂组织宴会为他祝寿，随后又征集诗文词联，辑为一编。此刊缺少一份甄氏生平事迹的介绍，但由诗文词联的片断，可知他大约原籍新宁县石海乡（1952年随三埠镇并入开平县），后应移居新会三村乡——我猜测，有可能他很早就迁往新会，所以才会找来自新会的陈垣做枪手吧？

此刊有于右任、陈诚、张道藩、张群等党国名流题字，但都是征集来的，他们大约只是给老人家一点面子，并无特殊关系。从事功来看，甄氏止于一县之长，在政界只是个小人物。刊后所附"自由文坛名作家"甄陶所拟的《甄孝廉祝三九秩开五荣寿徵文启》有云："台山甄孝廉祝三先生，系出中山，声蜚服岭。幼承家学，争传宿慧之资；长治儒书，亟抱澄清之愿。名登国学，捷骥足于北闱；誉满词坛，绍鸥盟于复社。……洎乎帝制已殪，国体维新。先生赞助共和，服膺民主；当轴尊崇耆旧，选任贤能。举八斗之才，予百里之篆。于是荣归粤峤，出宰恩平。琴堂赓弦歌之音，花县振词赋之藻。虽属牛刀小试，已窥鹏翮初张。无如城狐社鼠，窃据中原，武士横戈，文人侧目。先生隐迹凤头，保和珂里，因而兴办学校，筹练团军，以作育英才为心，以绥靖乡村是务。由是闾阎共赖，郡邑同称。振两袖之清风，树一方之硕望。继而身罹国难，抗战军兴，严夷夏之防，秉春秋之笔。动员武装，堵波寇氛，竭画荩谋，有足多者。迩者山河劫变，纲纪沉沦。焚栋巢倾，赤燄焦神州之土；燃箕豆泣，黄天僭上帝之威。同人等窜身海角，托迹桃源……"虽语焉不详，亦可略窥其一生行迹。此刊前有甄氏自作诗六律手迹，其四云："那管年光春复秋，劳生草草果何求。牖民觉世惭无补，睦族敦邻愿稍酬。大盗十年移汉鼎，王师一鼓定神州。自由民主欣重睹，起陆英雄振大猷！"又可见其反共的政治立场。

为他祝寿而作的诗文词联，大都有旧文学的根柢，但酬应之作，难当大雅，无甚可述。惟甄秉钧有一首七绝："丙申乙亥两忘年（翁诞于乙亥年，予生于丙申年），海宇澄清预兆先（传闻翁中举时，石海乡河水清澈见底云）。犹忆科场名显日，连登凫鸟耀从前。"这是说，甄氏考中举人时，老家的河水都变清了，小小一举人，居然有"圣人出，黄河清"的架势！而一想到甄氏所以中举的底细，更不禁为之失笑了。

但话要说回来，他们这一次作弊，结果是李代桃僵，成就了傅德傅的举人名分，今日视之仍是一桩幸事。我们当然无法设想，如果反过来，中举的是陈垣，落榜的是甄德傅，两人日后的命运会是怎样的。但可以相信，这样落榜的陈垣，这样中举的甄德傅，就是他们最好的命运了！这么说，当然不是因为陈垣挣到了一大笔"革命经费"，而是他最后成了近百年中国最杰出的史学家之一；反之，假使甄德傅未能中举，想必是没有机会做县长的。那么，他们是各得其所，堪称双赢了。更何况，若按刘乃和的说辞，陈垣既因代考而得了"革命经费"，而甄德傅后来也参与了辛亥革命，可算殊途同归，双双为反清大业作了贡献呢。

很久以前，看过据井上靖小说改编的电影《敦煌》，记得那位西夏国君李元昊对反叛他的汉人降将说过一句话："在历史上留下名字的，绝不会是你！"甄德傅当然也不会在历史上留下名字的，但他毕竟在民国史的巨流中冒了一下泡，还能为陈垣增添一个注脚。

此问题事涉琐屑，无关紧要，但我却别有一点体会：由邓琼提供的那份近乎湮没的回忆文本开始，到肖彤检出"甄德傅"之名，再到宋希於发现"甄祝三"及有关文献，这一过程可谓治学之连环，也是治学之接力，而我始终是被动的，只是跟着他们的发现走。这具体而微地表明，做学问是"一连串事件"，学问不是可以一次性完成的，也不是可以一个人完成的。

（原刊于《上海书评》2019年5月25日）

补记：

今日称替人代考者为"枪手"，实有渊源，清人即有称作"长枪"者。近检章士钊《柳文指要》，其下之卷三"彭石原题柳子厚吏商篇"条，引康熙时彭石原致方灵皋函有云：

> ……弟考规虽严，而等第最宽，取录不一格，亦不求备，接遇诸生以礼，有文行者，更体恤周至，惟于讼魁、长枪，则痛惩不少宽假。此二种皆获罪名教，败坏风俗，而长枪尤甚，学使者汲汲欲擢真才，而鬼蜮辈处处售以赝鼎。其人或廪生，或增附生，或曾中乡会试，每十数人随棚流转，赁大屋，聚书群居。城市无赖游手，为之奔走，侦伺考规疏密，引乡曲菜佣子弟，议封多金，重贿廪保，

倩代冒名入试，或夤递稿与人。最工于规橅风气，弋获则明分封金，案发时，生童各已散归，学使又按临他郡，故发露者少。夫以抡才之地，视为鬻货之场，为天壤间至不平之事，此类若不尽除根株，是植稂莠以害良苗也，学臣不得辞其咎矣。故于察出数案，严示惩处，必待三年试竣，然后酌为开释，非苛也。彼既甘自外于士，斯不复仍以士待之，庶狎而玩罔者，不至接迹而起，所全实多，于理于法于事势，均不宜于姑息者也。（《章士钊全集》，文汇出版社2000年版，第十卷第1114页）

可见旧时代枪手现象的普遍，亦可见士绅阶级对此现象的深恶痛绝。

据周运提示，邓之诚在1959年日记里有关于陈垣生平的一段"吐槽"：

报载：陈垣《党给我的新生命》一文，自述军阀时代，苟全性命，不求闻达。我所知者，民初，陈为梁士诒私人秘书，众议院议员。辛酉，梁组阁，得为教育次长代部。后复携贰，以居间买东坡《书髓帖》，通好于徐世昌。无所遇，乃投曹锟贿选票，得八千金。后与李石曾、马衡合谋说冯玉祥逐宣统出宫，事后惧祸，避居大连半年。罗马教皇纳英敛之之议，设辅仁大学于北京，英推张相文为校长，张力让陈为之。北伐成功，得李石曾之力，为北平图书馆委员会长。辛未，专任哈佛燕京社学侣时，托陈振先向蒋中正"输诚"，竟无所遇，乃喟然叹曰：最后一条战线，只有辅仁大学矣！翌年，乃谋回任辅仁大学校长，以至解放。今以诸葛自比，未免太不伦类。(《邓之诚文史札记》，江苏凤凰出版社 2012 年版，下册第 1144—1145 页)

邓氏为人私下甚苛刻，其言不免一偏，但多少反映了同时代人对陈垣的某些负面印象。尤其"乃投曹锟贿选票"一事，足以落实。

现代学人涉嫌攘夺图书举例

前些时候，在网上读到孟向荣先生的《一位渐被遗忘的真学者——兼记黄肃秋与钱锺书的一桩公案》(《中华读书报》2017年3月6日)，感觉甚有价值。此文重点在黄肃秋对钱著《宋诗选注》的评价，但亦披露了另外一些难得的琐闻，不贤者识其小，我特别留意到这一处："从新中国成立之初到改革的前夜，黄肃秋的工作单位是人民文学出版社古典文学编辑部。他对我从不隐瞒他对某些同事的看法。……他说某同事品质恶劣，到北京图书馆窃善本书，真给读书人丢脸。"

不知道别人瞥到这一段，有没有停下来，在脑海中人肉搜索一下；反正，有学术狗仔心理如我者，就不厚道地想到了一个人。

若干年前，我买到一册海外学者马幼垣的《实事与构想——中国小说史论释》(台湾联经出版事业股份有限公司2007年版)，书里有篇《两名家手注孙楷第〈中国通俗小说书目〉》，介绍吴晓铃每有新知辄随时批注在一册初版孙目上。1982年吴访美时曾住马家,"他出示了这本册子,我信手复印了……甫翻开这本书,即见到吴晓铃在书首的空页上所写的一张书籍庋藏变动单子",书单系影件,内容如下:

以下各书为周绍良那厮以不正当方式攫去:

1. 玉楼春

2. 奇缘记

3. 快心录　稿本,仿《红楼梦》内容,购自致雅堂阊致中处

4. 宛如约

5. 双奇梦

6. 顺治过江

7. 桃花影　一至二回一册,六至七回一册

8. 花园好会　十二回,存一至四回,一册

9. 五凤吟　存五至六回,一册

10. 三妙传　六卷,存一至三卷,一册

11. 桃花艳史　存四至六卷,七至十二回,一册

12. 燕子笺　存卷二,七至九回,一册

13. 闹花丛　存卷三,七至十二回,一册

14. 妖狐艳史　存七至十二回,一册

15. 五金鱼　一册

马先生于此只是交代:"看后我并没有追问吴晓铃究竟是怎

看後我並沒有追問吳曉鈴究竟是怎樣一回事。行頭內確有傳聞，說周紹良(1917-2005)手上的艷情和性慾小說數量相當，或說其曾擁有不少這類小說而後已捐公。知道書的來龍去脈就夠了，小道新聞是不必查究的。

在孫目上加注，吳曉鈴除和長澤規矩也一樣，用傳統的眉批和夾注來做補訂的工作。此外他還利用左右頁邊的空位來加注。因此增添孫目未列出的版本也是吳曉鈴的主要著眼處，且注釋

吳曉鈴手迹

样一回事。行头内确有传闻，说周绍良手上的艳情和性欲小说数量相当（按：原文如此），或说其曾拥有不少这类小说而后已捐公。知道书的来龙去脉就够了，小道新闻是不必查究的。"马先生此意，虽系心存忠厚，未免为尊者讳，更何况"书的来龙去脉"又何曾清楚呢？

所列书目凡十五种，检手头的《中国通俗小说书目》（人民文学出版社1982年新版），只得《玉楼春》《奇缘记》《桃花影》《三妙传》《桃花艳史》《燕子笺》《闹花丛》七种，其中《奇缘记》一种注明"存刊本。[周绍良]"。可知这些书确很稀见。

再检《吴晓铃集》（河北教育出版社2006年版），第二卷有篇写于1940年的《危城访书得失记》，罗列了不少"寡谦少耻的没文艺价值的小说"："谈到小说，那我很惭愧。我没有魄力和富裕的经济能力去购置那动辄索价数百金的讲史小说，我还只能徘徊在一条曲折的山径上满不在意地采折几朵野花奇葩。我的书橱下层摆列的小说几乎都是人情小说中的猥亵作品，请您看一下这群'殊不知忠孝廉节之事'的被人讨厌的孩子们的面孔：《金瓶梅词话》的影印本；阙铎辑印的《写春园丛刻》，这里面包括了《肉蒲团》《控鹤监秘记》和《痴婆子传》三种；《隋炀艳史》的明刊本，《巫山艳史》《春灯迷史》《桃花艳史》《灯草和尚》《妖狐媚史》《绿野仙踪》《浪史奇观》《桃花影》《三妙传》《空空幻》《杏花天》《蜃楼志》《载花船》《闹花丛》《五凤吟》《奇缘记》《好逑传》《倭袍传》《戏中戏》《宿花心》《玉楼春》《采花心》《麟儿报》《五金鱼》《双合欢》《情梦析》，还有

《隔帘花影》和《续金瓶梅》。"这里的《妖狐媚史》或即书单第十四项的《妖狐艳史》，则书单十五种，此见其九，重合度是相当高了。这样我们就可以相信，马幼垣所举书单中的十五种小说，原系吴晓铃所有，后为周绍良获取；吴晓铃说的"以不正当方式攫去"，具体细节我们自无从猜测，但由情理言，周绍良必有亏欠于吴，吴才会如此怒急攻心，以"那厮"称之。

于是，以此例彼，我就臆想，能以"不正当手段"从吴晓铃手中巧取豪夺者，会不会就是孟向荣笔下那位敢于"到北京图书馆窃善本书"的人呢？要知道，周绍良恰好也在人民文学出版社古典文学编辑部工作过，正是黄肃秋的同事！

当然，责人以孔乙己，是很重大的指摘，我不敢断定，也不必断定。在此只是公开一个线索，就留待知情者验证好了。

窃书于图书馆，有违公法；夺书于友朋，有伤私德。照一般见解，似乎侵犯了公法要严重些，但依我看，倒是损害了私德要更严重。盖前者只是侵害了抽象的公共权益，而后者除了侵害具体的个人权益之外，更破坏了人际的情谊和信任——这是比公共律法更可宝贵的东西吧。况且严格说来，自私人手中攫夺图书，未尝没有侵犯公法，无论侵夺之物为公为私，在违法上是同样的。因此，且不计"到北京图书馆窃善本书"的问题，仅论"以不正当方式攫去"友人藏书一事，我们也用不着待之以"温柔敦厚"了。

而以"不正当方式"攫夺图书者，又绝非仅有周绍良一人。

以前我在《现代学林点将录》里已简略提及，郑振铎、谢国桢、周弃子等,皆有类似行径。今兹铺陈材料,一并立此存照,以为学人戒,亦以为我辈自戒。

在"周绍良那厮"的公案里,吴晓铃是受害者;而在另一桩公案里,郑振铎——照孟向荣说,他是"吴晓铃一生最崇敬的人物"(《社科院文学所的六位学者》,《中华读书报》2016年9月14日)——却又对其他人扮演过"那厮"的角色。

陈四益先生写过一篇《〈袁中郎全集〉与〈双峰记〉》(《臆说前辈·零思碎墨》,人民文学出版社2003年版),爆过一个猛料:"……《双峰记》为明代小说,据赵景深先生告知,内容无甚可观,不过写双峰夹小溪,淫秽事也。也是承赵先生告知,此书海内仅存孤本,由刘大杰先生收藏。因为是秽书,也不曾起念向刘先生借阅。'文革'后期,我早已离开复旦,途经上海去看望刘先生,这才问起此书下落,不知是否毁于这场大动乱中。刘先生的回答很出人意外。他说此书为郑振铎先生借去,以后便未见归还,催索再三,则曰:丢了。刘先生对此似很遗憾,他不大相信嗜书如命的人会丢失这种仅存的孤本。不过,郑振铎先生逝世后,藏书捐献于北京图书馆,我查阅郑氏所捐书目,却未见有《双峰记》一书。或许,真的遗失了吧。记在这里,也算立此存照。在孙楷第《中国通俗小说书目》中,《双峰记》下赫然标明'存,明刊本,有图。见阿英《小说闲话》。'……这部书的名下,或许现在应当写上'佚'了。"

《双峰记》见于孙著《中国通俗小说书目》,系引据阿英的《小说闲话》,而检手头阿英的《小说闲谈》,却找不出相关文字。再细看，原来此本《小说闲谈》是修订过的新版（中华书局上海编辑所1957年版、上海古籍出版社1985年新版），其《小引》云："这是我一九三六年出版的《小说闲谈》（良友出版公司刊）改订本。内容除将原书作了很大的删节……"于是再到图书馆查对初版，才弄清楚，阿英所述见于初版的《小说零话》第六节"淫书"："刘大杰先生亦有孤本一种，书名《双峰记》。双峰者，两乳峰也。书盖以女性乳峰为中心，艺术的描写性心理，与一般淫秽之作不同。书亦明刊，图数十幅。"这寥寥数十字，有可能是世间关于《双峰记》仅存的记录呢。

郑振铎所为，唯有一点能让我们为他作出些许回护：他是1958年出访时因飞机失事而遇难的，如其不死，会不会"看破故纸"，将《双峰记》还予刘大杰呢？

以上两事，令学苑名流生了贪欲的，是珍本色情小说的诱惑力；以下两事，引人犯罪的却是陈寅恪的学术光环。

陈于三十年代初曾详细批阅《韩翰林集》，其弟子蒋天枢最初披露："惜先生手批校之《韩翰林集》，于一九七四年为某友取去，余乃别购一硃印本付之，令其录副归我。今兹所录师语，皆自副本，无从核对，录毕不禁怅然也。"（《陈寅恪先生编年事辑[增订本]》，上海古籍出版社1997年版，第77页）这时，还匿去"某友"名讳，后来则明确说："别有武强贺氏刊本《韩翰林集》一厚册，刚主假去不还，闻已归北京社会科学院图书馆。"（《陈寅恪先生读书札记弁言》，《陈寅恪集·读书札记一集》，三联书店2001年版）蒋的学生黄永年亦提及："蒋先生也给我看了一册陈寅恪先生批校的贺刻《韩翰林集》，不过不是陈先生手迹，而是谢刚主（国桢）先生过录的，原书被谢先生索去了。蒋先生和谢先生是当年读清华国学研究院时的老同学，但对谢先生索去原书颇有意见。"（《回忆我的老师蒋秉南［天枢］先生》，《学苑与书林》，上海书店出版社2006年版）此外，蒋另有《全谢山先生年谱》增补稿凡四册，"存谢刚主处，久索未归，云已付之故纸摊云。伤哉！（《烟屿楼集〈记杭堇浦〉辨诬》，《论学杂著》，中州古籍出版社1985年版）"

检《瓜蒂庵藏书总目》（《谢国桢全集》第八册，北京出版社2013年版），其集部的别集类未见《韩翰林集》之目，是不是谢国桢也没好意思将那部陈批本当作己物合登记在册呢？这个批注本，蒋天枢当日"闻已归北京社会科学院图书馆"，但据韦力先生在微信上发布的网文《国图出版社：妙处难与君说（下）》，如今却是存于国家图书馆出版社。书是如何流转的，我们无法细究，但总之尚存天壤之间，终属可喜。

另一桩发生在政治敌对下的台湾。这次扮演"那厮"的是周弃子，而"攫去"之物则是陈寅恪五十年代私印的《论再生缘》。张之淦自述："在中山大学初有油印本，寅恪坚持必须用繁体字誊写，亦见此老之倔强。书成不得出版。余曾因谒俞大维先生，蒙其惠假此油印本，钤有俞氏藏书印记。俞为寅恪中表，此书印布甚罕，其后乃得由章孤桐携付香港梓行。俞氏藏本远在港版之前，假我实乃异数。弃子来过强取而去，久假不归，余乃无以还俞，坐是亦不能继见。岁除日弃子长书抵书余委婉其辞，然终无解于余对大维先生之愧负也。诸人俱已往矣，

谈之复何必耶？只惟惘惘而已。"（《读元白诗笺证稿》,《遂园琐录》,台湾学生书局2002年版》）

借书不还，自然应属于"以不正当方式攫去"之例，性质无异于攘夺——而且利用了友情而为之，在某种意义上是更为恶劣的。

至今陈寅恪著述一纸风行，《论再生缘》已化身百千，而陈批《韩翰林集》想来也有影写传世的机会，也就罢了；但吴晓铃那批"寡谦少耻的没文艺价值的小说"呢？刘大杰的海内孤本《双峰记》呢？这就不能不让我们既惜其书、复憾其人了。

对于近世以来那些在中国巧取豪夺文物图书者，我们习惯以盗贼视之，比如斯坦因，仍被我们的专家称为"中国本部古遗址最大的盗掘和破坏者，是劫掠中国古代文物的第一大盗"（巫新华《沿着古代中亚的道路：斯坦因哈佛大学讲座·中译本前言》，广西师范大学出版社2008年版）。而我觉得，他们确是"大盗"，是另一种意义上的"大盗"——所劫获的文物图书，悉归国有，为天下公器之用，是谓之"大"；相反，将文物图书据为己有，仅限于满足私人的恋物癖，则不可不谓之"小"，此辈就只好称为"小偷"了。

"大盗"都由外人做了，所以我们只能冒出个把"小偷"了吗？

附记：

借书不还，当然非自近人始，宋人早有"还书一痴"的愤激语。检陈登原《古今典籍聚散考》（商务印书馆民国二十五年版），卷三"藏弁卷"辑录了两个典型案例：北宋赵令畤《侯鲭录》："比来士大夫借人之书，不录，不读，不还，便为己有，又欲使人之无本。颖川一士子，九经各有数十部，皆有题记，是为借人书不还者，每炫本多。余未尝不戒儿曹也。"清吴骞《拜经楼藏书题跋记》卷二《明史稿列传》条："此书余藏之久，姚江邵予桐（按：晋涵）编修见而爱之，以为此《旧唐书》也。在西湖书局中借阅累年，后竟携以入都，屡索不还，属武陵友人往取之，酬以二十金始得。昔人以借书还书等为一痴，殆是之谓欤！"

（原刊于《上海书评》2017年5月27日）

补记：

小友宋希於读此文初稿时，曾说邓之诚日记中似亦有窃书事，唯不能记忆为谁。文章发表后，有前辈私语，学界传闻游□□、王利器二氏皆有窃书之癖。以此事转告希於，希於即于邓著中检出相关记录，一系1959年9月12日："谢国桢来还书，言王利器为公安局所捕。"一系同年10月18日："午睡起，朱南铣来……言王利器窃首都图书馆藏书，经批评后，将书交出了事。"（《邓之诚文史札记》，凤凰出版社2012年版，下册第1191页、第1201页）如此，则孟向荣先生所言"到北京图书馆窃善本书"

者,当指王利器而非周绍良,盖王亦曾供职人民文学出版社古典文学编辑部。我原来的怀疑错了。

又据希於告知,张次溪旧藏图书、资料发还后,吴晓铃曾与侯宝林到张家,翻检侯宝林师父"大面包"朱阔泉的图影,只说要借走看看,但这一借就不还了;吴晓铃还从张家借走不少书,也都没有归还。则周绍良施于吴晓铃者,吴晓铃又施于张次溪后人。此可谓古书收藏的"食物链"矣!

此外,黄侃也有此行。黄借了吴梅的过录本《经典释文》,屡索不还,直到黄去世后才由其子交还(参陆灏《何年方免借书痴》,《不愧三餐》,中信出版集团2018年版)。刘禺生言之更甚,其《世载堂杂忆·巾箱留珍本柳下说书》云:"季刚以与北京彭翼仲女离婚事,问计于先母卧榻上,候予归。先母曰:'季刚,汝心中难过,可取予鞋柜中小说阅之,消汝闷。'季刚展卷神往,久乃告辞曰:'请借我此书,缓日奉还。'予亦不以为异。后季刚屡惠我佳本书,而问及《柳下说书》,则枝梧应答,始恍然季刚不欲归还此书也。后予居宁,见老友胡光炜,曰:'汝之《柳下说书》,黄季刚藏之床下铁箱中,此天下第一孤本奇书,非破箱不得见。'予曰:'何以知之?'胡曰:'汪辟疆费大力,得见数本,虽汪旭初与彼至好,亦无由见。此辟疆告予也。'季刚没,久经抗战,在渝问季刚次子念田,亦云未见,且曰刘申叔全稿,亦多散失。"《柳下说书》,"柳下"指柳敬亭,本系刘禺生之母所藏,而为黄侃借去不还,以后不知所踪。至于《柳下说书》究系何书,是否真是柳敬亭说书的文字底本,其下落又如何，就属另一问题，非我所能知了。

还有宋人亦可补充两例。米芾《画史》云："吾自湖南从事过黄州，初见公（按：苏轼），酒酣，曰：'君贴此纸壁上，观音纸也。'即起作两枝竹、一枯树、一怪石见与。后晋卿（按：王诜）借去不还。"沈括《梦溪笔谈》卷十五自述："庆历中予在金陵，有饔人以一方石镇肉，视之若有镌刻，试取石洗濯，乃宋海陵王墓铭，谢朓撰并书，其字如锺繇，极可爱。予携之十余年，文思副使夏元昭借去，遂托以坠水，今不知落何处。"此亦无异于借书不还。

又，陈登原后来对此问题有更丰富的探讨，见其《古今书话》丙集"借书不还"条（《陈登原全集》第 4 册，浙江古籍出版社 2016 年版），文长不录。

近代中国人所知的榎本武扬

榎本武扬——读关于日本幕末时代的书，包括历史小说，不时能见到这个匆匆而过的名字。为新选组血风而激情澎湃的读者，或许也会有些印象，他可是跟土方岁三一起战斗过的人啊！

但恐怕极少有人留意，榎本后来不仅成了明治政府重臣，且在1882—1885年间曾任驻清公使，跟中国还有一段不浅的因缘。

我留意到此事，大约是因为读日人冈千仞的汉文日记《观光纪游》（张明杰整理，中华书局2009年版）。冈千仞跟榎本早年是幕府学问所昌平簧的同窗，1884年游华至京，正值榎本任内，经榎本关照临时住在使馆，期间记下了与榎本的若干言谈。

冈千仞住下的次日，10月15日，即留下记录：

……公使飨午饭，谈及函馆之战，曰："奥兵无为，御之不得其人也。如星（恂太）、二关（源二）二姓，皆可任方面者。"余告热海贞治病殁，黯然久之。曰："共誓死生者，今皆泉下！"又曰："法国陆兵七十万，今在中土者，多亚弗利加属地兵,未足见彼伎俩。中土八旗称百万,今皆不为用,其足仗者,李、左诸老将所养义勇兵而已。余不知是乱所底止。"余曰:"然则中土为彼所臣虏,犹印度、阿弗利加于英法乎?"曰:"中土文明夙开,世出英杰,万非印度、阿弗利加比。且法人亦知此事不可为,万无至此之理。"余曰:"中土今日犹我邦廿年前,唯我邦国小,乱亦小,中土国大,故乱亦大。"曰:"然。"中人自负衣冠文物,不复讲自治自强之道,此亦何异慢藏招盗冶容诲淫乎?(卷五《燕京日记卷上》,第102页)

他们所论的中国时事,较易索解,不必细论。且说榎本武扬其人,平生实非等闲,其最重大的事迹,是在幕府将军德川庆喜已放弃抵抗、江户"无血开城"之后,率领原幕府海军主力北去,并联合奥羽越列藩同盟的败军,在箱馆(今函馆)五稜郭建立政权,但终因势力薄弱,半年多后即为萨(萨摩)、长(长州)藩主导的明治政府军剿灭。榎本跟冈千仞谈及的"函馆之战",正是指他领导下的抵抗,可能着重指最后的五稜郭之战;而他所说的"奥兵",应指佐幕的奥羽越列藩同盟,系抵抗军的主力。这是旧幕府势力与新政府势力的最后一战,是戊辰战争的落幕——也是榎本作为主角站在历史舞台中央的唯一瞬间。新选组最热血的传奇剑士土方岁三正是死于此战的。在司马辽太郎的小说《燃烧吧!剑》末尾,是让榎本等最终选择投降的幕臣作为陪衬,以烘托出土方一个人的必死之心。

又同月29日记：

> 是日公使迎家眷，归自天津，曰："盛道台称子不止。"余曰："彼不涉洋事，余赠所译法、米二史，故惊为奇异而已。"余因举中土浇季，非一扫烟毒与六经毒，则固有元气不可得而振起为说。公使曰："余北遁日，闻子锐意倡勤王说，以为醉六经者，何意其瞭域外大势？"（卷五《燕京日记卷上》，第115页）

冈千仞所言的"法、米二史"，指他与别人合作译述的《法兰西志》《米利坚志》二书；冈千仞研治儒学出身，特意将此二书译为汉文，故当时中国官员能阅读而激赏之。在幕末时，即榎本武扬"北遁"前后，冈千仞属于"尊王攘夷派"，即主张反幕府、反西化，与榎本的立场正相对立，大约到了明治维新之后始改弦易辙，故榎本此时有"以为醉六经者，何意其瞭域外大势"之言。

还有10月20日谈李鸿章等中国官僚、31日谈俄国制盐法，11月2日谈俄国蚕食满洲、朝鲜事，兹不细述。但11月26日所记较有意思：

> 榎本公使曰："中堂阅历变故，且明外情，中土除是人，未见有为之人。唯门客专事奉承，外人亦多呈谀言以愚之。我恐其侈然满假，渐不充舆望。"余曰："果如斯，

则老将知耄及之者欤。"姑记待五年之后。(卷六《燕京日记卷下》,第136页)

"中堂"即李鸿章,此前榎本在大沽曾与之会晤。"老将知耄及之"是古语,谓老人虽富于经验,而昏聩随之。榎本虽承认"中土除是人,未见有为之人",与梁启超《李鸿章传》"今日举朝二品以上之大员,五十岁以上之达官,无一人能及彼者"的断言相呼应,但又感觉李位高而骄,忧其将来。我们事后观之,应该说榎本的观察实有见地。

此后,我就比较关注榎本其人,在检读本土近世文献时,也陆续见到一些有关他的记录。

首先是黄遵宪的《日本国志》(1887),其卷三《国统志三》载:

先是,榎本武扬挟八军舰脱走,至是入虾夷,夺函馆,明年五月讨平之。

《日本国志》采纲目体,正文附有详细自注,此条下云:

初,德川氏遣榎本武扬学操船术于和兰(按:荷兰),业成而归。及朝廷收江户城,并收军舰,榎本等哀诉,乃赐之八艘。兵队脱走者,榎本等潜与通谋,后闻奥羽连衡,相议曰:"率此坚舰横行海上以援陆军,天下事尚可为也。"明治元年(按:1868年)八月,遂藉口镇抚,由品川脱走,朝廷拟以海盗，令各港禁与粮食，告各国公使勿与接。会大鸟圭介等由仙台败遁，率兵队往投，势益张。十月，遂夺据函馆，告诸国贸易如旧。用美国公推例，以武扬为总裁，设官置戍。寻托英、佛（按：法国）船将上书，曰："德川遗臣过三十万人，非七十万石所能养，是皆二百余年所涵育，虽填沟壑，不能与工商伍。臣哀其间关流离，辄率之移住虾夷，从事开拓。臣等固三千一心，然不可无主，敢请举虾夷地赐之旧主，以德川氏一人为之总领。臣等必效死致力，变榛芜为富庶，并以固朝廷北门锁钥。"朝议以其上书无状，布告全国，征诸道兵海陆并进。至明年五月，榎本等军舰或遭飓，或触石，或为官船击碎，尽沉没，困守五稜郭。官军遣人招之降，曰："惜哉！铁石丈夫，今徒瓦裂耳。"榎本等卒不愿，相约屠腹死，惟介使者赠其所译《万国海律全书》于参谋黑田清隆。参谋赠以酒，又遣人说谕榎本等，乃议就刑以宥众死，遂降。初，朝廷闻函馆变，庆喜请自往讨，及是东北悉平。德川臣属无复抗王师者，众论亦颇谅庆喜之心云。其后武扬、圭介皆赦罪进官。

又卷二十五《兵志五·海军》亦涉及之：

日本古无海军。安政二年（按：1855年）六月，和兰人始献蒸气船。德川将军家定遣矢田崛景藏、胜麟太郎（按：即胜海舟）等于长崎，就和兰人学操汽船术，复遣榎本釜次郎（按：即榎本武扬）、赤松太郎等往和兰国习海军法。又购观光舰于和兰。其后相踵购蟠龙、咸临、朝阳、富士山、开阳诸舰于和兰、于美利坚。

关于榎本政权始末，以我所见，至少在近代这一时段的中国文献中，仍以《日本国志》所记最为周详。其中有两处值得拈出来多说几句：一是"用美国公推例，以武扬为总裁，设官置戍"，颇有论者因此称其政权为"虾夷共和国"，甚至指为"东亚第一个共和国"，远在"台湾民主国"之先（参简白《东亚第一个共和国》，《江户·东京》，台湾允晨文化实业股份有限公司2012年版）；也有史家质疑此说，以为榎本的构想仍以"虾夷德川藩"为前提，以期容纳旧幕府官吏，并无建立独立国家之意（《近代日本的机运》，鸟海靖著，欧文东、李群译，社会科学文献出版社2014年版，第20页）。但无论如何，其率先引入西洋选举制度总是确凿的，虽昙花一瞬，也仍值得纪念。一是"惟介使者赠其所译《万国海律全书》于参谋黑田清隆。参谋赠以酒"，是指黑田遣使劝降，为榎本拒绝，但榎本手头有其早年留学荷兰时所译的海洋法著作，自以为是"岛国无二"的有用之书，不忍其毁于战火，乃赠与政府军方面，黑田复以清酒五樽答谢，最后劝降成功（参鸟海靖《近代日本的机运》，第19页）。因一部法学译著，逆转了最后的流血，也逆转了榎本自己的命运，堪称战史上的佳话。

曾留学日本的濯足扶桑客（刘珏）撰有《增注东洋诗史》

(1903),其上卷有诗曰:

　　白虎队中少年帜,赤松城下女儿刀。南争鸟羽北函馆,新党横行旧党逃。

自注云:

　　当嘉彰亲王之征德川也,歼其余党于鸟羽关。庆喜亦亡命大阪。天下乃知顺逆之所在矣。……初官军之入江户城也,榎本武扬为幕府海军副总裁,愤德川之败,乃率壮士驾军舰八艘赴北海道,占取五稜廓。拥永井尚志为函馆主,荒井郁之助督海军,大鸟圭介督陆军,上书政府,请以北海道赐德川氏,不许。……榎本等死据五稜廓。官军参谋黑田清隆送酒五樽,论以名分大义。至五月十八,榎本乃降,官军舰送江户。后特赦之。(王慎之、王子今辑《清代海外竹枝词》,北京大学出版社1994年版,第262—263页)

曾以官员身份访日的姚鹏图,在其《扶桑百八吟》(1905)**中也有诗曰:**

　　东山彰义一军孤,撄讨曾闻虎负嵎。莫把射钩论往事,终令齐国有夷吾。

自注云：

> 幕府旧臣之不服朝命者，据东叡山称彰义队以抗王师。榎本武阳、大马[鸟]圭介等战尤力，后乃败降。政府爱惜人才，寡罪录用。今皆建殊勋膺封爵矣。（《清代海外竹枝词》，第367页）

此外，检康有为《日本变政考》（1898），发现至少有四处提及榎本。其中卷六载明治七年（1874）十一月五日事：

> 颁《千岛桦太交换条约》。先是，以海军中将榎本武扬为驻扎俄国公使，至比特罗堡交换订约，割与桦太及其岛内房屋于俄国，俄以千岛归日本。至是公布条约。

其他卷九、卷十一另见三处，以过于琐碎，兹不赘录。

由此可知，对于榎本平生的梗概，当时的"知日派"是大体了解的，只是估计传播范围相当有限。我据人名索引查检过若干近代文献，所得如下：

傅云龙日记1887年旧历十月十二日：

> 日本递信大臣榎本武扬，曾为驻京公使，闻云龙至，折柬招叙于墨江之藤花书屋，不得不先时过访。申正如约……榎本畅言中东（按："中东"系当时习语，指中日而

言）利害。(《游历图经余纪·游历日本图经余纪前编上》，钟叔河主编《甲午以前日本游记五种》，岳麓书社1985年版，第209—210页；傅训成整理《傅云龙日记》，浙江古籍出版社2005年版，第79页）

又沈翊清日记1899年旧历九月十一日：

……前文部大臣榎本武扬电话来，询择日晤谈，井户川氏代答以连日须阅视学堂，再订日期，敬图良晤。(《东游日记》，《晚清中国人日本考察记集成·教育考察记》，杭州大学出版社1999年版，上册第128页）

又胡景桂日记1903年旧历闰五月二十一日：

午后五钟赴红叶馆东亚同文会公请，会长近卫公爵，副长即长冈子爵也。同席有子爵榎本武扬、伯爵岛津忠亮、恒屋盛服、成田与作、井上雅二、岸田吟香诸君……(《东瀛纪行》，《晚清中国人日本考察记集成·教育考察记》，下册第613页）

此外，驻日官员孙点1889年与公使黎庶昌唱和，作叠韵诗二十四首，榎本有评语云：

二十四首有层峦叠嶂、烟云缭绕笔底之概，非胸蓄万卷，安能变化出哉！（《嘤鸣馆春风叠唱集》，王宝平主编《中日诗文交流集》，上海古籍出版社2004年版，第394页）

　　以上所录，尽是一鳞半爪，不成片断，固无足轻重。但这却从反面说明，得识榎本武扬者，皆因公而起，泛泛应酬，恐怕无人知道他曾有惊天动地之举，所以笔下不及其他，止录其名而已。当日国人于日本史事普遍知识无多，也未必有多少人读过《日本国志》《增注东洋诗史》，见"牛人"而当他"打酱油"，也是不难理解的。

　　还有一点，当榎本驻华前后，中日关系虽波澜乍起（1884年底朝鲜有"甲申政变"），但远未到惊涛骇浪的时候。他贵为公使却缺乏"存在感"，这应该也是一个原因吧。

　　而在我看来，在日本近代史上，榎本武扬虽算不上旋乾倒坤，却是最特别的人物之一。他的生平种种，我无力讨论，但仅凭他在幕末时的作为，却有感慨系焉。

　　榎本生于幕臣之家，早年就学于长崎海军传习所，后赴荷兰深造，对近代西学诸方面，包括军事、法律及工程皆有掌握，堪称幕末"开国派"的标杆。在他身上，体现出幕府"睁眼看世界"的努力——后来明治政府由"攘夷"一变而成"维新"，无非是接续了幕府已开启的路径，李代桃僵而已。而榎本身为"朝敌"，事后却为新政府重用，也正得力于他的新学背景。由他个人的遭际，正可见明治时代"维新"对幕末时代"开国"

的继承。

更特别的，还在于榎本既有近代知识，又坚守传统意识。当德川政权大势已去，他不甘束手，仍选择了为德川而战——哪怕代表旧政权的幕府将军已放弃了战斗！自进步史观的立场视之，这是他的守旧，但自旧政治道德的立场视之，这正是他的大义。表面上看，榎本是与历史对抗，是不识时务，有如堂吉诃德大战风车；可是，一个延续了三百年的政治名分，难道不该有人为它作最后一番挣扎？榎本武扬土方岁三们的"函馆之战"，可视为江户时代"终焉"的标志，不失为名誉之战。

至于榎本最后向政府军投诚，也符合近代式的战争道德和政治精神，亦无可厚非。况且，幕府将军都选择了"退隐"，即便就传统武士道而论，他也没有殉国殉君的理由了。他不是匹夫之勇，本不需要做土方岁三的。

我还觉得，从榎本个人的命运，更可窥见近代日本权力转移的大势。比之中国，日本的权力转移可算相当暴力（"明治维新""辛亥革命"皆名不副实，不如叫"明治革命""辛亥维新"更为贴切）；可是，若比之俄国，日本的权力转移又可算有限的暴力了。大者，对比德川庆喜与尼克拉二世的结局即可见；小者，对比榎本武扬与高尔察克的结局即可见。榎本武扬、高尔察克都是海军出身，都成了抵抗新政权的军事领袖，结果是，榎本武扬被明治政府重用，高尔察克却被苏维埃军队俘虏并处决。

从此角度来说，榎本是幸运的，日本是幸运的。至于日本后来仍走上了历史的歧路，那却是另一笔账了。

附记：

宋希於检得李鸿章致榎本武扬函三封（《李鸿章全集》，安徽教育出版社2008年版，第34册、第35册），录以备考。

梁川尊兄大人阁下：

客秋远承惠书，久稽裁答。春回瀛海，万里风和，即审赋政四方，遄同邮置，提衡二府，尊拟台垣，翘企吉晖，良殷颂祝。前荷推荐挖金人市川，亟待延晤，旋闻复有彼罗之役。俄人擅此为巨利，固当日事讲求，时逾八年，或应更有新法，而市川以此不惮，复为万里之行，足见贵邦人士之于学业精益求精，更无止境，推此志向，何止方驾泰西，深足佩仰。归途经过黑龙江一带，并可随处察勘。前以惠寄洗金机器交与山东矿局，苦于不知用法，盖于中原石矿不甚相宜。漠河沙矿与俄毗连，得人用之，定获奇效。约计市川近当南返，即希转致速来，其盘川及月薪百元，自应照付，俟办有成效，定加奖赏。既承利器之示，复劳佳士之荐，连城照乘，莫喻瑰宝，琼瑶之报，未知何日。拙书意造无法，过辱偏嗜，不复自匿。附呈横额四纸、大条一幅，拨冗呵冻，深愧不工，将意而已。手泐布复，即颂春祺。惟照不宣。李鸿章顿首。

（复日本邮政大臣榎本　光绪十三年正月二十四日）

梁川尊兄大人阁下：

五月望日接奉惠函，万里发缄，如见欢笑。拙书意造，本非专家，十载兵间，二十年疆寄，草檄判牍之暇，偶一临池，岂能与古来翰墨文儒扇骨子絜量长短，过承推重，愧弗敢当。即维履祉增绥，政祺多豫。仰天枢于北极，群推喉舌之司；占风信于东方，遥喜应求之契，翘詹藹吉，曷罄颂忱。市川日前到津来谒，名下信无虚士。本拟稍俟歇息，即令前往漠河各处筹议挖金。适接黑龙江将军来函，云已另延美国矿师，即日开办，不须别请等语。闻彼处金矿不过十许里，俄人开已及半，所余无几，又须深入地中，诚恐用力多而呈〈成？〉功少。市川所具述略，已得大概情形，现既由彼处自致矿师，自无庸更令市川前往。市川通晓俄、法两国语言文字，于欧洲事势尤所熟谙，贵邦正当勤求远略、需才孔亟之时，如市川者，固不仅一技之长，远置荒隅，亦殊可惜，虽承执事公诚之怀，推以相与，惟目前并无专属之事，自不应久借良材，应仍东归，以备任使。除照来时给与回国川资外，仍另致送一月薪金，以慰远来之意。所恨别无位置，孤负雅望，深用怅然。秋风渐凉，诸惟珍卫，倘逢北雁，时望好音，左顾沧溟，无任驰系。专泐布复，敬颂台祺。惟照不具。李鸿章顿首。

（复日本邮政大臣榎本　光绪十三年七月十二日）

梁川尊兄大人阁下：

　　细谷大尉过津，奉到惠函，知前交青木医官一缄早达记室。敬审元枢地峻，特进班高，备一人顾问之隆，符三公坐论之重，荣名伟望，士庶同瞻。细谷大尉前得接谈，学艺并美，信端人之取友，喜海国之多才。弟久领北门，老尘黄阁，忝膺重寄，无补明时，近状粗平，足纾远注。长子经方，新承简命，奉使贵都，幸来礼义之邦，应得仁贤之益，属其暇常趋候，尚希时锡教言。春亩院长，久阙音尘，每劳怀想，近闻复坚辞贵族院议长之举，凤翔千仞，龙德弥高，晤叙之时，并乞道念。兹因经方东渡，特此缄复，余由面达，不尽欲言。敬颂台棋，诸惟爱照。不宣。愚弟。

（复日本枢密院长榎本武扬　光绪十六年十月初二日）

（原刊于《文汇报·文汇学人》2019 年 12 月 20 日）

补记：

顷见明治时中村正直诗《送榎本公使赴北京》：

　　高秋持节赴燕京，身仗安危任岂轻。每见疾行无善步，须知渊默有雷声。简书事少公堂静，风月兴饶诗思清。将见同文同德合，四郊尽撤两邦兵。（查屏球编著《甲午日本汉诗选录》，凤凰出版社 2017 年版，上册第 40 页）

梁济自沉在旧文人圈中的反应
——近代诗文所见史料之一例

对于梁济,以及他那惊世而莫名的死,我并无特别的研究。只因在微信上读到谌旭彬先生《这个世界会好吗?|梁济自杀100周年》一文,始知梁氏自绝于世,已值百年之期。又想起平日浏览近人别集时,曾陆续记下一些有关梁氏自沉的零星材料,遂检出并抄撮于此,聊作一个应时的纪念。

梁氏死后,梁启超有致其子梁漱溟书,陶孟和、陈独秀、梁漱溟、胡适、徐志摩也先后发表意见(皆见黄曙辉编《梁巨川遗书》附录,华东师范大学出版社2008年版)。晚近的论述,我见到的有林毓生《论梁巨川先生的自杀——一个道德保守主义含混性的实例》(《梁巨川遗书》附录)、沈卫威《大学之殇——从梁济自沉到王国维投湖》(《大学之大》,人民文学出版社2007年版)、罗志田《对共和体制的失望:梁济之死》(《近代读书人的思想世界与治学取向》,北京大学出版社2009年版)。就引录文献来看,沈卫威提到姚永朴的《梁君巨川传》(原文见《蜕私轩集》卷三,《姚永朴集》,安徽教育出版社2014年版),罗志田多引《顺天时报》所刊报道和评论，此外则大体依据陶孟和诸人之说；而我所见者皆属旧诗文体裁，为论者所未及，在史料上不无补苴的价值。

最重要的，应数郭曾炘（郭则沄之父）的五古《挽梁巨川》：

> 人生谁不死，死有轻鸿毛。嗟君抱孤愤，祈此非一朝。当时璇宫诏，白日悬青霄。逊让诚美德，众议安敢挠。焉知洪流溃，一沸如怒潮。黄农忽然没，举世成蛮髦。瞋目争国论，忍心朘民膏。纲维尽已弛，廉耻日以消。兵戈无宁岁，寰宇皆驿骚。哀哀子遗黎，饮泣苍天号。书生不自量，手无尺柄操。东风吹马耳，强聒犹呶呶。独善固不难，奈此岁月滔。古人重处死，析义极秋毫。叠山隐桥亭，绝命悯忠寮。蕺山从潞藩，不殉宏光朝。兹事岂有例，神明已久要。作书诀亲友，义正词尤高。处分神不乱，谆勖及儿曹。小楼孤坐夕，想见寒灯挑。龚生夭天年，老父为号咷。此心行所安，岂恤世訾謷。死能激薄俗，砥柱功不挑。死而遂泯灭，浩气还沉寥。神州果陆沈，苟活将焉逃。盈盈净业湖，中有苦叶匏，湖旁老柳枝，犹挂昔日瓢。一亭题止水，浊流不能淆。下从彭咸居，无劳歌大招。九朝养士泽，成就一末僚。风潮亘六合，谁辨鸾与枭。平生范巨卿，肝胆见论交。遗书后死责，万本愿传钞。（《匏庐诗存》卷三，民国刊本）

此诗甚为显白，大体是顺着梁氏遗书的意思来讲的。"当时璇宫诏，白日悬青霄"，自是指清室逊位。"叠山隐桥亭，绝命悯忠寮。蕺山从潞藩，不殉宏光朝"，叠山，即谢枋得，在宋亡十年后绝食而死（文天祥是在宋亡四年后被杀）；蕺山，即刘宗周，未因弘光帝（朱由崧）被杀而殉死，稍后却因潞王（朱常淓）降清而殉死。梁济既是要"殉清"，何以不殉于辛亥清亡之时，而殉于民国共和之后呢？郭曾炘举此二人为例，意在说明人各有其行事的方式，殉死不必一律。郭氏自己是遗老，很自然也从遗老立场来看待梁济的事情，"九朝养士泽，成就一末僚"，是将梁济之死完全视为清室厚待士人的结果了。

又有俞寿沧的《续感逝诗·梁巨川阁读济》：

西山宫阙倚云开，待漏曾经并辔来。怪底国亡君竟死，清流一勺不胜哀。（《焦桐集》，民国刊本）

"梁巨川阁读济"的"阁读"，即内阁侍读的省称，梁在清末曾任此职。此诗属于泛泛的哀挽，不必多论。

又有凌启鸿的《十刹海看荷花》之三：

北宋才人石曼卿，天恩曾许驻蓉城。年来管领更新主，贞愍梁家太瘦生。（自注：梁贞愍公济于戊午十月投净业湖殉节，遗书满箧，言之慨然。）（《云巢诗草》，民国刊本）

传说北宋石曼卿死后成神，做了芙蓉城主，此化用其典，谓梁济死后能替代石曼卿之位。据林兆翰《梁公事略》(《梁巨川遗书》附录)、姚永朴《姚君巨川传》,都说梁氏死后,宣统赐谥"贞端",此称他为"梁贞愍公",或属传闻之误。

诗之外,当时本有不少挽联,今暂只得见二氏之作。夏孙桐联曰:

遗书万言,浊世亦应同觉悟;西涯一角,寒泉长与荐芳馨。(夏武康、夏志兰整理《闰庵公遗墨辑录》,自印本第192页)

易顺鼎有两联,一曰:

右江道谢恩折奏曾借重法书,癸卯年初与我题襟,介绍人桂林侍郎于晦若;广德楼改良剧文皆有裨风化,庚娘传更推君绝笔,私淑者梨园女子鲜灵芝。

这一联是变体,上联述自己跟梁氏交往的缘起,于晦若名式枚,是梁氏的广西同乡;下联述梁济编写秦腔剧本《庚娘传》的事迹,鲜灵芝系当时走红的女伶。二曰:

古愚也直,古矜也廉,百年不祧,闻伯夷而兴起;众浊独清,众醉独醒,九天为止,从彭咸之所居。(两联皆见王森然《易顺鼎先生评传》,《近代名家评传二集》,三联书

店1998年版）

这一联是正体，应是正式挽联，上联以遗民伯夷拟其志，下联以水神彭咸状其死——这跟郭曾炘诗的"下从彭咸居"是不约而同了。

孙雄在其长诗《昆明湖曲吊海宁王君静安》的序里，也引梁氏为比：

> 孔子云：志士仁人，无求生以害仁。孟子言：所恶有甚于死者，惟贤者能勿丧。吾因海宁王君静安之死，而忆及皋兰吴柳堂前辈（可读），与桂林梁君巨川（济），是皆能不求生以害仁，而知所恶有甚于死之义者。吴、梁、王三君，所处之时与地不同，而皆可以无死，然竟视死如归，彼与人家国、谋人军师、分宜握节死绥、致命遂志者，反觍颜而偷生，甚或作桀犬之吠，卖主媚敌以求荣者，何可胜道。宜乎如郑人之以不狂为狂，多方吹毛求死者之疵。昌黎所谓"小人之好议论，不乐成人之美"，固如是也。（《旧京诗存》卷六，民国刊本）

这些议论，是从儒家观念、从旧政治道德的立场而发，对梁济之死显然抱有很深刻的同情。

邓之诚《骨董琐记》卷三"都中三湖"条也提了一笔：

都中北城三湖，北通玉泉，南达三海。极北曰积水潭，即净业湖，为明代洗马处。……己未（按：当作戊午）十月，桂林梁巨川投水死于此，予居城北时，辄凌晨往吊之。

邓氏自谓"辄凌晨往吊之"，似指早晨游湖不时顺带凭吊其人，显见他对梁济其人其事是有触于怀的。而陈宗藩《燕京丛考》述积水潭时，在注释中特别引录邓之诚这则笔记，且有按语：

民国五年（按：当作七年），梁君巨川济愤国事之日非，自沉于积水潭，学者私谥为□□先生。（北京古籍出版社1991年版，第415页）

据《梁公事略》《姚君巨川传》，梁氏谥号系宣统所命，那就不能说是"学者私谥"了。或因陈著成于二三十年代，其时宣统久已退位，更被逐出皇城，政治上的权威扫地以尽，世人也就不会看重废帝的赐谥，甚而会忌讳废帝的赐谥，此所以有"私谥"之说吧。《燕京丛考》是城市地理性质的掌故专著，梁济自杀之事，似在可录可不录之列，然则作者竟郑重载之以传，可见他对梁济的死事既哀之，复重之。

以上这些片断文字，大致出于旧文人手笔，文体固不必说，其论调与情感亦显出与新人物的差别。大致可说，陶孟和辈所作，属于新式的杂志文章，代表了新文化派（以海归派为代表）的认识，虽则彼此见解参差，但在根本观念上跟梁济皆有距离;相对的,郭曾炘辈所作,属于旧体诗文体裁,代表了守旧派(包括遗老)的认识,各人立身处世未必同科,但在根本观念上对梁济皆有认同。因梁氏毅然一死,任何新派人物也不能不同情其动机、敬服其意志,但在理念上,终不可能赞同其行为。应该说,正是那些已沦于"在野"或曰"边缘"的旧派人物,那些尚抱持传统死节观念的遗民或文化遗民,才能在心灵上更贴近死者,才称得上是梁济真正的同情者。

梁济之死,并非由于某一具体事件的刺激(如吴可读因慈禧不为同治帝立嗣、王国维因国民军北伐),也没有明确的诉求。在其《敬告世人书》里,他辟头就说"梁济之死,系殉清朝而死也",可马上又声明"吾因身值清朝之末,故云殉清,其实非以清朝为本位"。然则他到底殉什么,到底因何而求一死呢?

我想,在行动上,他的自杀是一个特例,是其特殊性格或特殊心理造成的选择,旁人很难得出完满的解释;但在精神上,他的自杀却完全可以理解,就因为他对中国现状的绝望。

关于民国初年政治社会的乱象以及时人的感受,我在笺释陈寅恪诗时曾有讨论。陈氏1927年《王观堂先生挽词》有这样几句:

> 依稀廿载忆光宣,犹是开元全盛年。海宇承平娱旦暮,京华冠盖萃英贤。

光绪宣统,已值清王朝风雨飘摇的末世,怎么成了"开元全盛年"呢？故学界于此颇有置疑者。我以为陈氏的意思，是代王国维立言，形容当时政局黑暗混乱，相比之下，回看易代前的光宣之世，反倒好似太平盛世了。这当然有修辞夸饰的因素，但确也可见王国维、陈寅恪对民国现实的极度不满。而且此种心理绝不孤立，从遗老到革命派皆有类似的看法，我在《陈寅恪诗笺释》里引录不少（见增订本，广东人民出版社2013年版，上册第66—70页），有兴趣者可参考，兹不具引。

而王国维所置身的时世，也是梁济所置身的时世，王国维的忧愤，也是梁济的忧愤——也是郭曾炘们的忧愤。故梁济之死，聚焦了旧文人群体对民国现实的不满，对北洋时代政治社会状况的不满。从此角度而言，与其说他是从殉于前清，不如说他是自绝于民国。

我曾略略检读梁济的《伏卵录》，有一个印象：一般文人，或有理想，而止于理想；一般政客，则只认现实，不问理想。如梁济、梁漱溟父子，则是道德家兼实践家，非要拿理想来改造现实，以文人的精神做政客的事业，即古所谓"兼济天下"者。如此，道既不行，俗亦难移，其人必忧世愤世，以致于偏激。这也是梁济自杀的一个远因吧。

斯人已没，倏忽百年，近见陈永正先生新成一律，颔联是"百年屡云误，此际到无言"，拿来献予斯人，倒觉妥帖得很呢。

（原刊于《上海书评》2018年11月11日）

补记：

关于郭曾炘咏梁济之作，我原来依据的只有民国旧版的《匏庐诗存》，今检近刊《郭曾炘集》（谢海林点校，人民文学出版社2018年版），郭诗提及梁者尚有两题，一是《梁贞端积水潭祠宇落成，遇阆谿、纕蘅相偕步行循堤至高庙，残雪初晴，寒流未冻，留连久之，归途口占》：

> 十年人事付长吁，剩水魂招此一隅。偶趁萍踪同漫浪，谁知兰若亦荒芜。残僧虚订花时约（僧言白海棠尚无恙），古柳如披诗境图。且与雪泥留小印，衰慵腰脚未教扶。（《匏庐剩草》，收入《郭曾炘集》，第320—321页）

则梁济自沉后积水潭一度建成纪念他的祠庙，似为此前所未知。另一首是《题梁巨川舍人尊甫〈晋游草〉》（《再愧轩诗草》，收入《郭曾炘集》，第336页），系咏梁济之父的诗作，兹不录。

又江天铎亦有挽梁济联：

> 是真儒，是名宦，是文豪，三百年来传坠绪；为忠臣，为逸民，为列士，廿五史中大有人。（原载《天和阁联话》，此据《黄际遇日记类编·畴盦联话》，中山大学出版社2019年版，第93页）

黄际遇谓此联"语未洒脱,亦有未称情处"。至少称梁氏为"名宦""文豪",显然言过其实。

另,此前杨早已有论文《〈京话日报〉的启蒙困境——以梁济等人自杀为中心》(《中国图书评论》2009年第8期),着眼于《京话日报》群体,强调梁济的自杀并非孤立,其同事彭翼仲未遂自杀在先,吴梓箴追随梁济自杀在后,代表了陷于"影响的焦虑"中之启蒙者所作的"最后的抗议与呼吁"。所论更为切实,可以修正、补充我的论述。

勿忘"国贼":"五四"的反方证人

五四运动的口号是"外争国权,内除国贼","国贼"者,曹汝霖、陆宗舆、章宗祥也。三"国贼"的名姓见诸历史教本,遗臭久远,世已熟知。

如今"五四"已及百年,历史的尘埃渐落,我们以今视昔,应该能更心平气和地评估那段历史旋涡中的人事:所谓三"国贼",不过作为外交官员,代表政府对日周旋,若谓有责,责在政府;在很大程度上,他们不过是段祺瑞政府的替罪羊,而段政府又不过是一个国家在积弱时代的替罪羊而已。

很显然,在"五四"之后很长一段时期,三"国贼"成了众矢之的,成了耻辱外交的代号,也成了大众泄愤的靶子。这一点前人非无认识。比如早在四十年代,报人张慧剑就有恕词:"中华卖国贼,史称'曹、陆、章',然诸人似尚能晚盖,反之,昔日赵家楼之打手,如梅思平等则翻曳尾泥涂,相形之下,遂益丑恶不堪。"(《辰子说林·章宗祥》,上海书店出版社1997年版)意谓五四学生后来有落水成为汉奸者,而曹、陆、章三人倒大体能保持晚节。大约六十年代,赴台的政治学家萨孟武对五四也有一段回忆和反思:"是年,留日学生发动了救国运动,当章宗祥公使回国之时,学生往送者甚多,每人手执旗帜,卷在竹竿之上。学生欢送公使,这是罕见的事,最初章公使也许高兴,那知火车将次开动,旗子展开了,其中乃写'驱逐卖国贼'等文句。由今想来,章宗祥、曹汝霖是否卖国,颇有问题,以当时中国之弱,遇到野心勃勃之日本,外交上的折冲不甚容易。他们两人只求中日两国能够维持和平,未必真正卖国,否则抗战之时,何以汪精卫愿为傀儡,而前此所斥为卖国贼之人竟然不肯俯首听命于日本军阀呢?(《学生时代·一高预科一年》,广西师范大学出版社 2005 年版)"只是,即便如此,即便时过境迁,即便大家明白三人身为技术官僚不能承担多少责任,而积怨已成,也就犯不着为他们洗刷——大家宁可忘掉他们,不愿听到他们的声音。他们作为历史符号,承负着太多的灰暗,我们并不愿面对那些灰暗。

但他们其实是发出过声音的。他们在鼎盛之年,被迫退出政坛,先后都撰写过回忆文字,或正面或侧面为自己辩护,只不过大家选择了听而不闻,除了在专业领域,少有知者论者。

最早发声的,是三人中相对最不起眼的陆宗舆。

忘了什么时候,我买到过陆的《五十自述记(附驻日时代交涉案情)》,线装排印红字,薄薄一册,成书于 1925 年。

为了北洋政府的利益,1917—1918 年间,曹、章、陆三人都曾致力于日本对华的"西原借款",而陆氏就将他们污名归因于"西原借款":"若所谓卖国头衔者,实坏于吉黑之林矿借款。"他说明,该项借款需要他执掌的中华汇业银行代转合同,而他本来拒绝签字,后以军政形势危殆,在段政府诸人恳求之下,始签字同意。这段记录,曾以《段祺瑞的参战和借款》为题发表(《近代史资料》总38号,中华书局1979年版),但仅至"自此吉省方面先起风潮,传染至于北京学潮"而止。原书接下来还有论议:"此中鼓动利用,内外固皆有人在,而润田(曹汝霖)既无余款以布置于事先,复无党与以奋斗于事后,此曹之所以败,而陆亦连类而及矣。顾润田尚斤斤自辩曰:吾所定之合同,实足付款,皆无扣佣。以为可以求谅于天下,而不知天下人之不能相谅者,正自在此。"然后还有一段超出就事论事的自辩:"曰卖国,曰亲日,已久为曹、陆专有之名词。清夜思之,即一己亦莫知所谓。质言之,殆以借款即为卖国,借日款即为亲日之说乎!顾前此之借巨款者,正有其人,而社会上对英美法德等之借款,其观念似大不同。以理论言之,则以国家大权利,而换得外人之金钱者,曰卖国。顾海关、盐课,为国家莫大之税权,此两大权者,今皆在某国之手,如握我咽喉,今虽以全国民气,竟有无法应付之势,全国之人,皆知感绝大之苦痛,然从未闻对于抵押海关、盐课之人,有若何之评判。而曹、陆之借之款,不但押品皆空,而本息均尚无着;日本方面,且莫不痛恨西原贷款之失败,谓被欺于陆、曹。此中日两国之人,见解之不同,亦一奇事也。"意思是说,过去将关税、盐税作抵押以借外债,于主权损害甚大,并未受到指摘,如今

"西原借款"于主权并无损害，反倒备受责难。我以为这一反诘是有力的。

至于章宗祥，著有《任阙斋主人自述》，全稿似未刊。其1916—1919年部分，以《东京之三年》为题发表（最早摘录于王芸生《六十年来中国与日本》第七卷，后全文收入《近代史资料》总38号），内容纯系外交活动的实录，未涉及五四。其早年求学、教学部分，后来径以《任阙斋主人自述》为题发表（《上海文史资料存稿汇编》第一册，上海古籍出版社2001年版），里面倒有一处有关五四的插述。

章氏留日时借居思想家中江兆民家，与其子中江丑吉结下交情，遂有了五四时共患难的一幕："有贺长雄至北京任总统府顾问，丑吉君充其秘书，遂久留北京。……五四之役，余伤仆赵家楼院中，丑吉君救护余至同仁医院，途中受学生殴击，亦受微伤，可谓生死之交矣。"但点到为止，未有申议。下文提到日俄战争时，留学界有激进学生提议组织义勇队，赴东北参战，这时章氏发了几句议论："大凡群众附和之事，若以正理答之，必不见听，其结果乃得'不爱国'之绰号。"说这些话时，恐怕他心里也会浮现起五四的情形，浮现起他被学生殴打的情形吧。那么，就不妨将此视为他对五四的间接批评。

三人之中，曹汝霖活得最长，作口述自传的年代也最晚，其书原名《一生之回忆》，署"九十老人曹汝霖著"，我有1966年香港春秋杂志社刊行的初版。近年大陆重版名为《曹汝霖一生之回忆》，最易得见。

在全书前言里，对于自己的政治生命史，曹氏有简要而明白的申辩："自服官外部，职务所系，与日本接触特多。终清之世，中日交涉皆以和平解决，由是反对者疑我迁就日人，以仇视日人者转而忌嫉于我，加我以亲日之名。及入民国，日本态度趋于强硬，乘欧战方酣，逞其野心，出兵占领青岛，犹以为未足，又提二十一条。余与陆子兴（徵祥）外长，权衡利害，折冲樽俎，虽未全部承认，终屈于日本之最后通牒。国人既怀恨日本，遂益迁怒于亲日之人。甚至张冠李戴，谓二十一条由我签字；其后巴黎和会失败，亦归咎于我；于是群起而攻，掀起五四风潮，指我为卖国贼，大有不共戴天之概。然而事实经过，何尝如此，清夜扪心，俯仰无愧，徒以三人成虎，世不加察，以致恶性宣传，俨如铁案，甚矣积非成是之可惧也！"而最后复下转语："回忆抗战期中，国人捐生赴义，前仆后继；则余招尤受谤，仅为政治之牺牲，其事渺小，又何足论。"虽为个人的遭际表不平，但终能自大历史的立场表示谅解，其心态大抵可取。

又其书之六八"五四运动终身留冤诬"一节，则详述他在五四前后的遭际，末尾更有诘难："……虽然于不明不白之中，牺牲了我们三人，却唤起了多数人的爱国心，总算得到代价。又闻与此事有关之青年，因此机缘，出国留学，为国家成就人才。……所惜者，此事变化，以爱国始，而以祸国终。盖学潮起始，由于学子不明事实真相，误听浮言，激于爱国心，以致有越轨行动，情有可原。迨北大校长蔡孑民先生，发表谈话，劝学生适可而止，学潮似已平息。然反对者以尚未达到目的，又鼓动街头演说，加以背后有组织，有援助，遂扩大范围，游说至上海等处。……哪知反对者所利用之工具，反为阴谋野心家渗入利用，遂使此风弥漫全国，以后遇事，辄以学潮游行为武器，扰扰攘攘，永无停止。直至大陆变色，此风反戛然而止。推原祸始，未始非五四运动为阶之厉也。"他突出五四作为群众运动的一面，批判其后来的消极影响——借用《星战》的话，可谓历史之"原力的黑暗面"——这当然是很值得我们深思和反省的。

关于曹汝霖，还有个小八卦。他在二十年代娶了一位上海女学生为妾，而这位女学生据说在五四时曾参加游行（吴相湘《亲日三伙伴：曹汝霖、章宗祥、陆宗舆》，《民国人物列传》下册，台湾传记文学出版社1986年版）。那么，是不是可以说，在家室内部，曹氏早已跟五四的历史达成了和解呢？

总的来说，三人的自辩虽不无怨气，但言语皆有条理，可算得体。他们的回忆容有讳饰之辞，但毕竟提供了另一视角的史料，若出于"爱国"立场便抹杀其言，在史学上自是不公平的。

他们是历史的反方证人。这些固然是自我辩护，可也是历史见证。他们的声音，我们应该倾听。

当五四运动爆发，北洋政府迫于舆论民情激化，不得不将曹、陆、章免职，据云段祺瑞对他们表示："这次的事，他们本对我，竟连累了你们，我很不安。"（吴相湘《亲日三伙伴：曹汝霖、章宗祥、陆宗舆》）联系到曹汝霖的自述里，有段氏赠他的一首诗："卖国曹陆章，何尝究所以。章我素远隔，何故谤未弭。三君曾同学，宫商联角徵。休怪殃池鱼，亦因城门燬。欧战我积弱，比邻恰染指。陆持节扶桑，樽俎费唇齿。撤回第五条，助力亦足使。曹迭掌度支，谰言腾薏苡。贷债乃通例，胡不谅人只？款皆十足交，丝毫未肥己。列邦所希有，诬蔑乃复尔。忠恕固难喻，甘以非为是。数虽一亿零，案可考终始。参战所收回，奚啻十倍蓰。"（《一生之回忆》之七五）两相对照，段氏对曹、陆、章的体谅是可信的。段以总理的地位，不便公开为他们辩诬，这是私下表示安慰的意思，不失其政治大老的风度。此诗所言，也可与三人的自述相印证，很可以为他们洗刷污名。

还有，陆宗舆私底下曾有言："日本人野心太大，这是我们的祸害，国家不强，打不过人家，和人家讲理人家不听，有些地方只能吃亏一点，现在硬不起来，不让步不行。人家骂我们是卖国贼亲日派，那么请他们来担当外交，恐怕也不见得高明多少吧！"（王启勋《我所知道的陆宗舆》，《上海文史资料存稿汇编》第一册）这也是我们今天可以同意的话。

晚清以来，是中国的乱世衰世，政治中人了解太多内幕，也深知国弱兵残，往往过于现实；而当日又是政治话语泛滥的时代，知识分子，尤其是青年学生，多受激进民族主义熏染，把天下事看得太易，又往往过于理想。在上者多暮气，容易沦于妥协；在下者多意气，又容易流于冒进。上层与下层的隔膜，现实与理想的反差，遂成政治斗争与社会冲突之源，求其中道，戛戛其难。对于爱国者的激情，我们已报以足够多的喝彩，对于谋国者的苦心,我们也该多一些"了解之同情"的。我想,这才是对于五四"国贼"所宜有的态度。

当我们无力付诸一战的时候,我们需要"国贼"来宣泄集体的愤怒;正如当我们无力驱除侵略者的时候,我们也需要"汉奸"来承担集体的耻辱。我们需要历史的替罪羊,这就是人性吧。

说起来,陆宗舆、章宗祥都是浙江人,曹汝霖祖籍也是浙江,三人都在少年时留学日本,返国后都成为末代王朝的新晋干员,入民国后都从事外交事务,可谓同人同命,同其升沉。

过去检读政治家、法学家张耀曾的日记,曾留意到1929年的一段:"晚赴金问泗之约,汪衮甫在座,不晤七八年,谈日本情形甚详。汪与曹、陆、章称四大金刚,今彼三人皆受通缉,而汪独能稳坐日使一席。固其行动能察大势,协时宜,然不能不谓巧于肆应也。"(《求不得斋日记》,《宪政救国之梦:张耀曾先生文存》,法律出版社2004年版)江衮甫,即汪荣宝,也是留日出身,自清季至民初,其政治轨迹都与曹、陆、章相仿佛,宜乎被时人并举为"四大金刚";只是他稍后另任比利时、瑞士公使,完美地避开了五四这个历史分叉口,继而自西洋返东洋,久任驻日公使,终于承担了本来由曹、陆、章所承担的工作。国之干城乎?国之蟊贼乎?对照汪的独善其身,益令人感慨曹、陆、章三氏的政治歧路。

时代的覆巢之下,孰为完卵,是完全无法预期的。

附记：

　　顷阅徐一士《关于段祺瑞》一文，已引录段氏赠曹汝霖诗，题曰《持正义》。可知原来非仅为曹氏一人而作。徐一士据此谓："……曹、陆、章三人，其时均以为祺瑞尽力于外交事件犯众怒者。三人之为众矢之的，在政潮上实即所以对段。祺瑞并不诿罪于彼等，冀求谅于清议……力言汝霖等之贤，而为之呼冤，兼自鸣自参战之功，亦足见其自信之坚与不诿罪于下之态度焉。"（徐泽昱、徐禾编《一士类稿续集》，中华书局2019年版）

　　　　　　　　　　（原刊于《东方历史评论》2020年6月8日）

关于林白水若干事

之一

黄秋岳在丙寅年（1926）有七律《九月四夕风雨追为哭友之作》一首：

> 东市仓皇夜钥深，积悲今始发商音。捻须为想生天趣，化碧谁穷入地心。末世贪邪讥可既，孤星顾托感难任。三端舌笔先无用，剑底余哀看陆沉。（《聆风簃诗》卷六）

从时日来看，此诗当为林白水而发。1926年奉系和直鲁联军占据北京，先是《京报》社长邵飘萍为张作霖捕杀，然后是《社会日报》社长林白水为张宗昌捕杀，因言论而入人于死罪，震骇一时，在现代政治史与新闻史上皆影响重大。林与黄系福建老乡，又曾同办《公言报》，林在临难前交代后事，黄亦是"诸友"之一（《林白水先生遗嘱》，载张次溪编著《天桥丛谈》第二章，中国人民大学出版社2006年版），黄之"哭友"几乎是不可无的表态。

而从诗本身看，也完全契合其事。"东市仓皇夜钥深"，即谓林半夜被捕，凌晨即见杀；林留长须，故"捻须"是状其仪态；"化碧"自然是用长弘化碧的常典；"末世贪邪讥可既"略显暧昧，似是暗示林有讥评在外，而人亡可息；"孤星顾托"云云，谓其女年幼，自己有抚孤之责；"三端"指笔锋、剑锋、舌锋，即谓笔锋、舌锋终不能敌剑锋。林死难不久，国民党军即北伐成功，北洋时代遂烟销云散，"剑底余哀看陆沉"云云，居然一言而中了。

黄秋岳还有一首诗涉及林白水。黄在壬申年（1932）有《北行绝句》，其二云：

> 昔岁归为死友悲，驿亭今始见横尸。木棉庵畔椎奸客，又补君家一段奇。（济南车次书所见。丙寅六月北归，七日躬抚白水之丧，故云）

这里又有一段本事：张宗昌于1928年兵败下野，避地日本，1932年返国，同年9月为山东省政府参议郑继成枪杀于津浦铁路济南站。黄秋岳在"济南车次"所见之"横尸"，自是指张宗昌。剃头者人亦剃其头，作为林白水之友，黄秋岳自然乐见张宗昌之死。南宋末年贾似道以一代权臣，率军迎击元军，而一触即溃，随即被贬官流放，行至福建漳州木棉庵，为监押使臣郑虎臣所杀——黄诗即借此比拟张宗昌的结局。杀贾似道者姓郑，杀张宗昌者也姓郑，故曰"又补君家一段奇"。

挽林白水之作，尚见联语数家。袁克文有三首，两首见于《寒云日记·丙寅日记》，七月初一日载：

闻林白水以文字遭忌被害，哀之曰："君虽死而犹生，人间历历，剩女弱姬奇文名砚；谁能免于今世，天下荒荒，遍疫瘟盗贼饥溺刀兵。"

又初八日载：

又挽白水曰："多言致祸尤，犯忌杀身，遥悲德祖；有女称贞烈，捐生殉父，继美曹娥。"其女年仅及笄，颇有才名，闻父死饮鸩图殉，赖救得生。

还有一首来历不甚明确者：

日下一函书，负汝相期在文字；山阳几声笛，触怀失恸数朋交。（据陶拙庵[郑逸梅]《"皇二子"袁寒云的一生》，《辛丙秘苑·寒云日记》附录，山西古籍出版社1999年版）

此外有沈宗畸一联，见其为张次溪所藏林白水遗墨而题的跋语：

……今白水惨于六月二十九日被戮，吾挽以长联云："猪狗有运，善戏谑兮，四字狱成妖梦践；豺虎磨牙，命顷刻矣，一枝寄出后人哀。"二十八日先生所为社论，有"猪有猪运，狗有狗运"二句，前数日期又梦"走入死胡同"，临时刑写遗嘱，有"我命在顷"一语。木秀于林，风必摧之，吾撰此致联志哀悼，亦纪实也。（据张次溪《记林白水》，收入林慰君《我的父亲林白水》，时事出版社1989年版）

又据高拜石《林白水被杀始末》一文（《古春风楼琐记》第二集，台湾新生报社1981年四版），还有王式通一联：

不及祢生，孟德犹能知处士；偏怜蔡女，中郎只望写遗书。

北洋政府倒台后，国民政府官方曾发起邵飘萍、林白水的联合追悼会，高拜石谓当日有联云：

一样飘萍身世，千秋白水文章。（横批：萍水相逢）

又有林步随一联：

笔有阳秋，文字真成孙盛祸；狱无佐证，士民争讼陆机冤。

这两副对联，一嵌名巧妙，一用典雅切，允为挽作之冠。

之二

对于林白水的为人行事，其生前死后实有争议，这有关他的收藏，亦有关他的死，故值得一述。

周肇祥在其收藏笔记中有一节大发感慨：

> 昔之收藏有历数朝经累世者，今以往不可得矣。暴富之徒，金钱不足惜，无信心，无明眼，率尔而收之，漫然而弃之。人之视物如衣服裘马然，物之视人如旅客之于传舍然。……又一闽籍小政客，以报纸行敲诈得多金，现方网罗佳砚。杨仲庄、陈仲恕案头物辄被攫去，价值不校也。又不知何时复斥卖。呜呼，石君（按：指砚台）其随猪仔之劫耶（闽粤贩卖人出洋曰卖猪仔）？（宋惕冰、赵珩、海波整理《琉璃厂杂记》九，北京联合出版公司2016年版，上册第317页）

这里说的"闽籍小政客"，必指林白水无疑。林原系北洋政府中人，得袁世凯提拔，更曾支持袁世凯复辟；同时他又酷爱收藏砚台，尤以"生春红砚"为世所艳称。

至于指林白水"以报纸行敲诈得多金"，也非无根之辞。国民党系的报人龚德柏说得最为直捷：

> 他的堕落，同邵飘萍一样，抽鸦片烟，养小老婆。没有钱了，打算向人要钱，就指名大骂一顿。某要人也知道他是要钱，派人送钱去，就有短期不骂。钱没有了，又骂一要人。如此骂下去，可谓无人不骂，无人不送钱。他的浪费，虽没有邵飘萍那样厉害（邵每月非三千元以上无法生活），但也需要两千元左右。这两千元完全靠敲竹杠。但他比邵飘萍高一等。邵给钱后，可以一百八十度转变态度。即昨日是臭骂，给了钱，明日就是恭维。而林白水则只骂不恭维。不给钱就骂，给钱就不骂，决不恭维。（《龚德柏回忆录》第一集，台湾经纬书局1970年版，第90—91页）

这一点，即便是林白水的友辈也不讳言，上述黄秋岳诗"末世贪邪讥可既"一句已约略可见。容庚早年因生计关系，曾任林白水的家庭教师，林极礼遇之，容后来也说：

> 人生苦境，莫如强撑场面。……然君固月需七百金也。此金讵从天降，其友遂有憾其受我金而骂我，欲死之而甘心者。君遂不免矣。（《生春红室金石述记·容庚跋》，台湾学海出版社1977年版）

这等于承认他确有"以报纸行敲诈"的事，并且其死亦种因于此。这就足以印证，周肇祥语虽刻薄，但亦事出有由。

至于容庚所说的"其友"，可能即指潘复。潘与林有同僚旧谊，此时借张宗昌之力而得志，世人多谓林索金于潘，潘未有以应，林乃刊文痛诋。对此，林庚白《子楼随笔》曾明白言之，黄秋岳私下也曾透露（高伯雨《林白水与生春红》，载《生春红室金石述记》）。唯梁敬錞有谓：

> 有潘复者……白水深恶之。潘尝以重金托所稔，饷社会日报，并请向白水道地，白水曰："吾秉笔政，为国家正纪纲，为社会揭罪恶。社会日报，诚需开支，然吾口吾笔，不能因此自封也。"（林慰君《林白水传》，《梁序》，台湾传记文学出版社1969年版）

这就不止为尊者讳，更颠倒了事实。

除了不具名的呵责，周肇祥至少还两次具名地谈及林白水的收藏：

> 林万里颇得无汗血之钱，重价收砚。余知其必不能守也，卖力劝仲恕勿与之，今果然矣。初则间售诸日本人，今以鸦片之需甚于米薪，则贱价斥卖。消寒二集，于罗复堪案头见一胭脂晕金钱火捺鱼脑大砚，清初坑，建蓝漆匣，六十番得诸林氏者，林则曾以百二十番易诸仲恕者也。（《琉璃厂杂记》十二，下册第447页）

> 后藤朝太郎博士，日本研究古砚专家也。三度来中国，歙之产砚处足迹殆遍。近到京，与土屋祯二、加治莘耕来

访，云于大和俱乐部开古砚展览会，求赞助，并请观所藏。……至若林万里惟以青花、鱼脑大石是尚，二三俗子又以峡云出月、停琴观瀑为奇，雕镂纤巧，长老所谓失砚之用矣。(《琉璃厂杂记》十五，下册第571—573页)

此林万里即林白水，他原名獬，后易名万里，四十岁后撰述则署名白水。

对于参与古砚展览会事，林白水自己也有记述，自言"是日携砚六方"，具体为：宋双龙砚、西洞大鱼脑砚、西洞小鱼脑砚、大青花荷叶砚、鱼队儿青花砚、刷丝歙砚(《生春红室金石述记·名砚展览会述记》)。这跟周氏所说的"惟以青花、鱼脑大石是尚"正可比对。

不过，在收藏方面，周肇祥于"多金"的林白水应是有相竞相轻心理的，故其所言未必持平。据容庚言：

君藏金石甚富，尝见淡墨拓本董美人墓志，斥五百金购之。复以易张耕汲所藏青花砚。其藏砚尤著名：十四年七月，日人后藤朝太郎约集北京藏砚家在太和俱乐部开名砚展览会。君携六砚往，中外翕然推为冠冕。(《生春红室金石述记·容庚跋》)

可见林白水所藏砚台确多精品。此事约在他遇难前一年，应是他收藏史上的巅峰时刻，甚至也是他人生的巅峰时刻了。

之三

关于林白水致死之由,除了最终决策的张宗昌,一般多指向潘复其人。

当时主持《世界晚报》的成舍我,继林白水之后,也为张宗昌宪兵逮捕,幸得北洋元老、前国务总理孙宝琦求情始得释。他亦近乎当事人,故其说法似最有代表性,也更有可信度:

> 我曾访问了很多知道遇害情形,及可能知道内幕的人士,他们大致多认定:张宗昌亲信潘复,想做国务总理,白水先生的社会日报,则全力痛斥潘复庸劣,在最后一篇白水先生亲自撰写的文章中,说潘复自命为张效帅(即张宗昌字效坤)的智囊,实则只是肾囊(按:阴囊)而已,潘以此文示张,张遂令其爪牙宪兵司令王琦,深夜往捕,并命"就地正法",旋以薛大可等跪地哭救,张始允暂留一命,但潘暗嗾王,不待张赦令到达,先予枪杀,令到已毕命十数分钟。……虽然白水先生的遇害,有潘复从中播弄,但主要原因,仍由于我们的报纸,过去均同情国民党及国民军,而痛骂张作霖张宗昌,他们要报复,才下此毒手。(林慰君《林白水传》,《成序》)

不过,当日事出仓促,闻见混乱,潘的罪案也许不必全然坐实。林白水死后数日,潘复曾致函章士钊解释:

> 林君之遇，可谓痛心，百端营救，得救而又弗及，真文人之厄。……吾侪不武之人，不过附属，遇事宁有多效？可惭已极。（据彭国兴编《杨度生平年表》，刘晴波主编《杨度集》附录，湖南人民出版社1986年版，下册第823页）

潘氏的自辩，当然不可作为证供，但前引高拜石一文却也为潘氏开脱，而将首罪归于宪兵司令王琦：

> 潘复初意并不想把白水置于死地的，原估着白水这人是个大烟鬼，给他抓下监牢里，关了十天半月，让他涕泪横流的小痛苦受受，也算出口鸟气；那知道会要了他的老命？……王琦则是想报宿怨，恰好公报私仇（按：据云王曾任职财政部，为林白水开除），因此长腿（按：张宗昌）一开话，他便喳了一声，即算奉了"令"，在电话里嘱咐他的部下，把白水抓下，社会日报也贴上了封条。

郑逸梅甚至说潘复曾为林白水求情：

> 南社林白水，以文字构祸，卒致杀身，当时下令捕之者，张宗昌也，奉令枪杀之者，王琦也。其构祸之端，当以白水撰文讥讪潘复而起，潘与张皆鲁人，潘之得官，多缘于张，白水极鄙薄之，最后撰一文譬潘为张之肾囊，报纸既登载，阅者咸谓谩骂过甚，是日，白水果被捕，据人传说，潘

实无杀白水意，甚至向张屈膝，为白水乞命，张笑许之，不料王琦奉前令即执行，比后令驰至，已无及矣。(《自娱小品·杀林白水之王琦》，《永安月刊》民国三十七年第105期)

尽管如此，就现有史料而言，潘于此案终究是难脱干系的。

但有一点，在迄今的历史追述中，潘复已成了一个被遮蔽的人物，而我们应该了解，他在北洋政治史上是有地位的。林白水横死之际，潘是财政部部长，次年初改任交通部长，稍后终于坐上了国务总理之位(朱缙卿、余生《北洋时期的国务总理潘复》，《中华文史资料文库》第十一卷"军政人物编"，中国文史出版社1996年版；高拜石《纨绔政客潘馨航》，《古春风楼琐记》第二集)——虽已无关大局，但毕竟是最后的北洋政府总理。

潘复也颇有文人素养。王佩诤就相当推许：

> 潘馨航先生复，以名下士，现宰官身。年来振兴实业，探讨水利，不遗余力。余事为诗，亦复雄健隽伟。其近作《风雪登戴村坝察汶水留示东原父老》云："大野泽枯风怒号，雪花倒泻银海潮。五汶会合不知处，昔闻鞭石已成桥。……"(《双成颜馆胜录·潘馨航诗》，王学雷辑校《瓠庐笔记》，山东画报出版社2017年版)

此外，聊城海源阁藏书二三十年代散出时，身为山东人的潘复也花了力气。周旋于其间的书商王子霖回忆：

原潘复做总理时，行文山东林××省长，叫杨氏将所藏书献给省府。经秘书长吕公望将电报押下，暗转示杨氏。杨敬夫想如献省府决无好条件，不如暂避，就把四经、四史重要的书装了两汽车，运济南，由济南铁路朋友协助运天津。(《海源阁散书记》,《王子霖古籍版本学文集》第三册，上海古籍出版社 2006 年版)

但后来杨家生活难以维持，终以八万元将宋元善本抵押给天津盐业银行，而潘复就是合伙出资者之一，潘氏等人并因之专门组织了"存海学社"，以后藏书皆售予北平图书馆（张绍祖《盐业银行曾存海源阁藏书》，彭博编《七十二沽书脉长》，天津人民出版社 2016 年版)。

由这些零星轶事观之，潘复自谓"不武之人"，即以文人自居，也是有资格的。

之四

林白水讥刺潘复那篇文章，要紧处是：

某君者，人皆号为某军阀之肾囊，因其终日系在某军阀之胯下，亦步亦趋，不离晷刻，有类于肾囊之累赘，终日悬于胯间也。(《官僚之运气》，林伟功编《林白水文集》，福建省历史名人研究会林白水分会刊行，下册第 1179 页)

如此拟人以阴囊，已属人身攻击，未免有些滥用了言论自由。而此文发表于1926年8月5日，即其遇难前一日，可谓其社论之绝笔，也就难怪世人将其死归于"肾囊"的报复了。

借下三路的修辞以批判政治、臧否人物，在林白水尚有其例。1925年1月，林就借古代色情小说《杂事秘辛》对段祺瑞政府作了狠辣的嘲弄，文章先大段引录了《秘辛》原文，有"胸乳菽发，脐容半寸许珠，私处坟起。为展两股，阴沟渥丹，火齐欲吐"等语，以下就指向现实问题：

> 方合肥之以出山告天下也，岂不曰用官惟贤，天下为公，偃武修文，放牛归马乎？……然则过枢府之门，吾人始犹以为"公道砥平"者，今则令吴姁之手，为之暗中摸索，却那里觅得"公道砥平"乎？直是"私处坟起"耳。(《私处坟起》，《林白水文集》，下册第827页)

关于此事的背景，高拜石一文介绍得较清楚：

> ……冯等拥段祺瑞出山，称临时执政，就职通电中，有"公道砥平"语句，表示他用人行政将一秉大公，不久，段系的旧人如王揖唐、梁鸿志、曾云沛等所称为安福系人物，纷纷毕集于铁狮子胡同之执政府，白水撰社论讥评他，标题为《段执政"私处坟起"》，以杂事秘辛中语，针对公道砥平四字，见者无不捧腹，然受者则啼笑皆非，恨深刺骨了。

借"私处坟起"之"私",影射段政权的徇私,是比简单粗暴的"肾囊"之喻更为精彩的。

稍后他又借《飞燕外传》中赵合德对皇帝"转侧不就"、欲与不与的描写,形容另一个军阀孙传芳:

> 孙传芳当岌岌莫保之日,突以大兵逼陈乐山、张允明而逐之,示人以不可侮。而一面联络齐燮元,一面向中央通款。是殆深得赵昭仪转侧不就之娇憨态度。(《孙传芳甚似赵合德》,《林白水文集》,下册第833页)

这当然也是《私处坟起》的调调了。

这种刻意由"不文"起兴的笔法,可算近世以来政论写作的一种别裁,在林白水之前,似以吴稚晖最为突出。比如1908年吴在《新世纪》上有《卖淫实状》一文,系以慈禧与太监李莲英对话的方式出之,嬉笑怒骂地煽动反满,这边慈禧说:"哀家七十岁矣!搔首弄姿,丰韵不减二八入宫时,尚堪一试乎?"那边李莲英说:"容我探入插花的大袖子里,扪那干软的乳头,心肝的佛爷爷,你肉食四百兆人,以四百兆人之血,华佛爷之色,自然色如朝霞;以四百兆人之膏,泽佛爷之肤,自然肤如凝脂。老李何生修得,享此艳福!"如此之类(参罗平汉《风尘逸士:吴稚晖别传》,华夏出版社1999年版,第99—102页)。后来钱玄同特别表示认同这种文风,并有所分析:

> 稚晖先生一开口,一提笔,无不"语妙天下"。他对于满廷,常要用猥亵字样去丑诋它。有些人是不满意他这种文章的,他们以为这样太不庄重了,太失绅士的态度了。这种批评未必是适当的。当时的满廷是站在绝对尊严的地位的,忽然有人对它加以秽亵字样,至少也足以撕下它的尊严的面具。我那时对于《新世纪》的其他主张,反对的很多;但稚晖先生用秽亵字样丑诋满廷,却增加了我对于满廷轻蔑鄙夷之心不少。(《三十年来我对于满清的态度的变迁》,《〈语丝〉作品选》,人民文学出版社1988年版)

钱氏的这个体会,很能说明此文体的意味和作用。

至于吴稚晖、林白水而后,能将此风发扬壮大久战不疲者,自非李敖莫属。以时代文艺出版社引进的《李敖文集》论之,其《中国性研究与命研究》一册中,此类文字触目皆是;而《国民党研究》《民进党研究》两册也不时穿插,尤其《国民党"意淫大陆,手淫台湾"》《龟头上的"三民主义统一中国"》两篇,更堪称"语妙天下"者矣。

(原刊于《掌故》第四集,中华书局2018年版)

补记:

容庚亦曾拟挽林白水联:

通故有证，果何在耶，豺狼当涂，冤哉四字狱；局赌无凭，竟成真矣，猪狗有运，死也一时评。（自注：林之罪状为"通故有证"，死之前一日因作一时评，论张宗昌局赌沈瑞麟总长十万元事，适中其忌。"猪有猪运，狗有狗运"，乃时评中语。）

又有陈恭甫代容庚挽林白水一联：

直笔众交推，胜有文章媲暾谷；多才天所忌，剧怜身世似祢衡。（皆见《容庚北平日记》，中华书局2019年版，第107页、110页）

按：暾谷即"戊戌六君子"之一的林旭，跟林白水同姓兼同乡，故引以为比。

沦陷语境中的耶律楚材
——汤尔和的心事

在惯常的现代中国文化史或知识分子史上，汤尔和不过是一位边缘人，一个小配角；往往在讨论周作人时，才会浮起他的名字，尚不及吴宓之于陈寅恪、冒效鲁之于钱锺书。止庵曾指出"在周作人的一生中，汤尔和是极少数对他产生重大影响，使之追随其后的人之一"，此甚有见地；而他又说："从某种意义上讲，不充分了解北平沦陷后的汤尔和，就无法真正理解同一时期及其后的周作人。甚至可以说，假如不是接替死去的汤尔和，周作人对于担任伪教育总署督办的'考虑'可能有所不同。"（《重提"关于周作人的一些史料"》，《旦暮帖》，山东画报出版社2012年版）重视则重视矣，但自然还是出诸周作人研究的视角。而我是从"沦陷区/伪政权知识分子"的视角留意到此公的。

汤尔和早年留学日本、德国，获柏林大学医学博士，返国后亦医亦政。创立北京医学专门学校（北京医科大学前身）并任校长，又创立中华民国医药学会并任会长；至1922年王宠惠"好人政府"成立，任教育部长，后又任内务部长、财政部长；

1937年以后，在日占背景下的"中华民国临时政府"中任议政委员长、教育部总长，南京汪精卫政府成立后任华北政务委员会常委、教育总署督办。从这份履历看，其地位实甚显要，尤可谓专业知识分子从政的典范，只因"与敌同眠"，声名有污，身后始渐萧条。

以我闻见，惟有前两年袁一丹《民国学术圈的"里子"》一文（《东方早报·上海书评》2015年4月19日），对汤的事迹有专门挖掘，论述亦见深度，有空谷足音之感。在网上另检得王一方的《汤尔和与中国近代医学教育》，亦有可观。

全面探讨汤尔和的生平和事业，非我所能为。在此，只想讨论有关其思想的一个细节——他在沦陷时期的两首诗。

这两首诗，我最初是从传记《汤尔和先生》（著者署名"幼松"，民国三十一年自刊本）里看到的。该书第十九（章）提到，汤在庚辰年（1940）开始吐血、便血，随即往万寿山养病，每日去昆明湖畔；此时就写到"他有一篇吊耶律楚材的文章，刻在湖边的耶律楚材墓门内墙壁上"，这里说的"文章"，实为七律二首。

《汤尔和先生》一书所引录者仅限于诗句，并非全璧。我偶然在国家图书馆的网页上搜到题名为《耶律楚材墓诗》之目，即汤诗刻石的拓片，其正式的题目作《吊耶律楚材墓》，诗前尚有小序，且诗中多有自注，只是网上图片无法辨认。好在汤氏尚存《汤尔和诗》一册（四十年代油印本），后来我在国家图书馆古籍

汤尔和吊耶律楚材诗拓本

部（北海分馆）查阅到，始悉其完整内容，文本如下：

> 戊寅初夏，养疴瓮山，散策南湖，遂过广宁之墓，入而瞻礼。乾隆丰碑屹然，在朝阳之中，汪由敦诗为应制而作，不足以状媺德，识者憾焉。楚材辽东世胄，为元祖所识拔，顾爱护斯民有如赤子，仁人不杀，功德长存。捃摭史实，诗以张之，惜未能尽其十一也。中华民国二十七年五月杭县汤尔和志并书。

一代通才泣鬼神（楚材博极群书，旁通天文地理律历术数及释老医卜之说），髯人赐号不称名（楚材身长八尺，美髯宏声，元祖呼为吾图撒合理而不名。吾图撒合理者，蒙古语长髯人也）。直言深幸遭英主（楚材于元祖每极力辩谏，至声色俱厉，帝曰：尔欲搏斗耶？若使楚材遇拒谏之徒，饰非自是，其不遭刑僇也几希矣），苦口真能救众生（或言于元祖，谓汉人无补于国，可悉空其人以为牧地，楚材谏而止。元师攻汴梁，金人久拒元，将进言城下之日宜屠之，楚材驰入奏曰：得地无民，将焉用之。帝乃止，罪完颜氏，余皆勿问）。礼教从来关治乱（楚材所用皆中原名士，会吕振以赃抵罪，帝责楚材曰：卿言孔子之教可行，儒者为好人，何故乃有此辈？对曰：纲常为圣人名教，岂得缘一夫之失，使万世常行之道独废于我朝乎。帝意乃解），恩仇到底总分明。元家陵寝今何在，独向南湖吊晋卿（楚材字晋卿）。

嗜杀君王共事难，录囚决狱总从宽（河南初破，逃者十之七八，有旨居停逃民及资给者灭其家乡，由是逃者多殍死道路。楚材从容进曰：河南既平，民皆陛下赤子，走复何之，奈何连死数千百人乎。帝悟，除其禁。时燕多剧贼，辄曳牛车诣富家取财物，不与则杀之，贼皆留后亲属及势家。楚材治之，狱既具，不株连，仅杀十六人于市，而民安）。长余涕泪无余粟（楚材每谏，言与涕俱，帝曰：尔欲为百姓哭耶？帝崩，皇后用事，或谮楚材在相位日久，天下贡赋半入其家，后乃命近臣覆视，惟琴书而已），多予金钱不予官（楚材得禄，分给亲族，未尝私以官。或问其故，答曰：睦亲之义，但当资以金帛，若使从政而违法，吾不能徇私恩也）。兴利何如先去害（兴一利不如除一弊，楚材语也），引觞莫若且加餐（元帝嗜酒，日与近臣酣饮无度，楚材屡谏不听，乃持酒槽铁口进曰：麹曲能腐物，铁尚如此，况五藏乎。帝为之感悟）。仁风劲节千年在，留与英雄作镜看。

可知此诗实作于1938年间，去伪"中华民国临时政府"成立未久。

耶律楚材墓在颐和园昆明湖东岸近北。据宋希於查证，汤诗刻石于1951年"据《人民日报》转来读者来信意见"而拆除（《颐和园大事记[1750—1989]》[草稿]下册，颐和园管理处园史编写组1990年编印），或许天壤间仅存图书馆里的拓片了。

耶律楚材出身契丹贵族，蒙古军攻占金中都时被俘，后为成吉思汗、窝阔台两大汗重用，官至中书令（宰相），系蒙元史乃至中国史上举足轻重的人物。自政治道德的立场，耶律在古属"贰臣"，在今为"投降派"，近乎清初范文程、洪承畴之流；但在具体实践上，他苦心用力于去残止杀，活人无数，在政治、经济、文化诸方面亦创制垂范，将野蛮的"征服王朝"纳入有秩序的帝国行政，故他在历史上得到的更多是褒扬。加之耶律本非汉王朝的臣子，后人对他的道德鞭挞也因此更少一些吧。

耶律是"历史文化名人"，其墓又为京郊名胜，历来凭吊者不少。如明人刘效祖有诗《耶律丞相祠》、王嘉谟有诗《耶律丞相墓》（皆见《人海诗区》卷一"祠墓"），清人查慎行有诗《瓮山麓寻耶律丞相墓》（《敬业堂诗集》卷十七）、毕沅有诗《瓮山谒元耶律丞相墓》（《灵岩山馆诗集》卷六《燕台游草》）。其中毕诗云：

> 草昧文章正则乖，手扶斗柄上云阶。得时道自高松雪，议谥荣还并鲁斋。开国鸿谟关间气，上都名士鲜同侪。我来再拜陈鸡酒，高冢麒麟半土埋。

"松雪"即赵孟頫，宋宗室，书画大家；"鲁斋"即许衡，理学名儒。两人皆为忽必烈礼遇，毕沅以耶律与之相提并论且拔高一等，评价是相当高的。

回过头看汤尔和两律，自是继踵前贤之作；但考虑到汤自身的行事，不难想象，又不仅是继踵而已。其泛泛的怀古之外，还存着一己的心事吧。

汤诗遣辞并不艰深，所及耶律事迹，俱见自注，亦不必一一细究，只要特别关注"苦口真能救众生"一句。这跟诗序称耶律楚材"爱护斯民有如赤子，仁人不杀"的意思当然是一贯的。那么，汤尔和本人的行事呢？汤于1940年底去世后，周作人有联挽之，下联是：

此出只为救民苦难，岂意檀度中断，伤心跌打胜微言。（王仲三《周作人诗全编笺注》，学林出版社1995年版，第366页）

近两年后，周作人又说：

汤先生一生中治学与为政相半，其参与政事的期间差不多也仍是医师的态度，所谓视民如伤，力图救护……（《汤尔和先生》序）

再联系1938年梁鸿志的诗：

> 只手待援天下溺,吏休宾退一沈吟。(《叔雍自上海来,下榻暑斋,重阳前一日有诗。次和》,《爱居阁诗续》)

还有1942年钱锺书笔下的汪精卫政府说客:

> 具陈薄海苦锋镝,大力者为苍生哀。(《剥啄行》,《槐聚诗存》)

这些沦陷时期的种种说辞,包括对汤尔和的恭维,跟汤诗中颂扬耶律"救众生"的话正相呼应。

如此,就完全有理由认为,汤尔和之吊耶律楚材,亦其自吊也。耶律臣事宗国之敌,而救济中原父老;汤与日人合作,而维系沦陷区民生。二者所处的情势、所为的事迹,固有相似的地方。耶律一生的作为,很容易让汤尔和产生共鸣;在耶律身上,汤能找到自己行事的"先例",使其政治实践得到历史的支撑,也使其内心紧张得到文化的慰解。通过对耶律的纪念,汤将自身与耶律置于相同的历史处境之中,达成了陈寅恪所说的"了解之同情",达成了伽达默尔所说的"视界融合";在汤尔和来说,耶律就是他的"古典",而他自己就是"今典"。他对耶律表同情,也即对自己表同情;他为耶律辩护,也即为自己辩护。据说,汤尔和曾回应骂他是汉奸的人说:"是非功罪,在百年之后!"(姜德明《周作人与汤尔和》,《书摊梦寻》,北京燕山出版社1993年版)臆测其心理,或以政治为轻,民生为重,政治很容易时过境迁，而救世之功终不会淹没。如耶律楚材者，历千百年后，谁还会以"汉奸"论之呢？

汤尔和的心迹，并不是孤立的。曾活跃于沦陷区文坛的"落水文人"柳雨生，在海外成为学者柳存仁之后，写过一篇论文《元代蒙古人汉化问题及其汉化之程度》，其中论及耶律楚材：

> 是楚材之获任用，为其能聚财充国用。此又有嫌于兴利聚敛，尚非调鼎鼐燮阴阳命世之贤之所宜也。然而楚材所以降志辱身，不为桀溺之避世者，则以生丁乱世，目睹人民水深火热之痛苦，欲为稍纾其难，庶免载胥及溺耳。（《和风堂文集》上册，上海古籍出版社1991年版，第591页）

这个材料，是前些年严晓星告知我的。晓星在其2010年的日记里，已拈出此条及相关文本，指柳氏强调耶律楚材们的救济世人、保存文化之功，"颇似有借此为自己在抗战期间的亲日活动洗刷之意"，这是很敏锐的观察。事实上，我们不难看出，柳存仁后来以学术体裁表达的意见，跟当年汤尔和诗中的感喟仍是如出一辙的。

汤尔和、柳存仁固然心意相通相承，但自然也有与之心意悖反者。

台湾王汎森曾提到，1935年时，专长于辽金元史的姚从吾曾写过一篇论文草稿，主题有关蒙古入侵时耶律楚材对汉文化的匡救事业，自感得意，已成文十之八九，但他在给傅斯年的信中却表白：

……可是后来想一想，现在那里是表彰耶律楚材的时候，这一类的文章，似乎不应在现代发表！因此决定停止，另想他种题目。（《价值与事实的分离？——民国的新史学及其批评者》，《中国近代思想与学术的系谱》，台湾联经出版事业股份有限公司2003年版。按：此篇未收入《中国近代思想与学术的系谱》大陆版）

检《姚从吾先生全集》"辽金元史论文"部分（台湾正中书局1982年版），又检王德毅编《姚从吾先生著述目录》（《姚从吾》，台湾华欣文化事业中心1979年；《姚从吾传记资料》，台湾天一出版社1979年），皆未见此题目的论撰；倒是有《成吉思汗信任邱处机这件事对于保全中原传统文化的贡献》《元好问癸巳上耶律楚材书的历史意义与书中五十四人行事考》《金元之际元好问对于保全中原传统文化的贡献》几篇，但都作于赴台后的六七十年代。不知姚从吾收入抽屉里的这篇论文，是否还存于天壤间呢？

还有戏剧性更强的一例。1943年，方豪发起过一个耶律楚材逝世七百年纪念会，在其任教的遵义浙江大学举行；同时方氏又在重庆《益世报》文史副刊编出两期特辑、在《东方杂志》发表《耶律楚材逝世七百年纪念》一文。此年初，方氏曾以此题分别向陈垣（时在沦陷区）、陈寅恪（时在大后方）征文，结果陈垣寄去《西游记足本》及旧文《耶律楚材之生卒年》抽印本，并附短札云：

> 耶律楚材在金国未为忠臣，不知尊处何以取之也？

这是而礼貌而明白地表示责备了。后来方豪在悼念陈垣时回忆此事：

> 自余于三十年秋入浙大，曾与若干同事发起，每年选一历史上可纪念人物，作为研究对象，指导学生寻求资料。三十一年纪念者为徐霞客，三十二年可资纪念者，舍耶律楚材外，实无第二人，而楚材提倡儒学，阻止蒙人屠杀，又精天文历法，行踪远及中亚，亦有其可取处，其他方面，竟致忽略，良深愧怍！道途梗阻，北平、贵州，邮递需数月，先生函到，纪念已过矣！（《对日抗战时期之陈援庵先生》，《陈垣先生近廿年史学论集》附录，香港存萃学社1971年编；参李东华编著《方豪先生年谱》，台湾国史馆2001年版，第50—51页）

陈垣于耶律其人向来关注，撰写过论文《耶律梦材父子信仰之异趣》（1929）、《耶律楚材之生卒年》（1930），可谓斯学先导，怎么反倒不愿意纪念他呢？我们可以想象，陈氏置身沦陷区，在政治上对耶律楚材的现实意味当更为敏感；而汤尔和作为沦陷区政府要员，招摇地题诗勒石以纪念耶律楚材，同城的陈垣也没什么理由不知道。他对方豪出于纯学术动机的纪念活动深致不满，当由于此。

在耶律楚材问题上，姚从吾的自律，陈垣的责人，以及方豪的追悔，跟汤尔和、柳存仁的认同正成对照。这是历史问题现代化、政治化的生动案例，是"一切历史都是当代史"此语的精彩注脚。我们由此明白可见，在外敌侵逼之际，在领土沦陷之后，耶律楚材作为一个历史符号，变得微妙而敏感，它既是"古典"，又隐含了"今典"，负载了现在时的政治动机——所以，冒天下之大不韪的汤尔和、柳雨生要引为同调，而爱惜羽毛的姚从吾、陈援庵就要避之则吉了。

我要讨论的话题，本止于此。但关于汤尔和的零星材料，平日尚随手记下若干线索，考虑到我可能不会再写有关他的文字，兹抄撮于下，以供有志者参考：

汤尔和将所著《猪及其他脊椎动物十二指肠的潘氏细胞及黄色细胞》赠送钱玄同，并有题诗：

> 前几年你要看我的著作，
> 那时候，我只有一种台克司脱卜克，
> 算不得著述。
> 今天送你一条猪肠，

带上一个全蝎,

不晓得你能吃不能吃?"

（见《疑古玄同——钱玄同文物图录》，大象出版社2016年版，第153页。此承宋希於告示）

颇可见其风趣。

汪荣宝二十年代有诗《汤尔和学博，以考索医术来欧，过伯尔尼见访。与同登古尔敦晚眺》《丁卯五月余在京师，尔和方罢计相，一日携去年游阳羡诸山与黄任之唱和诗卷见过索题，未有以应。他日过尔和，复出一小词见示，则最近答任之自大连寄诗之作也。慨然成二绝句，因书卷后》，其后又有《江户重逢八千代，席上次韵尔和二首》《中秋次韵尔和》（皆见《思玄堂诗》，民国刊本）。此可略见两人交往之迹。

赵尊岳有词《鹧鸪天·汤尔和属题六松图卷，时北方兵警正亟》（《珍重阁词集·近知词》下卷）。据说汤氏曾得翁同龢"六松堂"横额，因自号"六松堂""六松堂主人""六松老人"，故有此图并索题。

童轩荪回忆民国时北京文化名流时，提到当日有将汤尔和与明末清初来华的西洋传教士汤若望混为一谈，汤乃作打油一首应之：

北调南腔一首诗，得来全不费心思。有人若把头衔问，便道明朝老牧师。（《"文化城"学人謦欬笑貌》，《文化城

故事》，台湾传记文学出版社 1972 年版）

罗家伦谈论张作霖时，强调他对日本人既借助其势力，也抵制其渗透，并举了一个例：

> 汤尔和（张作霖时代曾任总长，出关后任张的高等顾问）在民国二十一年初对我说："张作霖退出北京的前夕，日本军部代表逼迫他要签订五条铁路让给日本建筑的条约。张作霖无论如何不肯，躺在鸦片榻上痛骂，日本代表和日本顾问就在隔壁房间，张骂过后又躺下，躺下后又起来，等到半夜，方才答应签字。"但是第二天一大早就叫他的交通总长潘复离开北京，次长亦跟着离开了，仅派一个司长代表部长匆匆地签字，据说张是有意使这个文件显出不曾经过合法手续的形态。据汤尔和说，张作霖的生命要断送在日本人手上的迹象，那天晚上已看得很明白了。所以张作霖虽然生前被人家骂为横暴的军阀，但是他这一死，却得到了全国人民的原谅。（过克厚笔记《早年对张学良的印象》，罗久芳、罗久蓉编辑校注《罗家伦先生文存补遗》，台湾"中央研究院"近代史研究所 2009 年版）

汤氏告诉罗家伦的，自是可贵的口述史料；而由此，亦不无透露出汤本人对日本侵略的态度。

马叙伦早年与汤尔和有同学之谊，其《石屋续瀋·汤尔和晚节不终》云：

> 尔和有治事才，见事敏捷，然不能无蔽。余尝谓尔和一目能察舆薪，一目不见泰山……尔和既历仕途，乐而不倦。又交王克敏，浸丧其操，克敏少习膏粱，服食奢侈，又好聚骨董，尔和染焉，居处甚拓，出以汽车，食具鱼翅，三五日宴客。其所畜书画，非余与裴子（按：邵裴子）所为鉴定者，率膺鼎也。北平琉璃厂为古玩之薮，铺人所喜而迎之者两总长，即尔和与易寅村培基也……九一八以后，尔和家时有日人影佐、梅津、本庄者流之踪迹，而尔和卒沾伪职以迄于死。

留在大后方的陈克文（原汪精卫系）1938年底有日记：

> 张伯勉（锐）从天津来说，汤尔和之所以做汉奸，是因为一千二百的顾问薪水，在黄郛做冀察政整会委员长的时候，聘汤为顾问，月送一千二百元。后来宋哲元做委员长，减为三百元，汤不受。后来又加为八百元，但此时冀东伪组织已成立，殷汝耕以一千元聘之，遂从殷汝耕事敌云。（《陈克文日记1937—1952》，社会科学文献出版社2014年版，上册第303页）

此属私下传言，不知是否准确，但亦可见当日私人间对汤氏的印象之一班。

吴湖帆夫人潘静淑去世，1939年吴以夫人词中"绿遍池塘草"句征题，汤尔和手书七绝二首应之（《绿遍池塘草图咏》，自刊本，第64页）。与之并列的名士甚众，如张元济、冒鹤亭、张尔田、杨云史、叶恭绰、夏承焘、龙榆生，还有汪精卫——不过其时汪尚未"还都"，还不算汤尔和名义上的上司。

近代史家郭廷以1959年记朱家骅私下谈话：

> 黄郛、汤尔和、马叙伦、徐表甫均杭州孤独院出身，天资俱高。蔡孑民（按：元培）初长北大时，人事多为汤所安排。（《郭量宇先生日记残稿》，台湾"中央研究院"近代史研究所2012年版，第141页）

如此，汤氏作为幕后人物，于北大早期历史关系亦大矣。

此外，汤尔和一生译著甚多，在网上检上海图书馆和国家图书馆的书目，医学著作不论，另有《东北亚洲搜访记》（鸟居龙藏著，商务印书馆民国十五年版）、《东省刮目论》（藤冈启著，商务印书馆民国十九年版）、《满铁外交论》（商务印书馆民国十九年版）、《黑龙江（一名江省民物志）》（中东铁路局商业部编，商务印书馆民国二十年版）、《到田间去》（南满洲铁道株式会社家事试验场编，商务印书馆民国二十二年版）、《医学与哲学》（永井潜著，商务印书馆民国二十三年版）、《北满概观》（哈尔滨满铁事务所编，商务印书馆民国二十六年版），我手头有《东北亚洲搜访记》《满铁外交论》《到田间去》三种。

《到田间去》值得多说几句。此系关于农、畜产及植树的专著，但意外的是，居然有蔡元培、胡适的序，可算隆重其事。检手边的《胡适著译系年目录》（季维龙编）及《胡适之先生年谱长编》《胡适日记全集》的索引，皆未见此序，似乎还是佚文呢。而汤自己的译序也写得不错，借题颇发挥了胡适"多研究问题，少谈些主义"的意思，其中还讨论到：

> 有一件干燥无味而实在是很有趣的材料，就是东省乡间文契的程式，各地方所用的字眼和他的文理，种种不同。在研究文学的人，看了一钱不值，但是在民俗学上，我想与各地歌谣，或者许有同等价值。不过向来著书立说的朋友，很少机会把买卖借押等契纸，采作材料。所以这种租约田契的格式，恐怕只有当地教蒙馆的老先生写得出来。我看了这本书上许多式样，如同走进博物馆一般。

可知他由日本人的实地调查影响，很早就已认识到民间契约文书的学术价值了，这在观念上，是要先于傅衣凌的，更不必说当代的田涛、王振忠等了。

一勺知味，由《到田间去》的译介，知汤尔和之译书，是出于一己所重视的问题，往往还是迫切的现实问题。观此，又可知汤氏作为知识分子的志趣所在。专于纯学问的人文型知识分子其实多矣哉，而汤尔和志在躬行，是实用型知识分子，按古典的取径,他从事的是"经济"之学,即"经世济用"之学。他以专家身份而投身政治,作风积极有为,实是丁文江一流人物,而跟"闲适"的周作人正相反——我以为,恐怕这是现代中国知识分子中最稀有的品种。只是他与周作人之间,在为人上虽大异其趣,在处世上却殊途同归,世运弄人,又何其吊诡!

但无论其政治功罪为何,我们首先得明了,此人值得重视,值得挖掘;作为一个应世的知识分子,一个从政的知识分子,他是很典型的个案,应成为独立的研究对象,而不是仅作为"反动老作家"的陪衬。

附记:

袁一丹读此文后告知两种相关文本:

一是沦陷区所刊《国学丛刊》第五册(1941年)"课艺选录"栏目有《耶律楚材论》两篇(作者分别为范宬、林承),皆盛誉耶律其人。前者谓:

> ……是楚材始终以救民为帜志,化犬羊之俗,而使入冠带之伦,吾民之受其赐者,岂浅鲜哉。

后者谓:

> ……止杀存仁,宽刑去暴。使有元一代能有文物可称,

而胜国遗黎不致荡析至尽者，微斯人之力不及此也。"

此《国学丛刊》系由国学书院第一院主办，背后有华北政务委员会首脑王揖唐支持，即有沦陷区的官方背景。可以想见，这两篇"课艺"，也即"命题作文"，所以会拈出耶律楚材作题，本身即有其倾向性，暗示了对耶律的特殊认同，而两位作者的立意，或多或少会有迎合出题者的成分。但无论如何，这两篇作文的大旨正与汤尔和、柳雨生相呼应，至少可代表部分沦陷区人士的心理。

一是陶希圣的时评《由耶律楚材说起》提到：

> 马渊逸雄说日本要在中国实现"八纮一宇"的理想，必须中国有耶律楚材一流的人物，替日本布德施惠，辑绥民众。（《国际通讯》第四十二期，民国30年4月2日。另据周运告，此文又发表于重庆《大公报》同年3月28日）

陶氏以此作为引子，意在斥责汪精卫政权，且不置论；由此可见耶律作为历史隐喻的意义，在日本方面也产生了共鸣。

另，严晓星告知近人周学熙有诗《耶律楚材（祠墓在颐和园）》：

> 居然辽裔有文人，贤母孤儿八尺身。万世尊师承祖训，百年垂统属儒臣。江山故土无夷夏，祠墓名园孰主宾。帝

室兴亡几回首,尚留遗像古衣巾。(《止庵诗外集》,《止庵诗存》,天津古籍出版社2019年版,第393页)

此诗系周氏课作,似当出于早年即清末时,于耶律楚材显然也有恕辞。

此外,清人朱琦《新铙歌四十章》有一首《老秘书》,写的是范文程:

> 老秘书,无与匹。独请入关申纪律,大河以南可传檄。一言先救民,天道不嗜杀。赤手挽劫运,元气回萌芽。早暮何咨咨,臣不知有家。咄哉老秘书,尔救时何亟。屡奏减赋宽民力,咄哉秘书无与匹。(《清诗铎》卷十一"武功")

范文程以汉人而仕清,力主入关争霸,奠定朝廷体制,与耶律楚材颇相类似。此诗极力推扬他的扶危救民之功,跟汤尔和们对耶律的礼赞也是异曲同工的。

(原刊于《掌故》第三集,中华书局2018年版)

现代史上的"商山四皓"

"商山四皓"的古典,国人自很熟悉;而凡关注当代知识分子者,恐怕也多知道"商山四皓"的今典。

汉高祖刘邦晚年宠爱戚夫人,有重立幼子如意为太子之念,吕后用张良策,请得东园公、夏黄公、绮里季、甪里先生四位前朝隐士出山支持太子刘盈,遂打消了刘邦废长立幼的念头。是为古典。

七十年代"打倒四人帮"后,上下有同仇之心,在"批林批孔"运动中任"梁效"写作组("北京大学、清华大学大批判组")顾问的四位学界名宿,即冯友兰、魏建功、周一良、林庚,一时遂成众怒之所集。当日舒芜乃匿名以七绝《四皓新咏》讽之,虽仅私下写钞,而海内争传,横议纷纭,已成为当代知识分子史上的故实。而舒芜鸣镝在前,众矢随之,唱和者亦不少,包括唐兰、王利器、钟敬文;此外游国恩有《秋感八首》,王仲荦有《咏史》三十首,亦因之而作。是为今典。

此一公案,罗孚早有专门讨论(《"从来冠冕总堂皇":从刘宾雁、王若水说起》,《燕山诗话》,香港牛津大学出版社1997年版),陈言可去,我就不再细说了。

但一般人未必了解,在现代中国史上,"商山四皓"的政治戏码已一再重演,冯友兰诸人这一桩,其实是"商山四皓"掌故的狗尾了。再者,时过境迁,我们回视冯友兰辈,其身份终不离一介书生,在政治上实无足重轻,原是够不上"四皓"这一角色的;只因当时在大批判的氛围中,有一种将江青坐实为吕后的影射心理,于是就将"四皓"的帽子戴在冯友兰们头上,让他们来陪绑罢了。

真正够得上"四皓"角色的,得是更有政治分量的知识分子。

最早的一波,以我所知,应是在袁世凯时代。袁称帝前,以政事堂名义发布申令,略云:

> 自古创业之主,类皆眷怀故旧,略分言情,布衣昆季之欢,太史客星之奏,流传简册,异代同符。徐世昌、赵尔巽、李经羲、张謇,皆以德行勋猷,久负重望……兹特颁嵩山照影各一,名曰"嵩山四友"。(据《洪宪纪事诗本事簿注》引,《洪宪纪事诗三种》,上海古籍出版社1983年版,第283页;参李渔叔《鱼千里斋随笔》[增订本]卷八"张啬庵与嵩山四友",台湾中华书局1970年版)

刘成禺《洪宪纪事诗》咏其事:

> 退老林泉与子闲,强邀白首住松间。嵩阳芝草年年碧,四友何曾爱此山。

刘在《洪宪纪事诗本事簿注》中又自引其《后孙公园杂录》:

> 此议原创于克定,何人为克定画策,未得其名。意盖既有太子,必有四皓,嵩山则吾家故地也。当时以东园公拟徐东海,黄公拟赵尔巽,绮里季拟李经羲,年最少也;甪里先生拟张謇,今虽呼友,前仍先生也。(《洪宪纪事诗三种》,第284页)

可知"嵩山四友"的名目,纯是模仿"商山四皓"的。而张伯驹的《续洪宪纪事诗补注》亦云:

> 鹓行无与列朝班,礼聘蒲轮师友间。太子何尝生羽翼,嵩山终不似商山。

自注云:

> 洪宪时,赵尔巽、李经羲、严范孙、徐世昌为嵩山四友,不以臣视;但与皇储殊少见,亦非拥护帝制者,非似商山之四皓也。(《洪宪纪事诗三种》,第313页)

在这里,"嵩山四友"的张謇换成了严修(范孙)。张伯驹未有援据,或出于一时误记——盖严修与袁亦甚有交谊,而张謇与袁反倒似近而疏。

不仅北洋政府方面摆弄这劳什子,已丧失了实际权力的逊清皇室方面,居然也有着"商山四皓"的影子。周肇祥在《琉璃厂杂记》(卷十一)里提到:

> 改革以来,清室徒拥虚名,不自求善后之计,以为帝号可久居,如意大利之有教皇廷者。……虚名之坐拥如故,宫内之排场如故,老谬之师傅仍以陈腐之学说为教授,而自居于甘盘、四皓之列(英人庄士敦为英文教授,借居水竹村之樱桃沟别业,以采芝名其亭,是以四皓自况也)。(《琉璃厂杂记》,北京联合出版公司2016年版,下册第407页)

照庄士敦的记述,他1919年入宫时,溥仪有四名师傅:陈宝琛、梁鼎芬、朱益藩、伊克坦(满族)(《紫禁城的黄昏》第十二章,陈时伟等译,求实出版社1989年版;另参秦仲龢[高伯雨]节译本第三章,香港春秋出版社1968年版)。那么,就是这四位自比"商山四皓"吗?当然,即有其事,也不会是"嵩山四友"那样的正式名义,不过私下里意淫一番,自娱自乐而已。至于庄士敦就更隔一层,只算对意淫的模仿了。

往后,现代史就进入国民党时代,一种新的政治形态,极权政党主导的政治形态,就此正式登场。但为政在人,旧政治的风气仍存,"商山四皓"的幽灵也仍在浮荡。

三十年代初,曼昭《南社诗话》在谈柳亚子诗时有这样的话:

> ……寥寥数行,而张季直(按:张謇)辈之狗彘食人,情状如绘,嵩山四友之得名诚非偶然。今日者,蒋山四皓为军阀张目,以青年血肉膏其牙吻,季直兄弟必掀髯笑曰:"是能绳其祖武者。"(《南社诗话两种》,中国人民大学出版社1997年版,第33页)

这位"曼昭",据今人考索,可确定即汪精卫的托名(宋希於《"曼昭"是谁?》,《东方早报·上海书评》2012年9月2日;陈晓平《"曼昭"就是汪精卫》,《东方早报·上海书评》2012年9月16日;汪咸廉《曼昭汪精卫同为一人——〈南社诗话〉手稿的发现》,《明报月刊》2013年十二月号),故其笔下政治攻讦的气味极浓厚。他不仅提到了洪宪时代的"嵩山四友",且又抛出了个"蒋山四皓",这都是谁呢?

此问题,罗家伦有一份生前未曾公布的口述笔记正可解决。这份资料记录于1931年,题目赫然就是《商山四皓》,开篇即交代"四皓"得名的由来:

> 国民党年老有资格的人也很多,为什么吴(稚晖)、蔡(孑民)、李(石曾)、张(静江)四个人,仿佛占了一个特殊的地位,有"商山四皓"之称,如林子超(按:林森)

这般人，年纪比他们还大，反而轮不到呢？这大概有两个原因：一个是他们四个人，除张而外，有一种特殊的社会地位；第二是，当总理在世的时候，对于他们几位以朋友看待……这两种理由，恐怕是"商山四皓"的主要原因。南京国民政府成立以后，他们几个人在政治上有一种特殊的势力，虽然不是亲自当权，而遇着重要问题，似乎非要和他们商量不可。蒋对于他们，也是抱着一种特别尊重的态度，所以"商山四皓"更是惹人注意了，他们仿佛代表了一种道德的势力。（《罗家伦先生文存补遗》"口述笔记"部分，台湾"中央研究院"近代史研究所 2009 年版）

这份资料似甚可贵，由此，足以确定曼昭笔下的"蒋山四皓"正是吴、蔡、李、张四人。不过，对于"四皓"特殊地位的根源，我以为罗家伦虽身与其中，但其解释却嫌未得要领。

1927 年国民党内因"容共"问题分裂，蒋介石一手主持"清共"（中共方面称"四一二反革命政变"），在南京成立国民政府，确立了此后二十年中国的政治重心，为现代史的大关节。在"清共"前后，形势混乱未定，而蒋得到吴、蔡、李、张这四位"社会贤达"的支持，于其南京政权实至关重要——当时此四人加上胡汉民，即所谓"中央五委员"（罗家伦《蒋胡底关系》，《罗家伦先生文存补遗》"口述笔记"部分），可见关系的重大。

后来胡适在《追念吴稚晖先生》一文里很着重地指出：

……船到了日本，我知道南京已成立了新国民政府。我在日本停留了三个多星期，仔细读了那几个月的报纸，才充分明白当日吴稚晖、蔡孑民、张静江等一班文人出来主张清党反共，确有很重要的历史意义。……赫贞先生（按：哈佛大学法学教授）转问我的意见，我说："……蒋介石将军清党反共的举动能得着一班元老的支持。你们外国朋友也许不认识吴敬恒（稚晖）、蔡元培（孑民）是什么人，但我知道这几个人，很佩服他们的见识与人格。这个新政府能得到这一般元老的支持，是站得住的。"我在日本对中国学生谈话，对日本报人谈话，也曾这样说："蔡元培、吴敬恒不是反动派，他们是倾向于无政府主义的自由论者。我向来敬重这几个人。他们的道义力量支持的政府，是可以得着我们的同情的。"（据胡颂平编《胡适之先生年谱长编初稿》，台湾联经出版事业公司1990年校订版，第二册第676—677页）

我想，这才是"商山四皓"在南京政府初期得到蒋介石依重的关键！而蒋的政敌汪精卫深恶而痛斥之，谓其"为军阀张目，以青年血肉膏其牙吻"云云，也由此始能完全落实。

国民党的"商山四皓"故事，还有续篇，是改在了台湾上演。当然，数十年间四海奔腾，人事代谢，历史情势已有惊人的翻转，新的"四皓"绝不是一个简单的故事新编。

五十年代后期，蒋介石任中华民国总统职已近两任十二年，若不违宪二度连任,就必须让位。继位的人选,则不出副总统陈诚与蒋经国二者。当此政潮暗涌、形势微妙之际,"商山四皓"乃重现于世——不过,这个"商山四皓"支持的,并非血缘意义上的"太子"蒋经国,却是制度意义上的"太子"陈诚。

关于这一问题,近期台湾黄克武先生的长文《蒋中正、陈诚与胡适:以"三连任"问题为中心(1956—1960)》(《"胡适与中国新文化"国际学术研讨会论文集》,2016年12月)有详博的梳理。据其考述,1959年1月间,陈诚为了避寿,约蒋梦麟、胡适、王世杰、梅贻琦等人到台中南部巡游,随后"商山四皓"之类说辞迅即散播开来,甚至公开见诸香港的《新闻天地》(周刊)。私下的传闻尤多,当事者陈诚在日记里多有记录,另如雷震日记亦有谓:

>   胡先生这一次和陈诚出游,有人说是嵩山四皓,因有王世杰、蒋梦麟和梅贻琦,而报纸上称他们随行人员。(《雷震日记》,第40册第14页。按:"嵩山四皓"之称并不规范,可见当时对北洋的"嵩山四友"仍有印象,遂将之与"商山四皓"混杂而言)

胡适的秘书胡颂平稍后也记载:

>   先生……又谈起去年一月十五日到二十日,因为陈副总统和蒋梦麟要出去避寿,梦麟再约雪艇和我同去,到各

地游览了六天，后来有人说是"商山四皓"，这是读书人的"错客"（上海话）造出来的。最近几个月来的政治激动，都是这句"商山四皓"的话而来的。(《胡适之先生年谱长编补编》，第227页。按：据友人告知，"错客"规范的写法是"促掯"，亦用于吴语地区）

黄克武征引的，主要是当时的记录，是与国民党官方关系密切者的记录，而此事作为传闻，见于一般知识界者自有不少。两岸隔膜，条件有限，但我也留意到两例。一是徐复观，1973年在《现代中国知识分子的特性——悼念章士钊先生》一文中提到：

> ……科举废了以后的知识分子，必须另辟一条与势力相结托的途径。民国成立，军阀当权。靠上了军阀，即是靠上了最现实可靠的势力。……台湾发生所谓四皓的传说后，即是说陈诚把胡适，蒋梦麟，梅贻琦，王世杰当作四皓的传说后，我才晤[悟]出这个道理。（见《徐复观杂文——忆往事》，台湾时报文化出版事业有限公司1980年版；又见《中国知识分子精神》，华东师范大学出版社2004年版）

如果说有台湾"四皓"的话，其性质首先是当权者主动拉拢知识分子，而非知识分子主动靠拢当权者，徐复观未免因突出己见而扭曲了事实，但由此亦可见他对"四皓"印象甚深，且是抱有批评态度的。另一例是左翼的郑学稼，他回忆胡适在1959

年2月间——"四皓"事件刚发生的时候——约他见面的情形：

> 他自己说到陈诚做寿事，如此告我："你知道吗？人们因此称他们为商山四皓。"我细看坐在我旁边之一"皓"！（《我的学徒生活》，台湾帕米尔书店1984年版，第140页）

对照1960年2月，胡适在跟陈诚等吃饭时说过"一般人说的'商山四皓'今晚都到了"的玩笑话（《胡适之先生年谱长编补编》，第204页，据黄克武引），可见胡适本人并未将此太当作一回事。

总的看来，对于"四皓"的传言，陈诚方面不承认，而"四皓"方面也未当真。此后总统连任问题造成的政治危机，终以修订《动员戡乱时期临时条款》而化解，蒋介石得以"合法"地第二次连任，陈诚接班的机会消灭于无形；而"四皓"无论出于主动或被动，终未能发生政治效力，随之成了过眼烟云，只在知识界留下了一点回响。这样说来，比之民国那界"商山四皓"，这一界的"商山四皓"明显不行，基本是一次"事先张扬的政治事件"，花边新闻罢了。

尽管如此，仍显出历史的吊诡。从蒋介石的角度来看，在民国时，形势是他要上台，要重新洗牌，要借重"商山四皓"的支持；到了五十年代，形势却是他面临下台的威胁，而"商山四皓"成了暗地里的反对派，系其敌而非其友。而从胡适的角度来看呢，在民国时，他只是政局的旁观者；而在五十年代，他却卷入其中，成了"商山四皓"之要角。世事翻云覆雨，固非当事人所能逆料，亦非旁观者所能逃避。

还有一点，在北洋时代，不论是袁世凯政府方面，还是逊清小朝廷方面，都还是把"四皓"作为好名头来用的；但到了国民党君临的时代，就开始变味了。最后，国、共两岸皆不约而同地将"四皓"当作坏名头，当作一种攻击名流的武器了。

至此，我讨论的基本属于"掌故"问题，但还想稍为讨论一下"历史"问题。就黄克武的论文《蒋中正、陈诚与胡适：以"三连任"问题为中心》，要提出一点商榷。

黄先生援引文献很是翔实，可我觉得，他又过犹不及，陷入了另一个误区——过于依赖文献。我的意思是：他的立论实质上是以蒋介石日记为史料主干的，这使得他自觉不自觉地过分依靠这一项文本证据，以至于跟着蒋的意思走。他通过梳理蒋在日记中对连任问题、对陈诚认识的记载，认为蒋介石是由不愿违宪连任，逐渐转变为设法继续连任的，"蒋氏态度的转变也涉及对海内外知识分子反对'毁宪连任'之言论的反弹。……这些激烈的批判反而促使蒋氏走向继续连任的路子。""蒋氏的连任也涉及他对陈诚的失望，担心陈诚与北大知识分子的结合会影响到蒋经国接班。……'商山四皓'事件更加深了蒋对陈诚的疑虑。"这差不多等于说，是由于知识界反对违宪连任，是由于"商山四皓"支持陈诚，蒋受了刺激，才转而决意谋求"三连任"的。我以为此说未免迂阔，可谓颠倒了因果。蒋介石想做终身总统，想"家天下"，日后让蒋经国继位，这是一个独裁者最自然的心思，这样的心思，他会自己写在日记里吗？我们用得着借他的日记来证明吗？不如说，蒋本不愿让陈诚当总统，才会对他越来越求苛严，才会在日记里对他表示越来越失望吧。与其说"四皓"事件刺激了蒋，不如说是蒋利用了"四皓"事件，反过来打击陈诚吧。

总之，蒋介石"三连任"的历史公案，远不仅是一个史料学问题，不是可以依据表面的文献证据就能解释清楚的，尤其不是可以依据蒋自己提供的文献证据就能解释清楚的。作为史料，蒋的日记当然可以用，应该用，但须始终抱有批判的意识和怀疑的眼光，尤其是当事情牵涉到蒋本人的时候。蒋的日记并非一个中立的史料，将蒋的日记作为呈堂证供，不用说，结论当然是有利于蒋的。

我的简单看法是：蒋介石即便曾有不连任的打算，也只限于让蒋经国继承其政治地位，其一度表示考虑陈诚，无非故作姿态，甚至意在试探而已。而等到连任问题逼近，政学两界有一股支持陈诚的势力，而当时蒋经国资望未足，势力未成，则蒋的"最佳"应对之法，确实就是自己连任；这样一来，小蒋接班的事虽然延后，却完全堵死了陈诚"截胡"的可能，蒋家王朝就可保无虞了。

我们现在都知道，蒋经国后来顺应潮流，自上而下主动改革，引领台湾走向民主化，可谓立地成佛之行，确是很应表彰的。但这是以后的事。不能以结果论英雄，不能从数十年后的历史变局来评判此时此刻的政治事件。在当时来说，蒋介石连任，意味着行事相对温和的陈诚黯然出局，而有极权政治作风的小蒋继位可期,那无疑是蒋家的胜利,是自由知识分子的失败。那绝不能算一桩好事。我们犯不着将如今对小蒋的同情和敬意,追认到当年老蒋身上。对于独裁者谋求连任这种事,治史者还是不要抱有太多"善意","宁可疑而过,不可信而过",我以为是恰当的。

我的论题本只限于"商山四皓"的今典,但古典问题,在此也附论一二。

关于"四皓"名目的确定及其源流,王子今从称谓角度举证甚详(《称谓史研究的另一对象:类聚之称——以"四皓"名号为例》,《秦汉称谓研究》代结语,中国社会科学出版社2014年版),但似乎欠缺一个简明的总结。我猜想,"四皓"的成立,或是受了上古"四岳"之说的影响。"四岳"见于《尚书·尧典》,系尧的辅助者;又见于《国语·周语》《史记·齐太公世家》,但成了禹的辅助者。从尧、禹的"助手"到汉太子的"顾问","四岳"与"四皓"的性质有接近之处。另外,有论者白人类学立场指出,中国上古也跟其他不少早期文明一样,存在着"老人政治"现象,"四岳"可能即"长老会议"一类的组织(徐刚《叟》与古代的老人政治》,《北京大学中国古文献研究中心集刊》第四辑,北京大学出版社2004年版);此说亦可参考,"四皓"也可视为上古"老人政治"的一种遗存。

"四皓"在后来被借用,我暂知有两例。在曹操时代,司马懿系曹丕的重要谋士,《晋书·宣帝纪》云:"每与大谋,辄有奇策,为太子所信重,与陈群、吴质、朱铄号曰四友。"这个"四友",应即模仿"四皓"而来。南朝时有位徐伯珍,隐居不仕,以设馆授徒为生,《南齐书》《南史》皆载:"……家甚贫窭,兄弟四人,皆白首相对,时人呼为'四皓'。"可知对"四皓"的古为今用,亦古已有之。而徐伯珍兄弟终身在野,真正做到了不忘初心,这就比"四皓"还要"四皓"了。

补记:

卞孝萱晚年提到:

> 周绍良的小名叫"小皓子",并不是老鼠的那个"耗子",而是商山四皓的那个"皓"。袁世凯做大总统后又要做皇帝了,就将过去一直眼着他的一些一品大员封为"商山四皓",周馥也在其中。当时周馥还在世,住在青岛。封的时候,正好周绍良出生,所以叫作"小皓子"。后来周一良岁数大了,误把"小皓子"当作"小耗子"了。周绍良就更正,但这个时候周一良已经去世了。这说明掌故之难,他们弟兄两人之间都有许多不知道的事情。(赵益整理《冬青老人口述》,凤凰出版社2019年版,第255页)

按:袁世凯所尊礼的四位元老是徐世昌、赵尔巽、李经羲、张謇,并无周馥,且名义是"嵩山四友",亦非"商山四皓"。故卞氏所言似未可信。他指周一良误会,未必不是以不误为误。

近人名言考原四题

"湖北固然没有学者,然而这不就是区区……"

周作人有一段相当著名的回忆:

……大概是前清光绪末年的事情吧,约略估计年岁当是戊申(一九〇八)的左右,还在陈独秀办《新青年》,进北大的十年前,章太炎在东京民报里来的一位客人,名叫陈仲甫,这人便是后来的独秀,那时也是搞汉学,写隶书的人。这时候适值钱玄同(其时名叫钱夏,字德潜)黄季刚在座,听见客来,只好躲入隔壁的房里去,可是只隔着两扇纸的拉门,所以什么都听得清楚的。主客谈起清朝汉学的发达,列举戴段王诸人,多出于安徽江苏,后来不晓得怎么一转,陈仲甫忽而提出湖北,说那里没有出过什么大学者,主人也敷衍着说,是呀,没有出什么人。这时黄季刚大声答道:"湖北固然没有学者,然而这不就是区

区，安徽固然多有学者，然而这也未必就是足下。"主客闻之索然扫兴，随即别去。(《知堂回想录》卷四《北大感旧录·黄季刚》)

黄侃，字季刚，章太炎的大弟子，以音韵学闻名，也叫性格狂怪闻名。他是湖北蕲春人，故而听见陈独秀说湖北无人，就跳将起来——这个轶事生动得很，显然很吻合其人的个性。

偶然因他故查对《聊斋志异·司文郎》，始知黄侃的话实出于彼。此是《聊斋》相当有名的一篇，是个科举题材的故事，主人公系平阳王平子，赶考时借住报国寺，与自大无礼的余杭生为邻，随后又认识了温文尔雅的登州宋氏：

……因命苍头设座，相对嗫谈。余杭生适过，共起逊坐，生居然上座，更不揖把。卒然问宋："亦入闱者耶？"答曰："非也。驽骀之才，无志腾骧久矣。"又问："何省？"宋告之。生曰："竟不进取，足知高明。山左、右并无一字通者。"宋曰："北人固少通者，而不通者未必是小生；南人固多通者，然通者亦未必是足下。"言已，鼓掌，王和之，因而哄堂。

黄侃那句"湖北固然没有学者，然而这不就是区区……"，即模仿了此处"北人固少通者，而不通者未必是小生……"，是极明显的。

据周作人说，黄侃虽是其同门大师兄，却未曾亲睹一面，关于黄的段子只是听来的。但考虑到周的身份及其交游，这个段子仍甚可信。那么，就有两种可能：一是黄侃原话就有意套用了《聊斋》；一是黄侃只表达了类似意思，他人在转述时，或周作人在行文时，不自觉地套用了《聊斋》。

顺便说一下，我对黄侃此事的印象甚深，却未记住出处。查检时，先是翻手头有关黄侃的书，如《黄侃纪念文集》（湖北人民出版社1989年版）《量守庐学记》（三联书店1985年版）《量守庐学记续编》（三联书店2006年版）皆不见，甚至《黄侃年谱》（司马朝军、王文晖编，湖北人民出版社2005年版）亦不见。后来是再翻有关陈独秀的书才找到的，如《陈独秀传》（郑学稼著，台湾时报文化出版企业有限公司1989年版）《陈独秀年谱》（唐宝林、林茂生著，上海人民出版社1988年版）《陈独秀全传》（唐宝林著，社会科学文献出版社2013年版）皆有引录。

说起来，这则轶事牵涉到了近世两大名流，而论其价值，于陈独秀实轻，于黄侃始重。《黄侃年谱》自然该补上的。

"人不可有傲气……"

"人不可有傲气，但不可无傲骨。"这是很有名的话了。至今许多人仍以为是徐悲鸿说的。这也难怪，手边有本相当权威的《徐悲鸿文集》（王震编，上海画报出版社2005年版），徐的门下王学仲在代序里也是这么讲的，夫复何言？

其实就在这本文集里，写于1930年的《悲鸿自述》明明说，他十九岁时曾在宜兴女子学校三校任图画教师，很得国文教师张祖芬器重，后辞职时向张告别：

> 张先生手韩文全函，殷勤道珍重……又曰："人不可无傲骨，但不可有傲气。愿受鄙言，敬与君别。"呜呼张君者，悲鸿入世第一次所遇之知己也。（按：徐妻廖静文也明确谈及此事，见《徐悲鸿一生——我的回忆》第四章，中国青年出版社1982年版。）

大约徐悲鸿将此当作座右铭、口头禅，久之他者不察，就当作是徐本人的名言了。

不唯如是，此语固非始于徐悲鸿，甚至也不能说始于张祖芬。据我所见，至少清人早就说过差不多的话。

清前期，张潮在其相当流行的清言集《幽梦影》卷下有云：

> 傲骨不可无，傲心不可有。无傲骨则近于鄙夫，有傲心不得为君子。

晚清，谭宗浚——吾粤的榜眼，谭家菜创始者之父——在其相当罕僻的笔记《止庵笔语》（自刊本）里则说：

> 读书人气骨不可无，气焰不可有。所谓气焰者，不必

其声势赫奕也，但应接稍有不周，即近于骄倨。

另一处又说：

> 居官宜有气骨，而不可有气焰。

以上这些话，尤其是张潮，用意乃至遣辞，跟"人不可无傲骨，但不可有傲气"都很接近。张祖芬怕是无意中承袭了前人，只是造语更为简明近俗，宜乎传之能远。

此外，还在余绍宋1930年日记中见到一段，略谓友人孚川（王廷扬）刻印赠之，印文是"风节凛然"，边款甚长，全文如下：

> 岁寒老人曰："士大夫风棱不可有，风节不可无。纪僧真就齐君乞为士大夫，齐君使就江、谢，至今读'移吾床远客'一语，风节凛然。"龙丘余子越园，孝友直谅，鉴古精博，书画均入妙，近年力于写竹，劲挺萧洒如其人，因治四字贻之。"（《余绍宋日记》，北京图书馆出版社2003年版，第六册第418页）

这里说的纪僧真，是南朝齐武帝（萧赜）的宠臣，出身寒微，希望获得士族身份，武帝谓此事由江斅、谢瀹作主；纪遂求见江斅，江氏凭一句"移吾床远客"就将他打发了，纪乃对武帝说："士大夫故非天子所命！"这个轶事发生在中古贵族本位的时代，本有着士族自重身份、抑制寒族的背景，但后世仅突出其蔑视当权者之一端，多用作士人节操的典故。至于岁寒老人，检《清人室名别称字号索引（增补本）》（杨廷福、杨同甫编，上海古籍出版社2001年版），用此号者有孙奇逢、王严士二氏。照一般情理说，"士大夫风棱不可有……"这样的话，更像是大儒孙奇逢说的，但原来检《夏峰先生集》未见，无法查实，后承宋希於检索，果见于孙氏《日谱》（张显清编《孙奇逢集》，中州古籍出版社2003年版，下册第1432页）。

"风棱不可有，风节不可无"较之"不可无傲骨，但不可有傲气"，用语虽有异，内涵和句法却是相近的。

最后要说一下，近时葛兆光先生在大学演讲时表示"不可有精英的傲慢，但要有精英的意识"，这个意思，其实也仍是"人不可无傲骨，但不可有傲气"一语的变形。

"假如将韬略比作一间仓库罢……"

鲁迅写于1934年的《忆刘半农君》也是名文。里面最为人熟知的应是这一段：

> 《新青年》每出一期，就开一次编辑会，商定下一期的稿件。其时最惹我注意的是陈独秀和胡适之。假如将韬略比作一间仓库罢，独秀先生的是外面竖一面大旗，大书道："内皆武器，来者小心！"但那门却开着的，里面有几枝枪，

几把刀，一目了然，用不着提防。适之先生的是紧紧的关着门，门上粘一条小纸条道："内无武器，请勿疑虑。"这自然可以是真的，但有些人——至少是我这样的人——有时总不免要侧着头想一想。半农却是令人不觉其有"武库"的一个人，所以我佩服陈胡，却亲近半农。（收入《且介亭杂文》）

这是在悼念刘半农的时候，斜刺了胡适一枪，实有点喧宾夺主。日后的史著常常提到这篇文字，多是为了胡适，而半农倒成了陪衬。

有一次读《世说新语》，注意到其《赏誉》类中有一条：

裴令公目夏侯太初："肃肃如入廊庙中，不修敬而人自敬。"一曰："如入宗庙，琅琅但见礼乐器。见钟士季，如观武库，但睹矛戟。见傅兰硕，江廧靡所不有。见山巨源，如登山临下，幽然深远。"（按：此处依一般通行的标点，但我以为并不精切，似可改作："裴令公目夏侯太初：肃肃如入廊庙中，不修敬而人自敬。一曰：如入宗庙，琅琅但见礼乐器。见钟士季：如观武库，但睹矛戟。见傅兰硕：江廧靡所不有。见山巨源：如登山临下，幽然深远。"另，据余嘉锡《世说新语笺疏》，《世说》此条源自王隐《晋书》，见《太平御览》卷四四五。）

这里的裴令公，即裴楷的尊称；"裴令公目"的"目"，是《世说》用以品评人物的习语。此条就是裴楷对夏侯玄（字太初）、钟会（字士季）、傅嘏（字兰石）、山涛（字巨源）诸人的评语。

看到"见钟士季，如观武库，但睹矛戟"一句，我就想到，鲁迅对陈、胡、刘三位的比拟，应当就是源于此的。当然，《世说》仅点到为止，寥寥数语，而鲁迅则别有发挥。鲁迅开头说的"一间仓库"，只是大白话，但由"半农却是令人不觉其有'武库'的一个人"这句，则明确有"武库"一词，就可见《世说》"如观武库"的痕迹了。

众所周知，鲁迅于中古文学及文献有偏嗜，有专攻，早年整理过《嵇康集》，后来更作过有名的演讲《魏晋文章及风度与药及酒之关系》。还有，正是刘半农，曾拟过一副"托尼思想，魏晋文章"的联语赠予鲁迅，友朋皆以为切合其人（《鲁迅先生逝世五周年杂感二则》，孙伏园《鲁迅先生二三事》，湖南人民出版社1980年版）。那么，究心于"魏晋文章"的鲁迅，有意无意地借用了《世说》中的修辞，就再自然不过了。

不过需要说明，"武库"之喻不仅见于《世说》，不仅用在钟会身上，约略同时的杜预亦有"杜武库"之号，稍后的裴頠（裴楷的堂侄）也被目为"若武库，五兵纵横"（见《晋书》杜预、裴頠本传，据龚斌《世说新语校释》，上海古籍出版社2011年版，中册第815页；又见《古今合璧事类备要》，据清王希廉《萼史》博闻门"武库"条）。只是在传布上，《世说》自无以伦比，鲁迅更可能受其影响而已。

最后还要说一下，关于鲁迅对胡适的印象，刘半农也留下了可供参照的记录。其1934年3月间日记有云：

> 去冬为研究所事，逵羽（按：樊际昌）来谈，曾言及适之为人阴险，余与适之相交在十五年以上，知其人倔强自用则有之，指之为阴险，当是逵羽挑拨之言。曾以语孟真（按：傅斯年），孟真告之孟邻（按：蒋梦麟）。今日孟邻面诘逵羽，不应如是胡说。逵羽大窘，来向余责问。余笑慰之。（《刘半农日记》，《新文学史料》1991年第一期，人民文学出版社）

观此"适之为人阴险"云云，鲁迅对胡"内无武器，请勿疑虑"的疑虑，可说事出有因。但终究也查无实证吧。

"共产党是狮子……"

1957年整风运动时，身历三朝的老名士冒鹤亭（名广生，字鹤亭，以字行）应陈毅之请，写过一篇《对目前整风的一点意见》；随后毛泽东就跟冒氏"约饭"，席间种种不能细表，这里单说冒氏临走时对毛说的话。

冒在第二天的家信里如是说：

> 临开车时，我说有一句临别赠言，共产党是狮子，不

可自己生虱子。他说是咬人的虱子吗？我说是的，他拱手说：谢谢。（据冒怀苏编著《冒鹤亭先生年谱》引，学林出版社1998年版，第598—599页）

对此，当时陪同父亲前去的（冒）舒湮所记更详：

毛泽东一定要送我父亲。……他走了一程忽然停步问："老先生有何临别赠言？"

"现在党内整风。共产党能把这样大的国家治理得如此好，国势的强大是历史上从未有过的。"我父亲略一思索，继续说："我记得佛经上说过，一头雄狮也不免为身上几只虮虱所苦。虮虱虽小，害莫大焉。请务必提防！"

他侧身向我，说没听清楚两个字，是否指的那种寄生于人体和动物身上白色的小虫子？说时，他用姆指捻着食指形容着。

我立定回答："主席，正是的。"

"讲得好呀！"他赶上一步，用严肃的表情，右手搭着胸口说："我一定牢记在心上。"（《1957年夏季，我又见到了毛主席》，《愚昧比贫穷更可怕》，人民日报出版社1988年版。按：舒湮后来又录此语云："老人言道：我记得佛经上说过，一头雄狮，百兽不能噬之，而依附它肌体上的虱，却足以戕害之。"[《我们不应忘记历史教训》，《孤月此心明》，百花文艺出版社1999年版]）

冒氏以狮身之虱比拟政权的腐败问题，设喻生动，亦有深刻之处，宜乎甚受瞩目，甚至有论者名为"狮虱谏"，以之与延安时代毛泽东、黄炎培关于民主的"窑洞对"相提并论（参贺越明《冒鹤亭：共产党把国家治得这样好，这是历史上的奇迹》，"澎湃新闻·私家历史"2014年6月24日）。

照舒湮的记录，冒鹤亭本人已说明此喻取自佛经，而舒湮在文章中亦专门作了注释：

> 此处所言佛经原语应是《仁王经》所说："如狮子身中虫，自食狮子肉，非外道也。"据太虚法师释义："如狮子勇猛，百兽虽不能噬之，然为自身中之虫食。故云佛法之灭，非外道也。"又《莲花面经》有谓："阿难，譬如狮子命绝身死，若空、若地、若水、若陆，所有众生不啖食彼狮子肉。唯狮子身自生诸虫，还自啖狮子之肉。阿难，我之佛法，非余虫能坏，是为法中诸恶比丘犹如毒刺，破我阿僧只〈祇〉劫积行勤苦所集佛法。"……我父亲引证佛典，意在说明整风当在党内进行，其败坏党风的亦在作风不正的党员，非他人所能败坏之。（按：此处所举《仁王经》，全名《佛说仁王护国般若波罗蜜经》；所录《莲花面经》的文字未尽精确。又据增慧法师的考述，狮子身中虫之说另见于《大宝积经》《梵网经》等。）

冒氏所言固是出于佛经，但我怀疑，也许还别有渊源。

隋文帝杨坚的第四子杨秀勇武不凡，而杨坚却忧其坏事，据《隋书·杨秀传》：

> 上每谓献皇后曰："秀必以恶终。我在当无虑，至兄弟必反。"……因谓群臣曰："坏我法者，必在子孙乎？譬如猛兽，物不能害，反为毛间虫所损食耳。"

《资治通鉴》卷一百七十九因之作：

> 帝每谓独孤后曰："秀必以恶终。我在当无虑，至兄弟，必反矣。"……因谓群臣曰："坏我法者，子孙也。譬如猛虎，物不能害，反为毛间虫所损食耳。"

杨坚晚年崇信佛教，他这几句话，必是借用佛经里狮虫之喻无疑，只不过将狮子本土化为"猛兽"；而到《通鉴》那里，又更具体化为"猛虎"了。杨坚、冒鹤亭都是借佛经的狮子之喻来比拟权力的危患，能指和所指皆高度相似。冒氏径说"共产党是狮子""一头雄狮也不免为身上几只虮虱所苦"，而未以"猛兽"或"猛虎"为喻，可见他是直接取喻于佛经的；但考虑到《通鉴》的影响之大，他有意无意地受了杨坚前例的暗示，也不无可能。无论如何，这一"创意"的优先权自要属于隋文帝。

隋文帝能说出这样的话，可算有见识。但知易行难，到底一无用处。大家都知道结果，他防住了可能很糟的杨秀，却没防住更糟的杨广——不会有人比杨广更糟，不会有人能以更快的速度弄垮一个帝国了。杨广应是中国史上最聪明也最混账的帝王，恰是他的聪明，使他的混账更翻了几番，若非如此，隋朝的江山还不至那么容易就成了唐朝的江山吧。

（原刊于《上海书评》2017年8月5日、2018年5月14日）

关于周作人引胡适语的出处

顷见吴心海先生《周作人沦陷时期的一篇重要访谈》一文（《上海书评》2018年9月22日），由旧小说情节中所见的点滴线索，打捞出沦陷时期周作人的重要访谈史料，勾稽深入，甚有价值。

访谈出自薛慧子之手，题为《苦茶庵·周作人一席谈》，里面有这样一段：

淡淡的一笑，寄沉痛于悠闲。谈到中日问题，竟滔滔不绝的发表了许多惊人的议论，开口说：

"……七七事变前夕，胡适之先生和我说：中日一定要打，打仗无法避免，非打不可，为什么？打败了，犹可博得民族英雄的光荣，和平呢？和不了就要容易给人唾骂。所以，至今一般人坚持抗战，而不肯言和，还是抱着这样的观念而已。……"（《北国纵横记》系列之二，《中华日报》民国三十一年11月24日》）

对于周作人所引胡适语，吴先生表示存疑，不确定胡适是否真的跟周说过这样的话。而我以为是可信的，周作人自己的文章可供印证。《再谈油炸鬼》有段关于秦桧的话：

> 关于秦始皇王莽王安石的案，秦桧的案，我以为都该翻一下，稍为奠定思想自由的基础，虽然太平天国一案我还不预备参加去翻。这里边秦案恐怕最难办，盖如我的朋友（未得同意暂不举名）所说明，和比战难，战败仍不失为民族英雄，（古时自己要牺牲性命，现在还有地方可逃，）和成则是万世罪人，故主和实在更需要有政治的定见与道德的毅力也。（写于 1936 年 7 月，原载《论语》95 期。据锺叔河编《周作人文类编》第一册，湖南文艺出版社 1998 年版）

注意，里面有"和比战难"四字——这恰恰就是胡适在抗战前后的口头禅，可知这位"我的朋友"，也就是"我的朋友胡适之"。而这里所谓"战败仍不失为民族英雄，和成则是万世罪人"的表述方式，跟访谈里的"打败了，犹可博得民族英雄的光荣，和平呢？和不了就要容易给人唾骂"大同小异，一以贯之。所以周作人跟薛慧子所言，其实有点炒冷饭性质，只是这次公开了胡适的名字。

从《再谈油炸鬼》发表的时间点来看，胡适完全可以看到，周作人没有伪托的理由。而从《周作人一席谈》的引述来看，胡适原来的话更可能是针对当时的中日关系来说的，只是周作人避实就虚，借以讨论历史上的秦桧问题了。

那么胡适本人的著作有没有这样的表述呢？我个人没有印象。

胡适的著述太多，一时难于查检。不过，我原来特别关注前人有关秦桧问题的"异见"，陆续记录甚多，过去在《陈寅恪诗笺释》《现代学林点将录》里都有所陈述，其中就包括了周作人和胡适的言论。胡所说的，我知见的有三种文本：

他较早时在《南宋初年的军费》一文里有议论：

宋高宗与秦桧主张和议，确有不得已的苦衷。……秦桧有大功而世人唾骂他至于今日，真是冤枉。(《现代评论》第一卷第四期，1925年1月）

1936年2月在北京基督教兄弟会演讲中说：

……中国历史上那些为数不多的成功议和的政治家仍被视为叛徒，其中最著名的是秦桧，他与金人和谈成功，给国家带来了一百年的和平。……七百五十年来，秦桧从来没有得到原谅。(《胡适在北平兄弟会上的演说》，《近代史资料》总114号，中国社会科学出版社2006年版）

此外，王灵皋（高语罕化名）在著作中提到：

胡适先生最近新发现（据其告友人云云），据《宋史》所载，宋代所处环境，不得不降金，不得不媾和。秦桧主和，实属老成谋国，独具只眼，其诛戮岳飞亦具有安内攘外的苦心。(《中国思想界的奥伏赫变》，亚东图书馆民国二十五年版，第222—223页)

胡适在基督教兄弟会的演讲，原来我只记下了前述有关秦桧的几句，原书不知放置何处，承林建刚检出电子本，发现胡适还有这样的话：

中国没有一个政治家伟大到足以承担对日和谈的重任，没有一个政治家的才能伟大到足以与日本进行堪称体面的和谈。……从政治的角度来看，战争总归比和平更容易一些。目前与日本进行和谈，需要远远超过淞沪战役期间十九路军将领所表现出来的卓越的政治智慧和非凡的勇气。……起而战斗比接受屈辱的和平更容易一些。毕竟对日和平必将是屈辱的。

这里的"战争总归比和平更容易一些""起而战斗比接受屈辱的和平更容易一些"，自然就是"和比战难"的意思；而"中国没有一个政治家伟大到足以承担对日和谈的重任……"这些话，又跟《再谈油炸鬼》里转述的"主和实在更需要有政治的定见与道德的毅力"是相通的。不过，胡适的逻辑本身实兼有主和或主战的理由，周作人是接受并坚持了主和的理由，而形势迫人，胡适此时已开始转而接受主战的理由了。

由这些"旁证"看来，胡适跟周作人说的那些话，可以说是一种付诸历史的认知，虽针对当时中日关系而发，但他的思考维度里，当亦有着秦桧的影子——周作人借他的话来谈秦桧问题，确是顺理成章的。另一方面，在当时中日关系的背景下，谈秦桧亦不止于谈历史，而必定指向了现实，历史的符号与现实的语境是纠缠在一起的。

（原刊于《上海书评》2018年9月26日）

爱人类与爱个人、爱自己

原苏联教育家苏霍姆林斯基有这样的话:"爱全人类容易,爱一个人难。去帮助一个人,比宣称'我爱人民'要困难得多。"——读谌旭彬《爱全人类容易,爱一个人难》一文(见公号专栏"短史记"),始知斯人斯语。谌先生不仅拈出了这几句极精辟的话,更列举了苏霍姆林斯基之前与之后的类似说辞,包括十七世纪英国政治家沙夫茨伯里,以及二十世纪的朱自清、罗曼·罗兰、特蕾莎修女诸人。而我还想作些补充。

苏联音乐家肖斯塔科维奇有段令人印象深刻的口述:

公民们,别相信人道主义者,别相信先知,别相信名人——他们会为了一分钱而愚弄你。自己干自己的事,不要伤害人,要努力帮助人。不要想一举拯救全人类,要从救一个人开始。这要难多了,要帮助一个人而又不伤害另一个人是很难的难事。难到了难以相信。唯其如此,才产生拯救全人类的欲望。(《见证》,伏尔科夫整理,叶琼芳

译，花城出版社1998年版，第267页）

肖氏这份口述，真实性颇有争议，可能包含了相当多伏尔科夫增补的成分（参高峰枫《肖斯塔科维奇的"见证"》，《东方早报·上海书评》2015年11月8日），但作为思想文本仍有价值。据谌旭彬介绍，苏霍姆林斯基在六十年代后期受到教育界的围剿，而肖氏接受伏尔科夫访谈约始于1972年，从时间来看，两人都可能有意无意受到苏霍姆林斯基名言的暗示。无论如何，"不要想一举拯救全人类，要从救一个人开始"的意思，跟"爱全人类容易，爱一个人难"显然是类似的。

吉拉斯——以原南共联盟最高领袖之一的身份而成为持不同政见者——又说过这样的话：

> 但有思想的人和斗士们却应该知道权力总是导致腐败，他们应该懂得尊重法律，而不可口衔天宪，必须尊重实际的人，而不可只谈抽象的人民……（《不完美的社会》，叶苍译，香港今日世界社1970年版，第113页）

强调"必须尊重实际的人，不可只谈抽象的人民"，跟朱自清、罗曼·罗兰和特蕾莎修女的表述更为接近，其论旨应另有来源，但与苏霍姆林斯基也是殊途同归的。

此外，还有一位名人的名言可与此对照。

曾见到有专著引用了十九世纪俄国思想家赫尔岑《彼岸书》

的一段：

> 人如果不要图救世，而只救自己，不求解放人类，但求解放自己，那倒反会大大有助于世界之得救和人类的解放。

这些话无具体出处，在网上略为搜索，都指向甘阳的《自由的理念：五四传统之阙失面》一文，但亦未有更多说明。检《彼岸书》的中译本，有两种译法：

> 什么时候人会想到不是去拯救世界而是拯救自己，不是去解放全人类而是去解放自己呢——人们为了拯救世界和解放人，做出了何等伟大的贡献呀。（《彼岸书》，张冰译，四川人民出版社2016年版，第159页）
>
> 只要人们想拯救自己而不是拯救世界，想解放自己而不是解放人类，那么他们为拯救世界和解放人类该能做多少事情啊！（《来自彼岸》，刘敦健译，商务印书馆2018年版，第167页）

析而言之，赫尔岑的这段话内涵更为复杂，实包含了两重意蕴：一是强调，对人的爱应放在个体层面，而非人类层面，这一点跟苏霍姆林斯基诸人一致；一是强调，对人的爱更应回向自我，而非朝向他人，这又跟杨朱以至斯密的理念相呼应了。

杨朱、斯密的话都非冷僻，为便参照，亦录于此。

所谓杨朱的话，实出自《列子·杨朱》：

> 古之人，损一毫利天下，不与也；悉天下奉一身，不取也。人人不损一毫，人人不利天下，天下治矣。

就《列子》的成书年代来说，此语并不能代表先秦时代原版的杨朱思想，但至少也是中古时代的一种近似观念。又清人郭庆藩针对《庄子·在宥》"善哉问乎"一句，有一则逸出原意的注解：

> 人皆自修而不治天下，则天下治矣。故善之也。（《庄子集解》，中华书局1961年版，第二册第381页）

此亦可视为《列子》里杨朱之言的回响。

至于斯密"看不见的手"的理念，大家就更熟悉了。具体的表述据说有两处：

> 尽管他们的天性是自私的和贪婪的，虽然他们只图自己方便，虽然他们雇用千百人来为自己劳动的唯一目的是满足自己无聊而又贪得无厌的欲望，但是他们还是同穷人一样分享他们所作一切的改良的成果。一只看不见的手引导他们对生活必需品作出几乎同土地在平均分配给全体居民的情况下所能作出的一样的分配，从而不知不觉地增进了社会利益……（《道德情操论》，蒋自强等译，商务印书

馆1997年版，第230—231页）

……由于他管理产业的方式目的在于使其生产物的价值能达到最大程度，他所盘算的是他自己的利益。在这场合，想像在其他许多场合一样，他受着一只看不见的手的指导，去尽力达到一个并非他本意想要达到的目的。也并不因为事非出于本意，就对社会有害。他追求自己的利益，往往使他能比在真正出于本意的情况下更有效地促进社会的利益。（《国民财富的性质和原因的研究》，郭大力、王亚南译，商务印书馆1974年版，下册第27页）

类似的表述其实尚有不少，不能尽录，就此打住。

谌旭彬先生所引录的，我几乎皆未闻见；而我在此引录的，或亦为谌先生所遗，彼此正可互补。大家没浪费精力，此亦甚可喜。

后 记

这是我在《六合丛书》名下编定的第四本集子。首先要感谢丛书编委会的认可,感谢刘铮居间联系,也感谢海鸥女士接纳并编辑。

就写作来说,这些大体是《洛城论学二集》之后的文章,只是换了个名目。一来似乎不好《三集》《四集》这样继续下去,一来近年格于时禁,少了评论性的文字,性质大抵属于徵文考献的性质,皆可归入胡适之所谓"文史之学"的范围,故名曰《文史足徵录》。

文章按题目分为四类:第一类有关古代问题的考证,后三类皆属近代问题,其中多牵涉近世人物,勉强区别为学术史、掌故两类,又有若干名言考原的文字,则别为第四类。

有若干文章需要说明一下。

集子里文章,在史料上多甚繁琐,而第一篇《辩中国人公私不分》尤甚,请读者慎入。但这篇长文,我自以为主题是很重大的,在这部文集里也是最有份量的。此因原"腾讯·大家"

胡子华君约写有关日本人看中国问题的文章而作，结果写出来后，篇幅太长，史料亦太多，"腾讯·大家"实在不适宜发表。但还是要感谢胡君的稿约，也要感谢过去"腾讯·大家"的支持，否则我很难下决心写出此题。

《麦克白》"移动森林"那篇属于偶有一得之见，但事涉域外，本来超出了我的学术能力。文章发表后，有朋友略作搜索后告知，有外文版的阿拉伯文学史已讨论过此问题，但我没有能力披检原文，不知其具体论述是否与我完全相同。同时也考虑到，闭门造车出而合辙，亦考据学所难免，此文至少在汉语学界仍有参考价值，故仍收录于此。

关于河口慧海入藏一文，写作内外都有赖于高山杉的帮助，实际上应视为我们合作的成果。

《学人攘夺图书举例》开头以北图善本书失窃案作为引子，怀疑事主是周绍良，但发表后始知是王利器。此文颇引起一些人的不满，以为唐突了前辈，但我觉得，关键并不在我具体指摘了周绍良，而是我指摘了许多前辈，等于破坏了学人的集体形象，破坏了学术共同体的无形利益。对此，我的态度是：对学问需要尊重，但对做学问的人，不需要特别尊重——比之一般人，不需要更多的尊重。讨论学人的不端行为是理所当然的事。由于行文中本就是猜测的语气，亦非文章的重点所在，故有关内容一字未改，以存其旧。

《近人名言考原》系列原是《五题》，还有"我用脚趾夹根木棍都比郭沫若写得强"一篇，将此语的来历追溯到唐代罗隐那里。此文发表后，某历史学家讥为无聊，故在此要特别声明，这是尊重出版社的意见而删去的，绝不是我觉得文章无聊。这种无聊问题，我希望以后还能多发现一些。

第一类考据文章，有三篇刊于《中国文化》杂志，一如既往要感谢刘梦溪先生和杂志编辑的器重，也要感谢王丁、高山杉帮我拟定英文标题。其他文章，发表在《上海书评》者最多，感谢黄晓峰、郑诗亮的支持；还有《掌故》丛刊、《文汇报·文汇学人》《南方周末》，分别要感谢严晓星、任思蕴、刘小磊诸位。

另外，在材料方面，近年多承宋希於、周松芳的帮助，也一并感谢。至于松芳为本书作序，对我充分褒扬，算是礼尚往来，就不谢了。

2020年夏写于广州洛城

图书在版编目（CIP）数据

文史足徵录 / 胡文辉著. -- 上海：上海文艺出版社,2020
（六合丛书）
ISBN 978-7-5321-7641-0
Ⅰ.①文… Ⅱ.①胡… Ⅲ.①中国历史—文集 Ⅳ.①K207-53
中国版本图书馆CIP数据核字(2020)第077959号

发 行 人：毕　胜
责任编辑：肖海鸥
特约编辑：宋希於
装帧设计：常　亭

书　　名：文史足徵录
作　　者：胡文辉
出　　版：上海世纪出版集团　上海文艺出版社
地　　址：上海绍兴路7号　200020
发　　行：上海文艺出版社发行中心发行
　　　　　上海市绍兴路50号　200020　www.ewen.co
印　　刷：苏州市越洋印刷有限公司印刷
开　　本：880×1230　1/32
印　　张：10.375
插　　页：2
字　　数：204,000
印　　次：2020年8月第1版　2020年8月第1次印刷
Ｉ Ｓ Ｂ Ｎ：978-7-5321-7641-0/G.0285
定　　价：49.00元
告 读 者：如发现本书有质量问题请与印刷厂质量科联系　T:0512-68180628